KB263685

시그널 코리아
SIGNAL KOREA 2026

RED HORSE BLAZE

(주)광문각출판미디어

'병오년' 2026,　　　　　붉은 말의 뜨거운 열정으로

Red Horse Blaze　　　　　'병오년' 2026, 붉은 말의 뜨거운 열정으로
Explore Way to Peace & Coexist　　　　　평화공존의 길 찾기
Drive Technium for Future Force　　　　　테크늄과 국방의 미래

High-tech Future War needs Rare Earths　　　　　미래 전쟁과 희토류
Our Intelligence Defines Our Future　　　　　지능의 미래
Reform Now to Secure Future Generations　　　　　미래 세대를 위한 개혁
Secure Skills to Survive the AI Era　　　　　AI 시대의 숙련 기술
Ensure Equity Between Sovereign and Big Tech AI　　　　　소버린 AI와 글로벌 빅테크 AI

Bridge HUMINT with Physical AI Robots　　　　　차세대 휴민트
Lead the Future by Prompt Mastery　　　　　프롬프트 마스터
AI Regulation in the Age of Conflict　　　　　AI 규제와 사회적 갈등
Zenith of Tech is the Quantum Revolution　　　　　양자 혁명
Embrace the Multi-Domain City Era　　　　　다영역 도시 시대

일러두기

- 본문 글에서 참고 설명 중에서 간단한 내용은 본문 글 흐름을 방해하지 않도록 본문 글자 크기보다 작은 글자 크기로 도서의 바깥 부분에 배치하였습니다.

- 주목할 만한 참고 자료는 본문의 내용 중 SIGNAL 2026이란 별도의 분리된 컬럼 형식으로 배치하였습니다.

기획: (사)미래학회

공동필진: 윤영상, 신치범, 이창인, 윤기영, 민재명, 부경호,
(게재순)　이명호, 조상근, 조용호, 방준성, 김세미, 강경일

'병오년' 2026,
붉은 말의 뜨거운 열정으로
- 트렌드를 넘어 시그널로 질주하라 -

전) (사)미래학회 회장 **이규연**

《시그널 코리아》 시리즈는 올해로 3년째 질주합니다. 2024년 첫 시리즈 때가 기억납니다. 서문의 제목은 다음과 같았습니다.

'트렌드에 앞서는 시그널에 주목하자.'

트렌드를 아는 것은 현대인의 기본 교양이 됐습니다. 하지만 대한민국에서 '시그널 signal'은 아직 그렇지 않습니다. 일찍 일어나는 새가 더 많은 먹이와 기회를 얻을 수 있는데도 그렇습니다. 트렌드가 중천에 솟아오른 태양이라며, 시그널은 막 떠오르는 존재입니다. 그 희미한 징조를 알아채려면 우리는 더 예민하고, 더 과감해야 합니다. 그만큼 얻을 것도 클 수 있습니다.

(사)미래학회는 변화의 길목에 서서, 메가 트렌드가 될 가능성이 있는 시그널에 주목해 왔습니다. 시그널은 단순한 트렌드의 전조가 아닙니다. 거대한 전환의 그림자를 드리우는, 아직은 미미하지만 이미 세상을 밀어 움직이는 미래의 징후입니다.

3년 전, 우리는 AI가 몰고올 미래상을 전망했습니다. 5년 후, 10년 후 벌어질 일이라고 여겼습니다. 하지만 불과 몇 년 만에 현실이 됐습니다. 심한 현기증을 느낄 정도로 세상은 빠르고 혼란스럽게 변하고 있습니다. 격변기에 대大를 붙여야 합당할 판입니다. 혼란스럽더라도 미래를 내다보고 대안을 찾는 일을 멈출 수 없습니다. 시그널을 찾아내 의미를 부여하지 않으면 개인과 기업, 국가가 의지할 수 있는 나침반을 잃게 될지 모릅니다.

2026년은 병오년丙午年, 붉은 말의 해입니다. 격렬한 에너지가 질주하는 해라고도 합니다. 하지만 그 첫발은 우리의 귀에 들리기 전에 이미 조용하게 시작됐을 겁니다. 이것이 바로 시그널이죠. 이번에도 이런 시그널을 찾아보려 합니다.

여기서 잠시 우리를 둘러싼 환경을 스캐닝해 봅니다. 미·중 갈등은 동맹 구조와 공급망을 흔들며 대한민국의 자율성을 테스트합니다. 기술 패권 경쟁은 군사 영역을 넘어 에너지·자원·데이터·AI 규제로 확대됩니다. 국내 정치 상황 또한 불확실성이 극대화되며 복합위기의 한복판으로 들어섭니다. 한반도 비핵화가 대화와 협상으로 대체되는 조짐도 포착됩니다. 지정학적, 안보적, 경제적, 기술 패권적, 군사적 전환은 위기이자, 기회이기도 합니다.

그렇다면 2026년의 시그널은 무엇일까요. 이번 시리즈에서는 정치·외교·군사, 경제·사회·기술·환경 전 분야를 아우르는 14개의 전환 신호를 제시합니다. 미·중 재편 속 한국의 전략적 생존, 상업 기술과 군사력을 융합하는 테크늄 국방, 희토류 공급망 전쟁, AI 시대의 인간 지능의 재편, 세대 간 정의의 구조적 재설계, 숙련 기술 패권 전쟁, 소버린 AI와 빅테크 AI의 충돌, 프롬프트가 지배하는 권력의 이동, 양자 혁명의 문턱, 다영역 도시 시대의 리스크 등입니다. 이 모두 우리 사회가 조금이라도 늦게 대응하면 되돌릴 수 없는 결과를 낳을 수 있는 과제일 수 있습니다.

올해의 시그널이 이전 두 번의 시리즈와 다른 점이 있다고 필자들은 말합니다. 서로 단절된 변화가 아니라 하나의 연결망처럼 얽혀 있다는 점입니다. 기술은 국방을 재편하고, 국방은 외교와 경제 구조를 흔듭니다. AI 규제는 산업의 생존 조건이 되고, 인구·세대 문제는 국가 재정과 미래 일자리의 방향을 재설정합니다. 도시 인프라는 사이버·우주·환경 위협의 최전선이 되고, 자원 전쟁은 기술 주권을 결정짓습니다. 우리에게 익숙했던 경계가 사라집니다. 변화는 순차적, 병렬적이지 않고 동시다발적, 입체적이라고 필자들은 강조합니다.

미래학자에게 예측은 필수불가결한 작업입니다. 하지만 예측에만 머문다면 역술인과 다를 게 없습니다. 미래학자들은 앞날을 준비하고 대안을 제시해야 합니다. 재빠르게 기회를 만들어 가야 합니다. 아무쪼록 시그널을 읽는 독자들이 위기와 혼란 속에서 새로운 기회를 얻기 바랍니다. 동시다발적, 입체적 전환 속에서도 유연하게 균형을 잡아가며 앞날을 준비할 수 있는 작은 힌트를 얻기 고대합니다.

《시그널 코리아》는 (사)미래학회에서 활동하는 각계 전문가가 참여해 대한민국이 마주할 리스크와 기회를 깊이 있게 통찰한 결과물입니다. 시그널을 둘러싼 논쟁과 전망이 각 장에 담겨 있습니다. 2026년 이후를 지혜롭게 설계하는 데 작은 나침반이 되길 바랍니다. (주)광문각출판미디어 박정태 회장님, 박용대 대표님의 후원이 없었다면 출판 자체가 불확실했을 겁니다.

붉은 말이 질주하는 해,
더 멀리, 더 빠르게, 더 현명하게 미래를 맞이하시길.

굿 이어, 굿 럭!

08. **차세대 휴민트(HUMINT)**

– Physical AI 로봇 –

09. **권력의 이동**

– 프롬프트를 지배하는 자, 미래의 부와 권력을 설계한다 –

정치 · 외교 · 군사 시그널

붉은 말의 뜨거운 열정으로 Red Horse Blaze

'병오년' 2026,　　　붉은 말의 뜨거운 열정으로

Red Horse Blaze　　　'병오년' 2026, 붉은 말의 뜨거운 열정으로
Explore Way to Peace & Coexist　　　평화공존의 길 찾기
Drive Technium for Future Force　　　테크늄과 국방의 미래

High-tech Future War needs Rare Earths　　　미래 전쟁과 희토류
Our Intelligence Defines Our Future　　　지능의 미래
Reform Now to Secure Future Generations　　　미래 세대를 위한 개혁
Secure Skills to Survive the AI Era　　　AI 시대의 숙련 기술
Ensure Equity Between Sovereign and Big Tech AI　　　소버린 AI와 글로벌 빅테크 AI

Bridge HUMINT with Physical AI Robots　　　차세대 휴민트
Lead the Future by Prompt Mastery　　　프롬프트 마스터
AI Regulation in the Age of Conflict　　　AI 규제와 사회적 갈등
Zenith of Tech is the Quantum Revolution　　　양자 혁명
Embrace the Multi-Domain City Era　　　다영역 도시 시대

트럼프의 재등장, 미·중 갈등의 전면화와 한국의 전략적 자율성
: 국가 경쟁력 강화와 평화공존의 길 찾기

KAIST 문술미래전략대학원 **윤영상**

트럼프 재등장과 미·중 전략 경쟁의 가속은 세계 질서의 구조적 재편을 예고한다. 이는 위기가 아니라 한국이 미래 전략을 재정의할 결정적 기회다. 미래학자로서 제안하건대, 한국은 전략적 자율성 확보, 기술 주권 강화, 중견국 연대 구축을 핵심 아젠다로 삼아야 한다. 선택의 시대를 넘어 미래 질서를 설계하는 주도국으로 도약해야 한다.

"낡은 것은 죽어 가는데도 새로운 것은 아직 탄생하지 않았다는 사실 속에 위기가 존재한다. 바로 이 공백 기간이야말로 다양한 병적 징후들이 출현하는 때다."

– 그람시[1] –

트럼프 정부 2기가 2025년 등장하면서 미국 내부 정치만이 아니라 세계 경제와 국제 정치 질서가 근저에서부터 흔들리고 있다. 미·중 전략 경쟁의 양상은 전방위적으로 확대되었고, 미·중 양국만이 아니라 거의 모든 국가가 트럼프의 공격적 무역 정책과 새로운 지정학적 접근의 영향을 받고 있다. 과거의 문법과 다른 충격파가 밀려오고 있고, 동북아와 한반도는 그 한가운데에 자리 잡고 있다. 한국은 경제적 측면에서만이 아니라 국가 안보적 차원에서도 심각한 전략적 선택 상황에 노출되고 있다.

한국의 전략적 선택

이념과 정치적 편견, 도덕적 가치를 앞세우는 것보다 현실을 있는 그대로 냉정하게 분석하면서 국가의 존망과 이익을 실현하기 위해 국가전략을 선택할 필요가 있다.

트럼프에 대한 혐오, 중국에 대한 환상을 넘어 요동치는 현실의 변화를 직시하면서 **한국의 전략적 선택**을 고민해 본다.

트럼피즘Trumpism의 재등장
- 세계 경제와 국제 정치 질서의 격변 -

간명한 트럼프의 메시지

트럼피즘의 메시지는 간명하다. 그는 MAGA Make America Great Again : 미국을 다시 위대하게와 'America First 미국우선주의'를 전면에 내세운다.

"We will make America strong again. We will make America proud again. And we will make America great again." [2]

트럼프는 미국을 위기로 몰고 있는 만성 무역 적자와 재정 적자, 제조업 공동화, 기축통화로서 달러화의 위기 및 엄청난 국방비 부담을 솔직하게 인정하면서 "그것을 야기하는 '잘못된' 질서를 바꿔야만 미국이 생존할 수 있다."라고 말한다. 그는 미국이 만들었던 WTO 세계무역기구 체제와 **자유주의적 국제 정치 질서**를 근본적으로 뜯어고치려 한다. 그런 의미에서 그는 중국이나 러시아보다 더 강력한 **수정주의자** revisionist 이다. 그는 미국을 이용해 이득을 보는 나라들은 그만큼 미국에 투자하고, 돌려줘야 한다고 말한다. 미국만 엄청난 국방비를 부담하는 현실은 잘못됐으며, 동맹국들도 부담해야 한다고 말한다. 트럼프는 그런 논리를 중국에도 마찬가지로 적용한다. 그는 중국이 부정 행위를 저지르면서 미국을 착취해 왔다고 말하고, 미국의 지적 재산을 훔쳤음에도 '개발도상국'으로 간주돼 온갖 혜택을 받아왔다고 비판한다.

WTO 체제

자유무역에 바탕을 둔 세계 단일 시장 체제를 말한다.

자유주의적 국제 정치 질서

UN에서 가장 잘 보여 주고 있는 강대국 간 타협과 다자적 협력에 바탕을 둔 국제정치 질서를 말한다.

수정주의 revisionism

국제정치에서 수정주의는 전통적 규칙과 질서를 바꾸려는 현상 변경 흐름을 지칭한다. 미국이 미국과 서방이 만들어 온 자유무역 질서, 국제정치 질서를 바꾸려는 중국과 러시아 등을 수정주의 세력이라고 부르면서 정착된 개념이다. 트럼프는 미국의 위기는 미국이 만든 질서를 악용하는 국가와 세력들 때문이라고 규정하면서 규칙과 질서를 근본적으로 바꾸자고 말한다.

[그림 1] 미국 우선주의를 선언하는 트럼프[3]

트럼프의 지지 기반인 MAGA 세력은 강한 미국을 추구한다. 제조업도, 기술도, 군사력도 강한 미국을 만들려 한다. 미국을 세계의 경찰로 만들려는 것이 아니라, 세계에서 가장 강력한 국가로 만들려 한다. 그것이 트럼피즘이다. 트럼프는 전쟁을 두려워하지 않지만, 불필요한 전쟁 개입은 피하려 한다. 한마디로 손해라는 것이다. 그래서 그는 '힘에 의한 평화'를 내세우면서도 무력 분쟁보다 무역 전쟁협상을 통해 문제를 해결하려 한다. 그가 스스로를 "peacemaker and unifier"평화를 만드는 사람, 통합하는 사람라고 부르고 있는 것도 바로 그런 맥락이다. 소위 트럼프식 평화관이다.

요동치는 세계 경제와 국제 정치 질서

1기 트럼프 정부와는 달리 지금 트럼프 정부는 공화당의 전폭적 지지를 받고 있으며, 공화당은 하원과 상원의 다수당이다. 지지율은 최악이지만, 2026년 11월 중간선거 때까지 스스로 무너지지 않는 한 트럼프 정부를 견제할 제도적 힘은 존재하지 않는다. 앞으로 1년은 그런 의미에서 트럼피즘의 클라이맥스라고 할 수 있다.

트럼프에 의해 사실상 신자유주의적 세계 단일 시장 체제는 공식적으로 붕괴한 것이나 다름없다. WTO의 위상은 추락했고, 미국이 맺었던 FTA들이 취소되거나 대체되고 있다. 과연 트럼프 미국 정부는 이미 효력을 다한 WTO를 탈퇴할 것인가? 만약 미국이 WTO를 탈퇴한다면 그것은 향후 세계 경제와 국제 정치를 완전하게 재편성하는 강력한 시그널이 될 것이다. WTO 체제는 급속하게 약화될 것이고, 새로운 조약과 기구가 등장하게 될 것이다.

UN과 파리기후협약과 같은 지구 정치의 상징들도 발언권이 약해지고 있다. 2기 트럼프 정부는 출범과 동시에 파리기후협약에서 다시 탈퇴하였다. 그는 기후 정치를 정면으로 거부하였다. 그는 기후 위기는 과장되어 있고, 기후 정치는 미국 제조업의 부활에 도움이 되지 않는다고 선언한다.

2기 트럼프 정부의 출범과 함께 본격화된 전방위적 관세 전쟁은 과거의 질서를 무너뜨리고 미국의 이익을 전면화하는 트럼프의 상징적 정책이다. 많은 전문가는 그것을 '보호무역주의로의 회귀'라는 말로 규정하면서 과거의 낡은 질서를 떠올린다. 심지어 19세기와 같은 항해주의 시대, 제국주의 시대의 도래를 말하기도 한다. 그러나 트럼프는 과거로 돌아가자고 주장하는 것이 아니라, 현시점에서 미국의 이익을 지키고, 확대시킬 수 있는 수단이 관세라고 말할 뿐이다. 트럼프는 관세를 무기로 세계 무역 질서, 국제 정치 질서를 재편하겠다는 의지를 피력하고 있다. 여기서 중요한 것은 관세 무기화의 목표가 무엇인가이다.

트럼프가 주도하고 있는 관세, 투자, 환율, 기술, 기후 위기, 동맹, 전쟁을 둘러싼 수많은 논란은 어김없이 미국 우선주의와 MAGA의 논리에 근거하고 있다. 그것이 바로 문제의 본질이다. 원하든 원하지 않든 존재하고 다가오고 있다는 의미에서 그것은 '현실'이다. 그래서 어떤 사람들은 트럼프의 미국을 '자연재해'라고 규정하기도 한다. 자연재해는 우리의 의지와 상관없이 다가온다. 우리의 준비 태세나 대응 방식에 따라 피해가 달라질 뿐이다.

거래주의와 타협의 가능성

이와 관련 반드시 짚고 넘어가야 할 것이 있다. 바로 트럼프의 거래주의 transactional approach이다. 그것은 이념과 도덕, 가치가 아니라 이익과 비용, 그것을 따지는 협상과 거래를 강조하는 트럼프식 실용주의의 상징이다. 바이든 정부는 미·중 간의 전략 경쟁을 이념과 가치로 정당화했다. 자유주의 국제 질서를 바탕으로 민주주의와 인권, 다자주의를 옹호하는 것이 미·중 전략 경쟁의 정당한 이유라고 주장했다. 중국과 러시아는 그런 규칙 기반 질서를 바꾸려는 수정주의자로 규정되었다. 그렇기 때문에 미·중 갈등의 양상이 지금처럼 격렬하지 않았으나 쉽게 타결되는 것도 어려웠다. 중국에게 이념과 가치의 변화를 요구했기 때문이다. 중국은 바이든 정부의 논리를 체제 대결과 이데올로기 경쟁으로 이해했다. 미국이 중국의 발전을 억제하고 사회주의 체제를 부정하려 한다고 생각한 것이다.[4] 그런 상태에서 중국이 양보하거나 굴복하는 것은 쉽지 않다.

그런데 트럼프는 이념과 가치보다는 이익과 비용을 강조한다. 트럼프는 미국 정치권 내에 뿌리 깊게 자리 잡고 있는 중국 혐오주의나 중국 체제 붕괴론 등을 부정하지 않는다. 그러나 그것보다 이익과 협상, 거래를 더 중시한다. 바로 그 점 때문에 바이든 정부와는 달리 트럼프 정부에서 미·중 타협의 가능성이 더 높다고 할 수 있다. 당장 내일모레 전쟁 날 것처럼 충돌하다가도 미국이 원하는 것을 중국이 줄 수 있다면 그 범위에서 거래가 성사될 수도 있기 때문이다. 트럼프에게는 호혜성과 보편성이 아니라 '미국의 이익'이 중요한 것이고, 중국도 그 속에서 '중국의 이익'을 확보할 수 있다고 생각한다면 거래의 근거인 '균형점'이 만들어질 수도 있는 것이다.

트럼피즘과 중국

최근 들어 중국이 규칙기반질서와 자유무역, 다자주의를 강조하기

시작했다. 미국 중심의 규칙과 규범 질서의 수정을 요구하던 과거와는 사뭇 달라지고 있는 모습이다. 중국은 전통적인 우호 세력과 **글로벌 사우스**만이 아니라 미국의 동맹 진영에도 호소하기 시작했다. 한국과 EU, 호주 등을 끌어들이려 하고 있고, 인도, 브라질을 상대로 설득하기도 한다. 어떤 사람들은 이런 현상을 보고 '저무는 미국, 뜨는 중국'을 강조하면서, 미·중 패권 경쟁에서 중국이 미국을 압도하고 있음을 증거하는 것이라고 평가한다. 그것은 아직도 계속되고 있는 중국 대망론, 중국몽中國夢에 대한 찬양이다.

그런데 만약 중국이 보편적 가치와 이념을 강하게 고집한다면 그것은 트럼프와의 타협을 더 어렵게 만들 뿐 아니라 중국을 더 고통스럽게 만들 수 있다. 트럼프에게는 보편적 과제나 추상적 가치가 아니라 '눈앞의 이익'이 중요하기 때문이다. 과연 지금 중국은 제대로 트럼프를 상대하고 있는가?

확대되고 있는 중국 견제 심리

주목할 만한 것은 지금 일본이나 EU 등에서 대중국 견제 심리가 확산하고 있다는 사실이다. [그림 2]는 주요국들에서 중국에 대한 비호감도를 조사한 결과를 보여 준다. 서방 국가들만이 아니라 글로벌 사우스의 대표 국가들인 인도, 브라질, 남아프리카공화국 등에서도 중국에 대한 비호감도가 높아지고 있음을 보여 주고 있다.

Record high negative ratings for China in most countries surveyed

*% who have an **unfavorable** opinion of China* ▨ Most unfavorable ▨ Least unfavorable

	'02	'05	'06	'07	'08	'09	'10	'11	'12	'13	'14	'15	'16	'17	'18	'19	'20	'21	'22	'23	'22-'23 change
	%	%	%	%	%	%	%	%	%	%	%	%	%	%	%	%	%	%	%	%	
Poland	-	34	-	42	54	41	41	32	41	43	52	44	42	29	37	34	-	-	55	67	▲12
Canada	-	27	-	37	-	36	-	-	-	45	-	48	40	40	45	67	73	73	74	79	▲5
France	-	42	41	51	72	60	59	49	60	58	53	49	61	52	54	62	70	66	68	72	▲4
Israel	-	-	-	45	-	37	-	46	-	60	50	42	-	43	42	25	-	-	46	50	▲4
Spain	-	21	38	43	56	41	38	39	46	47	55	50	56	43	48	53	63	57	63	66	▲3
Sweden	-	-	-	40	-	-	-	-	-	-	-	-	59	49	52	70	85	80	83	85	▲2
Netherlands	-	34	-	-	-	-	-	-	-	-	-	-	43	42	45	58	73	72	75	77	▲2
Germany	-	37	33	54	68	63	61	59	67	64	64	60	60	53	54	56	71	71	74	76	▲2
Australia	-	-	-	-	-	-	-	-	-	-	-	-	-	-	-	-	87	85	86	87	▲1
U.S.	-	-	-	-	-	-	-	-	-	-	-	-	-	-	-	-	79	76	82	83	▲1
Greece	-	-	-	-	-	-	-	-	38	37	46	-	37	40	48	32	-	42	50	51	▲1
Japan	42	-	71	67	84	69	69	61	84	93	91	89	86	83	78	85	86	88	87	87	0
UK	-	16	14	27	36	29	35	26	35	31	38	37	44	37	35	55	74	63	69	69	0
Hungary	-	-	-	-	-	-	-	-	-	-	-	-	44	45	47	37	-	-	52	50	▼2
South Korea	31	-	-	42	49	54	56	-	-	50	42	37	-	61	60	63	75	77	80	77	▼3
Italy	-	-	-	61	-	-	-	-	64	62	70	57	61	59	60	57	62	60	64	58	▼6

	'02	'05	'06	'07	'08	'09	'10	'11	'12	'13	'14	'15	'16	'17	'18	'19	'20	'21	'22	'23	'19-'23 change
India	-	-	-	-	-	-	-	-	-	41*	39	32	36	41	-	46	-	-	-	67	▲21
Brazil	-	-	-	-	-	-	34	37	39	28	44	36	-	25	33	27	-	-	-	48	▲21
Mexico	-	-	-	41	38	43	31	46	36	33	38	34	-	23	27	22	-	-	-	33	▲11
Argentina	-	-	-	31	31	24	28	-	-	22	30	26	-	26	27	24	-	-	-	34	▲10
South Africa	-	-	-	-	51	-	-	-	-	43	40	34	43	32	38	35	-	-	-	40	▲5
Kenya	-	-	-	15	-	14	10	21	-	13	16	22	23	21	17	25	-	-	-	23	▼2
Nigeria	-	-	-	-	-	-	15	-	-	11	14	14	18	13	17	17	-	-	-	15	▼2
Indonesia	-	25	31	30	34	34	37	28	-	24	25	22	-	36	32	36	-	-	-	25	▼11

*2013 survey in India conducted through the winter of 2013 and 2014.
Note: Statistically significant changes over time in **bold**. Prior to 2020, U.S. and Australia surveys were conducted by phone. See topline for results.
Source: Spring 2023 Global Attitudes Survey. Q3b.
"China's Approach to Foreign Policy Gets Largely Negative Reviews in 24-Country Survey"

PEW RESEARCH CENTER

[그림 2] 중국에 대한 부정적 인식 조사 결과[6]

미국 민주당 지지자들이 보기에도 트럼프의 관세 정책은 '마피아식 폭력'과 다름없다. 2기 트럼프 정부가 1기 때와는 달리 중국만 공격하는 것이 아니라 전통적인 우방을 포함해 거의 모든 나라를 상대로 관세 전쟁을 벌이고 있는 현실에 비추어 볼 때, 전 세계적 반미 전선이 형성되지 않는 상황은 특이하다. 트럼프는 바이든처럼 민주주의와 인권, 다자주의를 전면에 내세우지 않는다. 이익과 손해를 말한다. 직설적이다. "왜 미국만 희생해야 하느냐, 미국도 힘들다. 너희들도 부담을 져라. 너희들도 미국을 도와라."라는 트럼프의 주장은 미국 내에서만이 아니라 많은 나라에서도 먹혀들고 있다. 싫지만 이해한다는 분위기가 등장하고 있는 것이다. 그 이면에는 미국과 척을 지는 경우도 부담스럽지만, 중국도 믿을 수 없다는 비판적 평가도 자리잡고 있기 때문이다.

트럼프는 바로 이 점을 파고들고 있다. "중국도 내놓아라."라는 것이다. 중국은 이득만 보고 대가를 지급하지 않고 있다는 것이다. 여기에는 중국이 불법적으로 저작권을 침해하고, 부당한 방법으로 정보나 기술을 취득하고 있는 상황에 대한 미국의 오랜 비판이 자리잡고 있다. 뿐만 아니라 2012년 시진핑 등장 이후 중국이 대미 무역 흑자로 더 이상 미국 국채를 사지 않고, 미국과의 경쟁을 선택한 것에 대한 미국의 보복 의지가 작용한 측면도 있다. 트럼프는 "해 볼 테면 해 봐라. 그러나 경쟁의 룰은 미국이 정한다."라는 태도를 보여 주고 있다.

중국 내부의 불안: 경제 침체, 중진국 함정, 시진핑 책임론

경제 침체

미·중 전략 경쟁에 임하는 중국 내부 상황도 만만치 않다. 심각한 부동산 문제와 부채 확대, 디플레이션 상황의 지속, 외국 기업의 이탈과 투자 유치 실패, 청년 실업 확대 등 중국의 내부 경제 상황이 침체되고 있다는 사실이 곳곳에서 확인되고 있기 때문이다. 다시 말해 중국이 미국의 공세적 압박에 적극적으로 맞불을 놓고 있지만 저성장과 경기 침체라는 현실적 제약이 존재한다는 것이다.

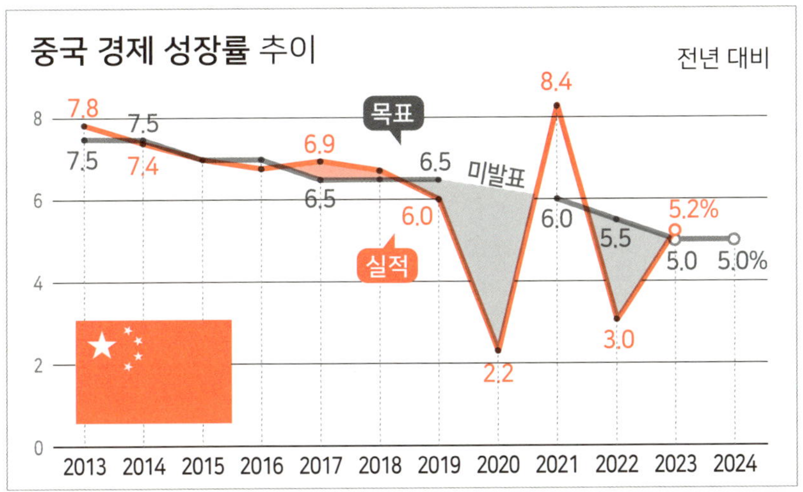

[그림 3] 중국의 경제 성장률 추이

중진국 함정

일부 전문가들은 중국도 '**중진국 함정** middle-income trap'에 빠져 있음을 강조한다. 2010년 이후 중국의 중진국 함정에 대한 논의가 많아진 것이 사실이고, 2015년 이후에는 중국 정부 차원에서도 본격적 대응이 시작되었다. 2020년 이후 중국이 강조하는 '**쌍순환 전략** 双循环'은 그 대응 방안이라고 할 수 있다. 2025년 10월 23일 끝난 중국공산당 제20기 4중전회의에서 확정한 '15차 5개년 계획 2026~2030'과 그속에서 밝힌 '2035년 장기 발전 목표' 모두 중진국 함정에서 벗어나려는 중국의 의지를 표현하고 있다. 중국이 '중등 선진국'으로 도약하기 위해서는 '고품질 발전'을 이루어 내야 하며, 기술 자립과 혁신 주도 성장, 디지털 중국 건설, 강력한 내수시장 건설, 고품질 완전 고용과 소득 분배 구조 개선 등이 필요하다는 것이 바로 그것이다. 참고로 중진국 함정에서 벗어나 선진국으로 진입한 대표적인 나라가 바로 한국과 대만이다.

중진국 함정

중진국 함정은 개발도상국이 빠른 속도로 성장하다가 일정 수준에 도달한 다음부터는 저성장의 늪에 빠지게 되면서 선진국 진입에 실패하는 현상을 말한다. 2006년 세계은행이 발표한 '아시아 경제 발전보고서'에서 처음 사용된 개념으로 알려져 있다. 1960년대 이래 101개국 중 2000년대 선진국으로 진입한 나라는 한국을 포함 13개국뿐이라고 한다.

쌍순환 전략

2020년 5월 중국공산당 정치국회의에서 시진핑 주석이 "중국 경제는 국내 경기 순환을 중심으로, 국내외 경제 순환을 상호 촉진하는 새로운 발전 방식을 모색해야 한다"고 말하면서 등장한 개념이다.

시진핑 책임론

다른 한편 시진핑 주석이 대국굴기 大国崛起를 강조하면서 너무 일찍 미국을 자극해 미·중 간 전략적 경쟁이 중국이 원하지 않는 시간대에 원하지 않는 속도로 전개되고 있다는 비판도 존재한다. 시진핑 주석의 대미 강경론과 대만 무력 통일론에 대한 내부 비판이 존재한다는 얘기다. 이를 서방의 시각으로만 볼 수 없는 이유는 2022년 후진타오 전 국가주석이 제20차 중국공산당 당대회장에서 끌려 나간 상징적 사건이 존재하기 때문이다. 최근 불거진 시진핑 실각과 4 연임을 둘러싼 논란도 그 연장선 위에 있다고 할 수 있다. 그것은 이후 중국의 변화를 가늠하는 핵심 시그널이 될 수 있다.

중국이 일본처럼 될 가능성

미국 등에서는 중국이 중진국 함정에서 벗어난다 하더라도 1985년 이후 일본과 같은 상황에 처할 수도 있다는 지적이 나오고 있다. 한마디로 '일본의 추락', '잃어버린 30년'처럼 '중국의 추락', 혹은 '정체된 중국의 미래'가 도래할 수도 있다는 것이다. 사실 중국과 미국의 엄청난 무역 불균형은 중국을 압박할 수 있는 명분을 미국에 주고 있다. 미국이 깡패처럼 100%가 넘는 고율 관세를 중국에 부과하고, 첨단 기술 중국 수출 금지를 공개적으로 선언하는 형식적 명분은 엄청난 무역 불균형과 저작권 침해 등이다. 그러나 2012년 시진핑 집권이후 중국이 미국에 도전하고 **굴기** 崛起를 시작하면서 미국의 대중국압박이 거세지기 시작한 측면도 있다. 당시 중국은 엄청난 대미무역흑자를 보

중국의 도전과 굴기

2013년 6월 7일 미국에서 개최된 미중 정상회담에서 시진핑 주석이 '신형대국 관계'를 선언한 것은 중국의 도전적 모습을 상징적으로 보여 준다.

면서도 전통적으로 행해왔던 미국채권매입을 거부하고, 중국의 영향력을 강화시키는데 투자하기 시작했다. 그것은 미국에 대한 도전을 의미했을 뿐 아니라 미국의 쌍둥이 적자 무역적자, 재정적자를 확대시키는데 기여했다. 그 결과 오바마 미국정부의 중국견제가 본격화되기 시작했다.

오바마 정부의 대중 관여 정책이 실패했다고 생각한 트럼프 정부는 1기 출범 이후 2년 만에 미·중 무역 전쟁을 전면화했고, 뒤이어 등장한 바이든 정부는 그 기본 방향을 공유하면서도 관세보다는 공급망 재편, 다자주의적 접근을 통해 불균형을 시정하려고 했다. 2기 트럼프 정부는 잘못된 시스템을 건드리지 않는 접근법은 성공할 수 없다면서, 1기 트럼프 정부의 노선을 재정비하면서 부분적 교정이 아니라 전면적 혁신을 도모하기 시작했다. 트럼프 정부의 대중 압박과 봉쇄 정책은 그 폭과 깊이에 있어서 바이든 정부와는 비교할 수 없을 정도로 충격적이고 역동적이다. 일단 시진핑 정부는 미국의 부당한 요구와 압박에는 굴하지 않겠다는 태도를 분명히 밝히고 있다. 그러나 무역 충돌의 파고는 크고, 그 파장은 작지 않다. 그것은 무역만이 아니라 공급망 재편과 기술 전쟁, 안보 문제로까지 확대되고 있기도 하다. 중국의 고민도 깊어지고 있다는 것이다.

최근 중국 내부에서도 중국의 체면을 살려주면 '타협'이 가능하다는 얘기가 흘러나온다. 트럼프 역시 관세 전쟁이 **트럼플레이션**을 불러 일으키면서 미국과 세계 경제를 심각한 위기 상황으로 몰아넣을 수 있다는 점에서 '타협'하지 않을 수 없다는 예측도 거론된다. 2025년 10월 30일 부산에서 열린 미·중 정상회담에서 희토류 수출 통제 유예 및 관세 부과율 인하에 잠정적으로 합의한 것이 빅딜을 위한 휴전인지, 더 큰 전쟁을 위한 숨 고르기인지는 결국 2026년 4월로 예정된 미·중 정상회담에서 드러날 가능성이 높다.

트럼플레이션TRUMPFLATION
TRUMP+INFLATION의 합성어. 트럼프의 정책이 인플레이션을 가져온다는 의미이다.

미·중 전략 경쟁strategic competition의 쟁점과 향후 시나리오

2기 트럼프 정부의 출범과 더불어 진행되고 있는 전방위적이고 공격적인 정책들은 세계 경제와 국제 정치 질서, 미국 내부 정치의 근간을 흔들고 있다. 그것은 전통적 질서의 수정을 넘어 새판을 짜는 것이라고 할 수 있으며, 이제까지 경험하지 못한 새로운 질서의 등장을 의미할 수도 있다. 그것을 혁신이나 혁명, 반동이나 퇴행으로 쉽게 단정하지 못하는 이유는 그것이 담고 있는 충격파가 너무도 크고, 예측할 수 없는 미래의 변화를 포함하고 있기 때문이다. 지금 트럼피즘을 제어할 수 있는 것은 트럼프 스스로이거나 미국 내부 정치일 수밖에 없는 것도 불행한 현실이다.

신新플라자 합의Neo-Plaza Accord는 가능한가?

플라자 합의Plaza Accord는 미국, 일본, 영국, 서독, 프랑스의 재무장관들이 뉴욕의 플라자호텔에서 도출한 환율 조정 합의를 말한다. 미국이 인위적으로 달러 가치를 하락시키기 위해 다른 나라 화폐들의 **평가절상**을 끌어냈고, 이를 통해 미국은 달러 강세를 완화하고 무역 적자를 줄이려

평가절상appreciate

비교 대상 화폐 예컨대 달러에 비해 화폐 가치가 상승 강세하는 것을 의미하고, 평가절하depreciate는 화폐 가치 하락 약세 즉 비교 대상 화폐의 가치 상승 강세를 의미한다.

했다. 미국의 의도는 먹혀들었지만, 미국 경제와 세계 경제는 미국이 원하는 대로 흘러가지 않았다. 달러 패권은 유지되었고, 미국의 무역 적자는 줄어들었지만, 세계 경제에 미치는 파장은 적지 않았다. 일본과 서독의 경제 침체 상황이 그 여파로 나타났다. 일본의 장기 불황의 계기가 되었다는 평가가 나오는 이유다.

트럼프 정부가 무역 불균형을 시정하고 미국의 제조업을 부활시키기 위해 관세, 안보 비용 조정, 환율 조정의 조합을 활용하려고 하는 것은 1985년 레이건 정부 때의 플라자 합의와 비슷하다. 트럼프 정부의 대외 경제 정책 구상을 설계했다는 스테판 미란 Stephen Miran 등이 작성한 '마르라고 합의 Mar-a-Lago Accord'에는 플라자 합의를 떠오르게 만드는 요소들이 담겨져 있다. '마르라고 합의'에는 트럼프 정부의 관세 정책, 미국 투자 유치 확대와 제조업 부활, 동맹 부담 확대, 환율 조정 및 **달러 패권 유지**와 같은 정책 구상들이 담겨져 있고, 신新플라자 합의라 할 수 있는 **신新브레튼우즈 체제**, 즉 새로운 다자 조정 합의가 대안으로 제시되어 있다. 그러나 신新플라자 합의와 같은 다자 조정 메커니즘은 관세와 환율 조정 대상국들이라 할 수 있는 중국, EU, 영국, 캐나다, 일본, 한국, 인도, 브라질 등의 동의를 얻어야만 가능하다. 그리고

달러 패권 유지

달러 패권 유지 전략은 환율 조정만으로 달성되기 어렵다. 그래서 2기 트럼프 정부는 스테이블코인을 활용해 기축통화로서 달러화의 지위를 공고화시키려 한다. 2025년 6월과 7월에 미 상원과 하원을 통과한 지니어스법 GENIUS Act, Guiding and Establishing National Innovation for U.S. Stablecoins Act 이 그것을 잘 보여 준다.

신新브레튼우즈 체제

브레튼우즈 체제는 1944년 미국의 브레튼우즈에서 44개국이 합의한 국제 통화 체제를 말한다. 여기서 미국의 달러화가 기축통화로 채택되고, 국제통화기금 IMF, 국제부흥개발은행 IBRD 가 만들어졌다. 신브레튼우즈체제란 신플라자 합의와 같은 말로 달러화의 기축통화로서의 지위를 공고히 하는 새로운 브레튼우즈체제를 말한다.

시대적 상황은 1985년과 많이 다르다. 미국의 영향력은 그때보다 약하기 때문이다. 만약 미국과 중국, EU 등이 합의하지 않고 미국이 단독으로 밀어붙이는 상황이 상당 기간 지속된다면 세계 무역과 통화 체제의 혼란은 불을 보듯 뻔하고, 그 피해는 걷잡을 수 없이 나타날 수밖에 없다. 과연 신新플라자 합의 또는 신新브레튼우즈 체제가 만들어질 수 있을 것인가?

기술 전쟁의 승자가 패권을 주도한다

《변화하는 세계 질서, Principles for Dealing with the Changing World Order: Why Nations Succeed and Fail》2021의 저자인 레이 달리오Ray Dalio는 "기술 전쟁의 승자가 경제 및 지정학적 전쟁의 승자가 될 것"이라고 말했다. 이 말은 특별히 미·중 전략 경쟁이 전면화되고 있는 현재의 상황에 가장 적합한 표현이라고 할 수 있다. 중국이 제조업 경쟁에서 우위를 점하고 있으나 그것만으로는 AI를 비롯한 첨단 기술 분야에서 압도적 지위를 갖고 있는 미국을 상대하기 힘든 것이 현실이다. 앞서가는 미국과 추격하는 중국의 기술전쟁이 사실 미·중 타협 여부를 좌우하게 될 것이 분명하다.

중국의 고속 성장과 경제 도약은 많은 사람에게 중국이 경제 규모만이 아니라 패권적 지위에서도 머지않아 미국을 추월할 것이라는 환상을 심어 주었다. 그러나 미·중 갈등이 전면화하는 과정에서 중국 경제의 내적 문제점만이 아니라 미국이 국제 질서를 주도하는 과정에서 부담할 수밖에 없었던 수많은 요인과 문제들도 드러났다. 중국은 중진국 함정을 넘어서야 하고, 또 국제 사회에서 패권국과 강대국이 담당해야 할 공공재를 부담할 능력과 의지를 갖추고 있음을 아직 증명하지 못하고 있다. 또 미국의 힘과 지위가 약화되고는 있으나 여전히 세계 최강이고, 미국이 자신들이 만든 시스템을 흔들 경우에 세계 경제와 국제 질서가 얼마나 큰 영향을 받을 수밖에 없는지도 분명하게 드러나고 있다.

2025년 '중국공산당 20기 제4차 중앙위원회 전체회의_{20기 4중전회}'에서 제시된 15차 5개년 계획에는 "혁신 기술, 반도체, AI, 양자 기술 등"에서 세계 선두 수준 확보가 명시되어 있는데, 미국 정부는 중국의 바로 그런 계획을 직접 겨냥해서 좌절시키려 하고 있다. 최근 들어 미국의 빅테크 AI 업계에서는 '피지컬 AI_{자율 로봇, 실체형 AI}'와 AGI_{범용 AI}를 많이 강조하고 있는데, 피지컬 AI가 당면 과제라면, AGI는 5~10년 내에 기술 패권을 좌우할 전략적 기술이라고 할 수 있다. 중국이 미국의 ChatGPT, Gemini, LLaM와 비슷하지만 훨씬 개발 비용이 적게 들고 효율적이라는 DeepSeek를 개발해 내자 세계가 깜짝 놀랐다. 머지않아 중국이 미국의 AI 기술을 추월할 것이라는 예측이 확대되기 시작했다. 그런데 중국의 AI 정책이 미국과 유사해 보이지만 많은 차이를 보인다는 것을 아는 사람들은 많지 않다. 지금 중국은 AGI를 포기하는 것은 아니지만_{비용대비 효과면에서} AGI보다 AIoT_{사물지능융합기술 AI+IoT}에 집중하고 있다고 알려져 있다. 그것은 사물인터넷과 AI, 5G, 클라우드 시스템 등을 결합해 데이터 생태계 기반의 지능형 사회_{분산형 AI}를 추구하는 것을 의미한다. 피지컬 AI와 AGI/ASI를 추구하는 미국과는 그 점에서 많이 다르다. 중국의 AIoT는 사회 안정·생산성·관리 효율

중심의 국가 통합 전략을 강조하고 있는 반면, 미국의 AGI는 기술 패권·경제 지배력·문화 영향력 강화 전략을 노골화하고 있다.

현재 미국과 중국의 AI 기술 개발 정책은 상호 보완적이지만, 구현 방식과 적용 분야, 기술적 표준과 미래 발전 방향에서 많은 차이를 내포하고 있고, 그 궁극적 지향도 사뭇 다르기 때문에 어떤 결과로 이어질지는 쉽게 예측할 수 없다. 그러나 미국과 중국의 AI 개발 정책이 결국은 만날 수밖에 없고, 머지않은 시기에 그 결과가 나올 수밖에 없다는 점에서 향후 5년이 결정적인 전환점이 될 수도 있다.

[표 1] 미국과 중국의 인공지능AI 정책 비교

구분	미국 United States	중국 China
AI 국가 전략 출범 시기	2016년 'National AI R&D Strategic Plan' 발표, 2023년 개정	2017년 '차세대 인공지능 발전 계획新一代人工智能发展规划' 발표
정책 비전	"AI를 통한 국가 안보 및 기술 리더십 유지", 인간 중심의 신뢰 가능한 AI	"2030년 세계 AI 강국 달성", 경제·사회·안보 통합 발전
정책 추진 방향	공공–민간 협력 강화, 윤리·신뢰성 확보, AGI 및 물리적 AI 집중	정부 주도 산업 통합, 데이터 주권 강화, 감시 및 사회 관리 중점
연구 및 개발 중점 분야	범용 인공지능AGI, 물리적 AI, 생명공학-AI 융합, 국방 AI	AI 칩, 컴퓨터 비전, 음성 인식, 자율주행, 스마트 제조, 감시 기술
국방 및 안보 활용	DOD AI Strategy2023, Project Maven, Replicator Initiative	군민 융합MCF 전략, 정보전·무인 전력 강화
주요 민간 기업	OpenAI, Google, Microsoft, NVIDIA, Anthropic, Meta	Baidu, Alibaba, Tencent, Huawei, iFlytek, SenseTime
국제 협력 및 경쟁 전략	AI Safety Summit2023~, 기술 동맹 AUKUS, Quad AI 협력, chip 4동맹 강화	글로벌 AI 거버넌스 이니셔티브2023, 디지털 일대일로 협력
기술 자립 전략	반도체·GPU·클라우드 공급망 확보 중심	AI 칩 국산화 및 대규모 데이터 확보 중심
2025년 이후 목표	안전하고 신뢰할 수 있는 AGI 생태계 구축	AIoT·스마트시티·감시 체계 완성, 자립형 AI 생태계 확립

물론 미국과 중국의 첨단 기술 경쟁으로 AGI 상용화를 앞당기게 될 경우 인간의 삶과 노동이 근본적인 변화를 맞게 될 것이라는 예측은 이미 일반화되고 있다. 또 AI를 이용한 전쟁은 그 양상이 상상할 수 없는 파괴와 학살을 동반할 것이라는 점도 분명하다. 핵무기보다 더 무서운 AI 무기의 등장은 곧바로 현실이 될지도 모른다. 더 심각한 것은 미국과 중국의 AI 기술 경쟁이 인간으로부터 독립하고, 통제 불가능한 AI의 출현을 앞당길 수 있다는 점에서 벌써 논란이 분분하기도 하다. 그런 상황이 된다면 사실 미·중 갈등이니 진영화 된 경제 블록이니 하는 것도 철지난 논의가 되어 버릴지 모른다. 인간으로부터 독립된 AI 시스템이 미국과 중국의 경계를 넘어 하나로 접속할지도 모르기 때문이다.

제3세력의 등장은 가능한가?

미·중 전략 경쟁이 전면화되고, 세계 경제와 국제 정치 질서의 근간이 흔들리는 상황에서 미·중 타협을 강제하고, 새로운 세계 질서와 국제 정치 체제를 만들어 낼 제3의 힘이 등장할 것인가를 두고 많은 논란이 있다.

강대국 중심의 현실주의적 접근법을 선호하는 사람들은 제3의 강대국을 찾는 경향이 있다. 그래서 그들은 러시아, EU, 일본, 인도, 브라질 등이 그런 역할을 담당할 가능성이 있는지를 검토한다. 그러나 미국과 중국의 격차도 크지만, 그 두 나라와 나머지 나라들의 격차는 비교할 수 없을 정도로 크다. 미국의 힘이 약해지고, 중국의 힘이 세지고 있는 상황이지만 양극 체제라고 할 수는 없고, 또 다극 체제를 만들 제3의 국가도 없는 것이 현실이다. 또 EU와 러시아, 일본과 인도, 브라질 등이 협력하는 제3세력 연합도 쉽지 않다는 예측이 지배적이다. 역사와 현실적 이익에서 안정성과 지속성을 갖는 공통분모를 찾기 어렵기 때문이다.

물론 미국의 우방이지만 미국으로부터 전략적 자율성을 추구할 수 있는 EU, 일본, 호주, 한국 등의 협력은 상대적으로 가능성이 있지만, 미국과 중국을 변화시킬 정도의 힘을 가지는 것은 쉽지 않다는 것이 일반적인 예측이다. 그 국가들은 NATO, **AUKUS**, **QUAD**, 양자 동맹 체계 등등으로 미국과 얽혀 있기 때문이다.

AUKUS

'오커스 AUKUS'는 2021년 9월에 호주 AU, 영국 UK, 미국 US 3국이 결성한 안보협의체를 말한다.

QUAD

미국, 일본, 호주, 인도간 4개국안보대화를 말한다. QUAD플러스는 4개국외에 한국, 뉴질랜드, 베트남을 참가시키려는 구상이다.

물론 미·중 전략 경쟁이 심화 확대되면서 약해지고 있는 자유주의적 국제 정치 질서와 자유무역 체계를 지속시키고, 지구적 차원의 복합 위기 대응을 위해 제3세력의 연합이 등장할 가능성은 남아 있다. 그것은 미국 민주당의 지지를 받고 있기도 하고, 최근 트럼프의 대중국 압박에 저항하면서 중국이 그런 담론을 받아들이는 측면도 있기 때문이다. 만약 중국이 미국 패권을 대체하거나 패배시키는 것을 목적으로 하는 것이 아니라 미·중 타협에 바탕을 둔 다자 협력 질서를 구축하는 데 동의한다면, 그리고 미국의 민주당과 공화당이 그런 질서에 동의한다면 지구적 거버넌스 체계를 재구축하는 방식으로 제3세력이 광범위하게 연대할 수도 있을 것이다. 그러나 그러기 위해서라도 미국, 중국과 긴밀한 우방이면서도 전략적 자율성을 갖는 국가들이 협의하고 협력하는 모습이 가시화될 필요가 있다. 아마도 EU와 영국, 일본, 인도, 브라질, 호주, 한국, 튀르키예, 사우디아라비아 등의 협력이 이루어질 경우 그것은 매우 큰 의미를 가질 것이다. 특히 일본이 그런 흐름에 적극 참여한다면 그것은 전 세계적 차원에서만이 아니라 동북아 질서에서도 매우 중요한 의미를 갖는다.

어떤 시나리오가 가능할까?

미·중 갈등을 포함한 강대국 지정학이 부활하는 상황에서 기후 위기와 디지털 전환이 뒤엉킨 복합 위기에 대응하는 다양한 시나리오가 거론되고 있다. 우리는 《시그널 코리아 2025》에서 기후 위기와 관련 네 가지 국제 정치 상황을 가정한 시나리오를 설명한 바 있다. 최근 미·중 갈등과 지정학의 부활, 복합 위기 상황을 고려한 수많은 시나리오가 셀 수 없이 등장하고 있다. 세계 경제 대공황과 제3차 세계대전을 예상하는 시나리오도 있지만, 이 글에서는 트럼프의 재등장과 세계 경제, 국제 정치 질서의 변화를 설명하는 데 초점을 둔 시나리오만 간단하게 언급한다.

4가지 정치 체계

《시그널 코리아 2025》에서는 지오프 만과 조엘 웨인라이트 교수가 제시한 기후 위기로 나타날 수 있는 4가지 정치 체계, 리바이어던 Leviathan, 베헤모스 Behemoth, 마오 Mao, 엑스 X 를 소개한 바 있다.

기드온 래크만의 시나리오

2024년 12월 28일 파이낸셜 타임즈에 실린 기드온 래크만_{Gideon} Rachman의 칼럼에서 언급된 5가지 미래 시나리오는 2기 트럼프의 출범과 관련되어 제기된 시나리오라는 점에서 많은 시사점을 준다.

그는 2기 트럼프정부의 출범이후 트럼프의 선택과 이에 따른 연쇄반응속에서 세계는 빠르게 변화할 수밖에 없을 것이라고 내다보았다. 그는 세계는 더 이상 예전과 같지 않을 것이며, 그것이 꼭 '미국의 이익'으로 귀결되지 않을 수도 있다고 말한다.

[표 2] 래크만의 5가지 미래 시나리오

유형	설명
강대국 간 새로운 협상 a new great power bargain	트럼프의 거래적 성격, 전쟁을 피하려는 의지, 민주적 동맹국들에 대한 경멸로 인해 미국은 러시아 및 중국과 새로운 대규모 협상을 체결하게 된다는 시나리오
돌발적 전쟁 War by accident	전 세계적으로 정치적 불안정이 확산되는 가운데 중국, 러시아, 북한 등에 의한 우발적 전쟁이 발생하고, 관련 동맹국 및 협력국들이 참전하면서 미국도 전쟁에 휘말리게 되는 상황. 이 시나리오에서는 중국과 대만, 한반도의 전쟁이 거론됨.
리더 없는 세상의 무정부 상태 Anarchy in a leaderless world	미국, 중국, 러시아, EU는 직접적 충돌을 피하고 있지만, 트럼프의 미국 우선주의 정책은 전 세계적 차원의 리더십 공백을 불러일으킨다. 그 결과 전 세계적 경기 침체, 여러 지역에서의 내전과 분쟁 격화, 유엔을 비롯한 국제기구의 개입력 저하, 난민 유입, 포퓰리즘이 득세하는 상황이 조성됨.
미국 없는 세계화 Globalizaion without America	미국이 관세 정책을 전면에 내세우고 WTO에서 탈퇴하는 상황. 나머지 세계의 협력이 전개되는 상황. 사실상 중국과 EU, 글로벌 사우스가 협력하는 상황. 미국 실패, 다자주의 승리
미국 우선주의 성공 America First Succeeds	트럼프의 승리로 투자가 미국으로 몰리면서 기술 및 금융 분야에서 미국의 주도권이 강화됨. 중국과 러시아, 이란 등이 위기에 빠짐.

'가능성이 높은 미래 Probable Future'와 '선호하는 미래 Preferred Future'

2022년 12개국의 14명의 학자와 연구진이 공동으로 진행한 독특한 공동 연구의 결과물인 〈2050년, 우리는 어떤 국제 질서를 원하는가?: 세계 질서 대전환의 7대 트렌드와 세계의 선호 미래〉국회미래연구원 연구보고서 22-12

에서는 2050년까지의 '가능성 높은 미래'와 '선호하는 미래'를 제시하였다. 대부분의 학자는 불행하게도 가능성이 높은 미래와 선호하는 미래 간의 격차가 커지고 있으며, 선호하는 미래는 상당 부분 불가능하거나 가능성이 높지 않다고 우려하였다.

SIGNAL KOREA 2026

가능성 높은 미래

가장 가능성이 높은 미래는 "강대국 경쟁이 지속 심화되고 지정학적 불안정성이 확대되고 글로벌 협력의 공간이 축소되면서 선택의 압박이 강화되는 미래 국제 질서"로 나타났다. 그 세부 내용에 대한 공감대는 다음과 같이 나타났다.

▲ 미·중 양국 중 누가 2050년의 패권국이 될 것인가에 대해서는 일치되지 않았으나 미·중 양국이 중대한 영향력을 행사하는 양대 강국일 것이다.

▲ 미·중 간 직접적 충돌 가능성은 낮지만 아예 배제하기는 어렵다.

▲ 미·중 양국 관계는 전반적으로 악화될 가능성이 높지만 미소 냉전 시기와는 다를 것이다. 경제적 상호 의존, 중견국들의 관여, 지역 강대국 경쟁 등 다양한 요소에 의해 제약될 것이다.

▲ 무질서한 세계와 진영화 질서가 부상되면서 나머지 국가들의 선택 압박이 커질 것이다.

▲ 준양극 체제 혹은 불안정한 다극 체제가 될 가능성이 높다.

▲ 국제기구와 보편 규범이 약화될 것이다.

가장 선호하는 미래

가장 선호하는 미래는 "미·중 양국 관계가 협력적이고 건설적이며, 국제 질서가 좀 더 다원화되고 민주화되면서 어느 한쪽을 선택하라는 압박이 없는 질서"로 나타났다. 세부 내용은 다음과 같다.

▲ 최선의 미래는 미·중 협력, 차선은 관리 가능한 건설적 경쟁, 최악은 군사 충돌과 전쟁으로 나타났다.

▲ 다극화된 미래 질서와 나머지 국가들의 역할이 확대되는 것이 바람직하다.

▲ 많은 학자는 현재의 국제 질서가 민주적이지 않은 만큼 더 민주적으로 변화하는 것을 선호했다.

미·중 전략 경쟁과 동북아 질서

동북아는 미·중 두 강대국의 이해관계가 정면으로 교차하는 전략적 요충 지역이다. 동북아의 주요 구성국은 중국과 일본, 남북한과 러시아, 대만, 몽골인데, 미국과 긴밀하게 연결되어 있는 한국과 일본, 대만을 한 축으로, 중국과 북한, 러시아를 또 다른 한축으로 하는 역사적 단층선이 사실상 70여 년 넘게 작동하고 있다. 1990년대 초반 탈냉전 시대가 전개되면서 남북 관계를 제외한 단층선의 전환이 이루어지고 있었으나 미·중 전략 경쟁이 전면화하면서 미국과 중국을 중심으로 재결집하는 양상이다.

한·미·일과 북·중·러: 대칭과 비대칭이 뒤엉킨 동학 動學

냉전 시기에 미국과 양자 동맹 네트워크로 연결되어 있던 한국과 일본, 대만은 미·중 전략 경쟁이 본격화되면서 새롭게 재구조화되고 있다. 1기 트럼프 정부와 바이든 정부 때 가속화된 한·미·일 안보 협력 구조는 공급망 재편과 기술 패권 블록화라는 측면에서도 긴밀하게 연계되어 있다. 한·미·일·대만은 chip 4 동맹 반도체 협력을 구성하고 있으며, 일본은 인도·태평양 전략의 근거라고 하는 QUAD에 참여하고 있다. QUAD 가입문제는 한국 정부의 전략적 고민을 보여준다. 문재인 정부는 QUAD에 유보적이었으나 윤석열 정부는 가입을 적극 검토한 바 있었다. 만약 미·중 갈등이 전면화되고 한국이 전략적 자율성을 확보할 수 있는 근거를 만들어 내지 못한다면 한국은 미국이 원하는대로 끌려갈 가능성이 크다.

북·중·러 협력 구조는 냉전의 역사와 긴밀하게 연계되어 있다. **1960년대 중·소 분쟁**을 거치면서 북한은 전략적 자율성을 바탕으로 중국·소련과 국제적 협력 질서를 구축하였으나 한·소 수교 1990, 한·중 수교 1992를 경험하면서 협력 질서는 사실상 해체된 거나 다름없는 상태가 되었다. 그러나 미·중 갈등이 심화되면서 북한의 지정학적 위상이 높아졌고, 2018년 미중무역전쟁, 2022년 러우전쟁이 벌어지면서 북중러 협력구조가 다시 활성되기 시작했다. 2025년 중국 전승절 행사 때 시진핑과 푸틴, 김정은이 함께하는 장면은 대외적으로 북·중·러 구조의 실체

1960년대 중·소 분쟁

스탈린 사후 소련과 중국 사이의 이념적 정치적 갈등과 분쟁을 말한다. 북한은 이 과정에서 친소 친중을 오가는 등거리 외교를 전개하면서 독자적 위상을 정립하기 시작한다.

를 과시하는 상징적 장면이라고 할 수 있을 것이다. 그렇지만 북·중·러 협력 체계는 한·미·일 협력 구조에 비해 경제 기술 협력의 수준이 낮고, 북한 핵 문제를 둘러싼 미묘한 긴장 관계를 포함하고 있기 때문에 미·중, 미·러 관계의 변화에 따라 관계 수준이 유동적일 수 있다.

미·중 갈등의 뜨거운 감자 - 대만

동북아 정세에서 대만은 미·중 전략 경쟁의 뜨거운 감자와 같다. 국제 사회에서 대만은 중국의 일부로 간주하지만, 사실상 미국의 방어 지원하에 독립된 국제 행위자로 존재한다.

미·중 갈등이 첨예화되면 대만의 **국가 인정 문제**, 대만해협에서의 **군사적 충돌과 무력 통일 문제**가 부각될 수밖에 없다. 중국과의 직접적인 충돌을 원치 않은 미국이 위기 고조의 어느 시점에선가 대만 방어를 포기할 수도 있다는 예측이 나오고 있지만, 첨단 기술 패권의 동력이 되는 칩 4동맹 CHIP 4alliance, 미국, 일본, 한국, 대만을 미국이 포기할 것이라는 상상은 비현실적이다. 아마 대만해협에서의 군사 충돌은 미국만이 아니라 일본, 대만이 연루되는 국제적 군사 충돌로 비화될 것이 분명하며, 상황에 따라 한국의 연루도 거론될 수밖에

대만 국가 인정 문제

2기 트럼프 정부 출범 후 미 국무부 홈페이지에서 "대만의 독립을 지지하지 않는다"라는 표현이 삭제되면서 논란이 확대된 바 있다.

군사적 충돌과 무력 통일 문제

"대만 '중국 2027년 침공' 군사훈련에 첫 명시…정말로 내후년 중국이 침공할까" 경향신문, 2025. 3.20. 중국의 2027년 대만 침공설은 시진핑 중국 국가주석이 3연임을 결정한 2022년 10월 제20차 당 대회를 전후 주로 미국 언론을 통해 불거져 나왔다. 시 주석이 세 번째 임기 마지막 해인 2027년 대만을 침공해 통일이라는 업적을 이뤄 3연임 정당성을 이루려 한다는 것이 근거였다. 시 주석은 이 무렵 "대만 무력 통일도 배제하지 않는다"라며 대만에 대한 압박 수위를 높였다. 미·중 갈등이 확대되는 상황에서 중국의 대만에 대한 무력 압박이나 통일 시도는 양안 관계의 긴장을 높일 뿐 미국과 일본의 군사적 개입 및 한국 연루 문제가 전면에 부상할 가능성도 있다.

없을 것이다. 그리고 그것은 세계 경제에도 엄청난 충격을 주는 사태
가 될 수밖에 없을 것이다.

만약 미·중 타협이 이루어진다면 중국과 대만의 교류 협력이 활성
화될 것이다. 그 경우 중국과 대만의 공존과 통일의 과정을 둘러싼
논란은 대만 내부 정치의 핵심 쟁점이지만, 중국 내부 정치에도 미치
는 영향도 적지 않을 것이다. 대만의 분리주의 논란, 중국의 정당체
제 변화를 둘러 싼 논란의 향방이 많은 사람들의 관심을 끌 것이다.
아마 중국과 대만의 협력 관계, 미·중 타협의 수준에 따라 다양한
시나리오가 등장할 수 있을 것이고, 그것은 곧 남북 관계에도 매우
큰 자극을 주게 될 것이다.

북한의 지정학적 정체성과 생존의 길

동북아에서 북한의 존재는 특이성을 가진다. 중국의 입장에서 볼 때,
북한은 한미동맹과 직접 접촉하는 것을 막아 주는 방파제 혹은 완충제
역할을 하는 지정학적 가치를 갖고 있다. 그러나 북한은 1960~70년대
중·소 분쟁 과정에서 전략적 자율성을 확보한 바 있고, 1990년대 초 소
련과 중국의 배신을 경험한 바 있다. 다시 말해 북한의 중·러 불신과 자
력갱생 의지가 매우 강력하다는 것이다. 바로 그것이 북한으로 하여금
핵무장을 통한 국가 생존의 길에 접어들게 만든 요인이기도 하다.

아마도 미·중 전략 경쟁이 치열해지면서 사실상 냉전 시대에 버금
가는 신냉전 질서가 구조화된다면 북한의 지정학적 가치는 상종가를

칠 것이고, 북한의 국가 생존과 경제 발전은 안정적 궤도에 접어들 가능성이 있다. 그러나 미·중 관계, 미·러 관계의 상호 의존성과 복잡성으로 인해 신냉전적 질서가 고착화되지 않을 가능성이 높다는 데서 북한의 전략적 고민이 자리 잡고 있다.

만약 미·중 타협이 이루어지고, 미·중, 미·러 간의 복잡한 국제 정치 동학政治動學이 작동하게 된다면 북한은 세계 경제의 흐름이나 국제 질서에서 배제될 가능성이 높다. 특히 핵에 대한 북한의 집착은 한국과 일본을 잠재적 핵무장 상태로 이끌 가능성이 있고, 그것은 동북아 지정학에서 중국, 러시아가 엄청나게 부담스러운 상황으로 이어질 수 있다. 그럴 경우 북한은 핵무기 보유를 통한 전략적 억지를 이루었으나 경제 발전과 생활 안정의 새로운 길을 개척하지 못하는 딜레마에 빠질 수 있다.

미·중 갈등이 계속되면서도 신냉전적 대결 구조가 아닌 교착 상태 하에서의 협력이 이루어질 경우 북한은 북·중, 북·러 관계를 활용하면서도 북·미 관계를 개척하는 방식으로 전략적 자율성을 구사하려고 할 것이다. 그럴 경우 트럼프 미국 정부와의 관계 개선은 북한의 새로운 출구가 될 수 있다. 바이든과 달리 트럼프는 북한이 비핵화에 동의하지 않더라도 핵무기 동결과 축소에 동의한다면 제재 완화 조치, 원산 갈마지구 투자, 희토류 수입 등과 같은 전향적 조치를 취할 수도 있기 때문이다. 트럼프는 미·중 갈등 상황 속에서도 북·미 관계를 협상 카드로 갖고 싶어 한다. 북한과 미국의 셈법이 만날 수 있는 전략적 교차점이 있다는 것이다. 그러나 그 전략적 교차점은 사실상 남한과의 관계를 복원하지 않고서는 지속성을 갖기 어렵다.

2023년 12월 30일 북한이 남북 관계를 교전 상태의 적대적 두 국가 관계로 명시하면서 남한과의 관계 단절을 공식화했다. 윤석열 정부의 대북 강경책은 북한에 좋은 명분을 주었다. 북한은 남한의 영향력이 커지는 상태에서 아래로부터 체제를 흔들 수 있는 통일 논의를 차단하고, 남한과 상관없는 핵보유국으로서 전략적 입지를 구축하고 싶었을 것이다. 북한은 미·중 관계가 신냉전적 대결 구조로 접어들거나 그렇지 않더라도 장기적으로 지속되는 갈등 구조를 유지한다면 남북 관계를 차단하면서도 전략적 독자성을 유지할 수 있다고 생각했을 것이다. 그러나 현실은 북한의 뜻과는 다르게 흘러갈 가능성이 높다. 미국이나 중국, 러시아와 같은 강대국 간 정치에서는 약소국이나 중견국과는 달리 대결과 지원, 경쟁과 협력 등이 복합적으로 섞일 수 있기 때문이다. 만약 미·중, 미·러 관계가 달라질 경우 중국과 러시아는 북한의 의도와는 다르게 움직일 가능성이 크고, 북한이 새로운 돌파구를 만들지 못한다면 폐쇄적 고립 상태에서 벗어나지 못할 수도 있다. 북한이 핵무기를 끌어안고 위기에 처할 수도 있다는 것이다.

남북한의 평화 공존과 상생을 내세우는 이재명 정부는 그런 의미에서 북한의 생존과 발전을 위한 새로운 길의 동반자가 될 수 있다. 사실 남북 관계 복원은 미·중 갈등 구조에서 남한과 북한의 전략적 자율성을 강화하는 데 도움이 된다. 남한은 북한과 함께 미·중 관계에 개입

할 수 있고, 북한은 남북 관계가 체제에 위협이 되지 않도록 관리하면서 북·미 관계를 풀어내는 길을 찾을 수도 있다. 트럼프 정부는 북·미 관계를 미·중 관계에서 활용하고 싶지만, 그렇다고 남한을 무시하고 북한과만 대화할 수도 없다. 이미 남한의 국력과 국제적 위상은 북한이 함부로 할 수 없을 정도로 커져 있기 때문이다. 중국이 북한을 배제한 채 남한과의 관계 수립이 가능한 것은 한·중 관계의 이익이 북·중 관계에서의 이익과 비교할 수 없기 때문이다. 미국이 중국처럼 남한을 배제하고 북·미 관계를 유지하려면 북한이 한·미 관계나 미·일 관계보다 압도적인 이득을 줘야 하는데 그것은 현실적으로 불가능하다.

결국 남한과 북한은 핵 문제를 관리하면서 서로의 전략적 자율성을 확대하는 길을 찾아야 한다. 남한은 북한의 핵 보유 의지를 존중하지만 수용할 수는 없다. 북한은 남한의 비핵화 주장을 이해하지만 수용하기 쉽지 않다. 마침 트럼프 정부와 이재명 정부는 그런 교착 상황을 풀 돌파구를 제시한 바 있다. 사실상 핵 보유를 인정하는 가운데, 동결과 축소의 길을 협상하자는 것이다. 그것은 일종의 제한적 핵 군축 협상이자, 궁극적 지향점을 유보하면서 공존과 협력의 공약수를 찾자는 것이다. 무엇보다 그것은 70여 년이 넘는 한반도의 전쟁 상태를 종식시키면서 남한과 북한 모두가 전략적 기반을 확보하는 시간을 제공할 수 있다. 그 과정에서 북한은 제재 해제를 통한 경제 발전과 주민 생존의 길을 찾고, 남한은 북한에 대한 국가 승인을 바탕으로 남북한의 공존 협력 관계를 제도화시키면서 남북 관계, 한·중 관계에서의 전략성 자율성을 확대하는 길을 찾을 수도 있다.

만약 중국과 가까운 북한, 미국과 가까운 남한이 함께 전략적 자율성을 발휘해서 중견국 협력의 새로운 장을 만들어 내거나, 동북아 다자 협력 구도의 길을 개척할 수 있다면, 그것은 미·중 갈등이 엄존하는 상황에서도 상상할 수 없는 새로운 미래를 만들어 낼 수도 있다. 중요한 것은 남북 관계만을 중심으로 세상을 보는 것이 아니라, 강대국 지정학이 충돌하는 동북아 질서, 국제 정치 질서와 세계 경제 흐름 속에서 남과 북의 공존과 상생의 길을 찾는 것이다. 그것이 가능하다면 북한은 남한에 흡수당하지 않고 생존할 수 있는 길을 찾을 수 있을 것이며, 남한은 오랜 전쟁 질서를 끝장내고, 새로운 국가적 발전을 이끄는 도약의 시기를 만들 수도 있다. 분단 극복과 통일의 새로운 미래는 낡은 과거의 대결 의식이 아니라 변화된 새로운 상황 속에서 준비될 것이다. 그것이 바로 공존과 상생의 통일 방안이다.

일본의 전략적 역동성?

10월 31일 경주에서 열린 중·일 정상회담에서 다카하치 사나에와 시진핑은 민감한 역사와 인권 문제 등을 거론하면서 팽팽한 기싸움을 벌인 것으로 확인되었다. 미국과 함께 일본이 중국과의 전략적 경쟁에 본격적으로 뛰어드는 모양새다. 또 11월 10일 다카이치 사나에 일본 총리가 대만 유사시는 일본이 집단자위권을 행사할 수 있는 '존립 위기 사태'에 해당할 수 있다고 발언하면서 중국의 강한 반발을 불러일으켰다. 그것은 일본의 군국주의화 논란만이 아니라 중국과 대만의 충돌이 곧 국제전으로 확산된다는 것을 공식화했다는 점에서 논란이 증폭되고 있다.

미·중 전략 경쟁이 쉽게 군사 안보적 쟁점과 연결되는 동북아 정세에서 일본의 역할은 매우 중요하다. 일본은 한국과 달리 철저한 미·일 동조화 속에서 국가의 미래를 준비해 왔다. 미국이라는 세계적 강국의 품에서 지역 강국의 역할을 보장받는 방식이다. 그래서 일본이 미국을 대하는 태도와 한국, 대만을 대하는 태도가 다르다. 일본이라는 국가의 대외 정책이 그런 틀에서 벗어나지 못한 것은 일본 내부 정치의 편향성 탓일 수 있다. 의원내각제하에서 자민당 장기 집권이 만들어 온 체질이 그런 것이다. 그러나 그것을 기정사실화하는 순간 한·일 협력에서 한국이 할 수 있는 것은 많지 않다. 역사 충돌을 감당하면서 제한된 범위에서 미래지향적 협력을 추진하는 것이 최선이 되어 버린다.

바로 그런 현실 순응적 사고에서 탈피할 필요가 있다. 일본 내부 정치에 개입하면서 미·일 동조화 못지않게 한·일 동조화를 만들어 낼 수도 있어야 하고, 일본의 전략적 역동성을 새로운 방식으로 자극할 필요가 있다는 것이다. 그래야만 한국과 일본이 전략적 자율성에 바탕을 둔 새로운 길을 논의할 수 있기 때문이다. 이재명 대통령이 8월 23일 이시바 총리와 정상회담 한 뒤 입헌민주당 의원단을 접견한 것은 그런 차원에서 볼 때 매우 의미 있는 모습이라고 할 수 있다. 과거 김대중 대통령이 일본 TV에 출연해서 격의 없이 한일 관계의 역사와 미래를 토론한 것처럼 한국이 적극적으로 일본 내부 여론 형성 과정에 개입하면서, 미·중 갈등과 독립된 한·일 간의 자율적인 협력의 길을 통해 동북아의 새로운 힘을 만드는 것도 고려해 볼만하다.

한국의 대응 전략
– 국가 경쟁력 강화와 전략적 자율성 확대 –

10월 27일부터 11월 1일까지 진행된 경주 APEC 정상회의 기간 중 벌어졌던 한·미, 한·일, 한·중 정상회담과 미·중, 미·일 정상회담의 양상은 이재명 정부의 '국익 중심의 실용주의 전략'을 아주 잘 보여 주었다. 당시 한국에 대한 미국과 중국, 일본의 태도는 한국의 존재 가치가 어떤지를 잘 보여 주었고, 이재명 대통령의 말과 행동은 한국의 전략적 대응 방식이 무엇인지 분명하게 보여 주었다.

국가 경쟁력 강화가 관건

미·중 전략 경쟁이 확대되는 조건에서 한국이 갖는 국가적 능력, 국가 경쟁력을 강화하는 것이야말로 가장 강력한 생존의 근거가 된다. 경제력, 기술력, 군사력 그리고 외교적 능력 등에서 한국이 갖는 경쟁력은 미·중 갈등 속에서 한국의 존재 가치를 부각시킨다. 미·중 관계만이 아니라 동맹 관계에서 거래주의를 전면에 내세우고 있는 트럼프 정부의 태도를 놓고 볼 때, 한국이 갖고 있는 능력과 힘은 미국과의 협상에서 한국의 국익을 최대화할 수 있는 근거가 된다. 한국은 미국과의 관세 협상 및 동맹 조정 과정에서 인정하고 수용할 것과 견지하고 확보해야 할 것을 분명히 구분하면서 영리하게 한국에 유리한 결과를 끌어냈다는 평가를 받았다. 한미 FTA를 체결했음에도 불구하고 그것을 무시하고 관세를 부과시키는 미국의 행태를 정면으로 거부하지 못한 것은 한미 동맹의 구조적 제약을 벗어던질 수 없는 한국의 처지 때문이었다. 그러나 그렇다고 해서 미국이 원하는 대로 모두 줘 버리는 행위는 극단적인 미국 편승과 대미 종속에 불과하다. 결국 줄 것은 주고, 받을 것은 받아내는 '거래 방식'을 사용하여 한국이 수용할 수 있는 '거래의 균형점'을 찾는 게 중요했다. 3,500억 달러의 대미 투자를 수용하면서도 그 시기와 방식을 둘러싸고 치열하게 협상을 벌인 과정은 이재명 정부의 '국익 중심 실용 외교'의 특성을 잘 보여 주었다.

한국이 세계적 차원에서 경쟁력을 갖고 있는 자동차 산업, 조선업, 반도체와 배터리, 문화 산업 등 하드웨어와 소프트웨어, 그리고 첨단 기술 분야의 능력은 한미 관계, 한일 관계, 한중 관계에서 존재감을 드러내는 데 충분했다. 한국의 방위 산업과 군사력 역시 경제적 측면에서만이 아니라 외교 안보적 대응력을 부각시키는 데 큰 역할을 했다. 핵추진 잠수함 건조, 우라늄 농축 및 사용 후 핵연료 재처리 문제를 정상회담 현장에서 공개적으로 제기한 것은 매우 큰 의미를 갖는다. 그것은 김영삼 정부 이래의 오랜 국가적 숙원을 해결한 측면만이 아니라 중국과 북한, 일본을 상대로 한국의 국가적 능력을 과시하는 성격을 띤 것이기 때문이다. **NPT 체제**를 존중하면서 핵에너지 평화적 이용과 관련된 절제된 의지를 드러낸 이재명 대통령의 모습은 일각의 비판에도 불구하고 한국의 존재 가치를 현명하게 보여 준 것이라 할 수 있다.

NPT 체제

핵확산금지조약 Non-Proliferation Treaty 은 1968년 UN 총회에서 채택된 조약이다. 비핵 국가의 핵무기 보유를 금지하고, 핵보유국이 비핵 국가에게 핵무기를 양여하는 것을 금지하였다. 핵 원자력의 평화적 이용을 금지하지는 않았다.

　젠슨 황, 샘 울트만을 포함하여 미국의 빅테크 기업 총수들이 대거 한국을 방문하고, 한국 기업들과의 협력을 공개적으로 천명하는 장면도 한국 기업들의 경쟁력과 국가적 지원이 있었기에 가능했다. 지난 대통령 선거에서 이재명 후보가 GPU 5만 장 확보를 공약했을 때 그 실현 가능성에 많은 논란이 있었는데, 젠슨 황은 26만 장의 GPU를 한국 정부와 기업에 먼저 제공할 것이라고 약속했다. 그것은 제조업과 배터리, 첨단 반도체 및 AI 기술에서 한국만큼 잘 준비되어 있는 나라가 없었기에 가능한 것이었다. 물론 미·중 전략 경쟁이 전면화되는 상황에서 경쟁자였던 중국을 배제하는 공급망 재편 전략이 한국에 새로운 기회로 작용했다는 점도 무시해서는 안된다. 그것은 미·중 전략 경쟁이 한국에 위기이지만 동시에 기회로도 작용하고 있다는 것을 의미한다.

한국의 전략적 자율성 강화

　전략적 자율성 Strategic Autonomy은 프랑스와 유럽에서 발전해 온 개념인데, 주로 군사 전략적 차원에서 거론되다가 최근에는 무역, 산업, 기술, 에너지, 기후 등으로 그 의미가 확대되고 있다. 전략적 자율성은 정확히 전략적 의존성과 대비된다. 유럽의회조사처의 설명에 따르면, 전략적 자율성은 '자급자족'을 강조하는 개념이 아니라 전략적 의존성이라 판단되는 분야에서, 그리고 의존성이 자율성을 훼손할 수 있는 분야에서 외부 의존성을 감소시키는 수단과 도구에 관한 것인 동시에 다자적 환경에서 파트너들과 협력을 지속하는 것을 의미한다. 그것을 한국적 맥락에서 재해석한다면 '친미' '친중'과 같은 강대국 선택과 편승의 문제가 아니라, '한국'의 존재적 제약을 인정하면서 독립성과 자율성을 확대해 나가는 것을 의미한다. 다시 말해 편승과 의존이 아니라 불확실성과 위험을 회피하기 위한 자율적 선택의 영역과 공간을 확대하는 것이라고 할 수 있을 것이다. 동맹 관계에서 방기放棄, abandonment를 두려워하지 않고, 연루連累, entrapment를 조절할 수 있으며, 위험과 피해를 최소화할 수 있는 능력으로서의 전략적 자율성을 말하는 것이다. 그것은 그것을 실행할 수 있는 행위 능력과 의지가 있어야 가능하다.

여기서 중요한 것은 한국의 전략적 자율성은 미국이 무시할 수 없는 존재감, 미중갈등의 향방에 변수가 될 수 있는 힘이 있어야 실현될 수 있다는 것이다. 경제력, 기술력, 군사력과 같은 국가 경쟁력이 있어야 미국이 한국의 가치를 존중할 수 있도록 만든다. 동시에 북한과 중국이 한국을 무시하지 않으면서 한국과의 협력을 통해 상황 악화를 막고, 건설적인 관계를 만들 수 있다고 생각하게 만들어야 한다. 이를 위해서는 중국만이 아니라 러시아, 북한 등이 한국과의 협력의 필요성을 자각하도록 만드는 신뢰 구축 조치나 국가적 능력을 보여 줄 필요가 있다.

SIGNAL KOREA 2026

한국의 전략적 자율성

▲ 한미 동맹의 전략적 가치를 공유하고, 일방적 수직적 관계가 아닌 호혜적 보완적 관계로 재조정, 발전시킴. 군사 안보 중심에서 무역, 산업, 기술, 에너지, 기후 환경 등으로 전략적 협력을 확대해 나가야 함.

▲ 미·중, 미·러 갈등 속에서 중국과 러시아 관계를 관리할 수 있어야 함. 전략적 대화 통로 유지 및 단계적 신뢰 구축peace by deterrence이 필요함.

▲ 미·중 갈등과 상관없이 남북 관계를 안정적으로 유지할 수 있는 제도적 장치와 실질적 협력을 복원하는 것이 필요함. 남한 내의 초당적 합의와 북한 설득이 이루어져야 함.

▲ 일본, 대만과의 관계를 안정적으로 유지하면서도 북한 등을 활용해서 미국과 중국의 갈등이 악화되는 것을 제어할 수 있는 네트워크를 구축할 필요가 있음.

▲ 미·중 갈등의 영향 속에서도 안정적으로 유지될 수 있는 동북아 다자 협력체 구축을 위해 노력해야 함. 비전통 안보 협력, 재난과 위험을 회피할 수 있는 다자적 관리 시스템 구축

▲ 동북아와 세계적 수준에서의 중견국 연대Middle-Power Coalition를 구축하고, 중저 소득 국가들global south과의 긴밀한 협력을 구축하여, 무역 생태계를 다변화하고, 복합 위기 대응을 위한 보편적 협력을 실현할 필요가 있음.

테크늄의 의지, 강군의 조건

: 대한민국 국방의 미래를 위한 기술 전략

건양대학교 교수, 군사학 박사 **신치범**

> 미래 전장은 인간이 아닌 알고리즘의 속도로 움직인다. 한국 국방은 기술 도입을 넘어 AI·자율 시스템과 공동 진화해야 한다. 정교함보다 대량·분산·자율의 네트워크가 힘이 되는 시대, 목표는 지속적으로 진화하는 군대이다.

새로운 전략적 과제 Strategic Imperatives
- 테크늄과의 동조화 -

전통적인 군사력 현대화 모델은 종말을 고하고 있다. 산업 시대의 군사 패러다임은 전함과 전차 사단으로 상징된다. 국가는 요구 사항을 먼저 고정하고, 수십 년에 걸쳐 정교한 하드웨어를 개발·획득해 왔다. 그러나 이 방식은 더 이상 유효하지 않다. 21세기 전장은 하드웨어, 소프트웨어, 데이터, 교리 그리고 인간의 인지가 융합되어 역동적으로 상호 연결되고 끊임없이 진화하는 하나의 거대한 생태계로 변모했기 때문이다. 기술 사상가 케빈 켈리 Kevin Kelly 는 전 지구적으로 연결된 기술 시스템을 '테크늄 Technium'이라 불렀다. 오늘날 전장은 그 군사적 발현이다. 이 글에서 '테크늄'은 군사·산업·디지털 인프라와 인간이 하나의 생태계를 이루며 상호 진화하는 '기술 생태계 전체'를 뜻한다.

대한민국은 지속적인 안보 위협과 인구 절벽이라는 피할 수 없는 구조적 도전에 직면해 있다. 이러한 상황에서 진정한 '첨단과학기술군'을 구현하는 것은 단순히 최신 무기를 도입하는 차원의 문제가 아니다. 이는 기술을 '사용'하는 관점에서 기술과 함께 '공동 진화 co-evolution'하는 패러다임으로의 근본적인 전략적 전환을 요구한다. 국가의 전략적 목표는 '최고의 기술을 획득'하는 데 있지 않다. 목표는 국방 시스템 전체를 테크늄의 내재적 궤적에 맞추는 것이다. 다시 말해, 지속적으로 동조화 synchronization 하는 체계를 구축해야 한다.

대한민국 국방부가 첨단과학기술군 구현을 위해 추진 중인 국방 개혁은 이러한 시대적 요구에 대한 중요한 첫걸음이다.[1] 그러나 이 계획이 최종 목적지가 아닌, 거대한 패러다임 전환에 대한 초기 대응이라는 인식이 필요하다. 본고는 우크라이나 전장과 글로벌 군사혁신 Revolution in Military Affairs 의 최전선에서 나타나는 구체적인 신호 Signals 들을 포착한다. 이를 통해 거스를 수 없는 트렌드 Trends 를 분석하며 궁극적으로 이것이 대한민국 국방에 던지는 전략적 시사점 Implications 을 탐색하고자 한다. 우리 대한민국의 국방 개혁이 현재의 구조와 철

학으로 테크늄의 거대한 흐름을 성공적으로 항해할 수 있는지에 관
해 우리는 냉철하게 질문해야 한다.

SIGNALS
– 부상하는 미래 분쟁의 모습 –

변화는 구체적인 증거, 즉 '신호'를 통해 감지된다. 현재 전 세계에서
관찰되는 다음과 같은 신호들은 미래 전쟁의 패러다임이 이미 전환
되었음을 명백히 보여 주는 작은 픽셀들이며, 이 픽셀들이 모여 거대
한 그림을 형성하고 있다.

우크라이나의 실험장 – 적응의 속도로 진행되는 전쟁

우크라이나 전쟁은 테크늄의 군사적 발현을 실시간으로 보여 주는
고강도의 실험장이다. 이 전장은 전통적인 군사력의 개념을 파괴하고
새로운 전쟁의 문법을 써 내려가고 있다.

첫째, 저비용 상용 기술이 전략적 효과를 창출하고 있다. 특히 일
인칭 시점 FPV 드론은 틈새 기술에서 전장을 지배하는 핵심 요소로
진화했다. 저렴한 비용으로 정밀 타격이 가능해진 FPV 드론은 우크

라이나가 자원의 열세를 극복하고 효율적인 비대칭 공격을 수행하는 데 결정적인 역할을 하고 있다.[2]

둘째, 자율성autonomy이 전자전Electronic Warfare을 극복하기 시작했다. 2024년 6월, 우크라이나는 '스파이더웹 작전Operation Spiderweb'에서 러시아의 재밍jamming으로 GPS와 통신 링크가 마비되는 상황을 겪었다. 우크라이나는 드론 내장 센서와 사전 프로그래밍된 의사결정 알고리즘을 활용해 '백업 AI 표적 시스템'을 가동했다. 드론은 자율 비행으로 임무를 완수했다. 이 공격은 고가의 러시아 항공기를 파괴하며, 자율화가 전통적 전자전 방어를 무력화할 수 있음을 보여 주는 강력한 신호가 되었다.[3]

셋째, 완전 무인 전투의 서막이 열렸다. 2024년 말 우크라이나는 공중 FPV 드론과 지상 로봇만으로 러시아 진지를 공격하는 세계 최초의 완전 무인 합동 공격을 감행했다. 이는 인간 전투원의 현장 개입 없이 로봇 시스템들이 협력하여 전투 임무를 수행하는 새로운 시대의 시작을 알렸다.[4]

넷째, 전쟁 수행 방식 자체가 '게임화gamification'되고 있다. 우크라이나의 '드론 군대Army of Drones' 프로그램은 각 드론 부대가 적 탱크나 포병을 파괴하는 등의 전과를 올리면 포인트를 부여한다. 이렇게 모은 포인트로 'Brave1'이라는 디지털 마켓플레이스에서 더 발전된 드론을 구매하는 시스템을 구축했다. 이는 군사 작전, 행동 경제학, 디지털 플랫폼이 융합된 혁신 모델이다. 중앙의 지휘부가 목표물의 포인트 가치를 조정함으로써 전군全軍의 타격 우선순위를 실시간으로 유도할 수 있다.[5]

이러한 신호들은 단순히 새로운 무기가 등장했다는 것을 넘어 전쟁의 근본적인 의사 결정 구조가 변화하고 있음을 시사한다. 관찰 Observe－판단 Orient－결심 Decide－행동 Act으로 이어지는 인간 중심의 고전적인 'OODA 루프'는 이제 그 핵심 과정이 자동화되고 있다. AI 기반 드론은 센서로 관찰하고 표적 인식 알고리즘으로 판단하며 인간의 개입을 최소화한 채 행동한다. '게임화' 시스템은 전장 전체의 자원을 알고리즘에 기반해 최적으로 배분하는 거시적 피드백 루프를 만든다. 미래의 군사적 경쟁은 '더 빨리 결심하는 인간'이 아니라, 'OODA 전체를 기계의 속도로 실행하는 알고리즘'이 좌우할 것이다. 이는 인간 중심의 위계적 지휘 구조를 가진 군대에 근본적인 도전을 제기한다.

레플리케이터의 도박 – 소모 가능한 대량 생산 체제로의 전환

미 국방부의 '레플리케이터 이니셔티브 Replicator Initiative'는 테크늄의 논리에 의식적으로 부응하려는 강대국의 가장 명시적인 시도다. 이는 단순히 새로운 무기 프로그램을 넘어 국방 패러다임 자체를 전환하려는 거대한 도박이다.[6]

레플리케이터의 핵심 1차 목표는 2025년 8월까지 중국의 군사적 대량 공세에 대응하기 위해 수천 개의 '전 영역 소모성 자율 all-domain, attritable autonomous, ADA2' 시스템을 실전 배치하는 것이다.[7] 여기서 '소모성 attritable'이라는 단어는 전략적 전환의 핵심을 담고 있다. 이는 전투에서의 손실을 감수할 수 있을 만큼 저렴하게 대량 생산된 시스템을 의미하며, 소수의 값비싸고 정교한 플랫폼에 의존하던 기존 방식과의 완전한 결별을 선언하는 것이다. 이 구상은 드론에 국한되지 않고 무인 수상정, 로봇 등 다양한 영역을 포괄하며, 플랫폼 자체가 아닌 소프트웨어와 자율성을 포함한 '혁신적 역량'의 신속한 전력화에 초점을 맞추고 있다.

이 이니셔티브의 본질을 더 깊이 들여다보면, 이는 무기 획득 프로그램을 넘어선 '산업 전략'의 성격을 띤다. 전통적인 미국의 방위 산업 기반은 항공모함이나 스텔스 전투기처럼 극소수의 고비용·고성능 시스템을 생산하는 데 최적화되어 있다. 수천 개의 저렴한 자율 시스템을 생산하려면, 완전히 다른 산업 생태계가 필요하다. 그래서 레플리케이터가 성공하려면 방위산업 기반 자체의 변화를 피할 수 없다. 필요한 것은 새로운 대량생산 기술과 공급망이다. 또한 소프트웨어와 '규모의 경제' 관점에서 사고하는 새로운 유형의 주계약업체가 요구된다. 레플리케이터의 장기적 영향은 몇몇 드론의 성능이 아니다. 지능형 자율 시스템을 대량 생산하는 생태계를 구축해, 21세기형 '민주주의의 병기창 arsenal of democracy'을 재건하는 데 있다.

새로운 산업가들 – 소프트웨어가 전장을 지배하다

전장의 변화는 새로운 유형의 방산 기업을 탄생시키고 있다. 이들은 테크늄의 '소프트웨어 우선' 철학을 체화하며, 하드웨어 중심의 전통적인 방산 대기업들과는 근본적으로 다른 방식으로 경쟁 우위를 구축하고 있다.

대표적인 주자는 안두릴Anduril Industries이다. 이들의 사명은 AI 기반 운영체제인 '래티스 OSLattice OS'를 중심으로 초대규모하이퍼스케일 생산 확대를 통해 '병기창을 재건'하는 것이다. 최근 오하이오에 건설 중인 21억 달러 규모의 아스널 원Arsenal One 공장은 자율 전투기부터 순항 미사일까지 수만 개의 자율 시스템을 생산하도록 설계되었다.[8] 특히 이들이 개발 중인 '바라쿠다Barracuda' 순항 미사일 제품군은 90% 이상의 부품을 공유하여 대량 생산이 가능하도록 설계되어 '소모 가능한 대량 생산'이라는 새로운 패러다임을 현실화하고 있다.[9]

또 다른 핵심 기업은 팰런티어Palantir Technologies다. 미 육군이 75개의 기존 계약을 10년간 최대 100억 달러 규모의 단일 기업 계약으로 통합한 사건은 개별 소프트웨어 라이선스 구매에서 데이터 통합 및 분석 역량 자체를 기업 수준의 전략적 자산으로 인수한 패러다임 전환을 상징한다.[10] 팰런티어의 소프트웨어는 미 육군의 예측 정비부터 차세대 표적 탐지 시스템TITAN에 이르기까지 모든 임무 영역에서 '연결 조직connective tissue' 역할을 수행하며, 사실상의 군사 운영체제로 자리 잡고 있다.

이러한 기업들의 등장은 방위 산업의 경쟁 우위, 즉 '경제적 방어벽moat'이 어디에 있는지를 근본적으로 바꾸고 있다. 록히드 마틴이나 보잉과 같은 전통적 기업의 방어벽은 거대한 공장, 특수 장비, 수십 년간 축적된 하드웨어 엔지니어링 전문성에 있었다. 반면 안두릴과 팰런티어는 소프트웨어 플랫폼에서 새로운 방어벽을 세우고 있다. 이들에게 드론이나 센서 같은 하드웨어는 자신들의 운영체제를 실행하는 모듈식의, 때로는 소모품에 가까운 '엣지 디바이스 edge device'다. 진정한 가치와 고객 이탈을 줄이는 효과는 이 모든 장치와 데이터를 통합하는 운영체제의 네트워크 효과에서 나온다. 이는 미래의 국방 경쟁이 iOS 대 안드로이드와 같은 기술 산업의 '플랫폼 전쟁'과 유사한 양상을 띨 것임을 암시한다. 미래의 군사 강국은 최고의 전투기 한 대를 가진 국가가 아니라, 수많은 공급 업체로부터 다양한 하드웨어를 신속하게 통합하고 운용할 수 있는 우월한 '전투 운영체제'를 보유한 국가가 될 것이다.

혁신의 제도화 – 관료 체제를 재설계하다

선진 국방 조직들은 이제 기술 그 자체보다 혁신을 가로막는 내부 관료 체제가 가장 큰 적이라는 사실을 인식하기 시작했다. 이에 따라 혁신 프로세스 자체를 제도화하려는 움직임이 나타나고 있다.

가장 중요한 신호는 2023년 미 국방혁신단 DIU은 국방부 장관 직속 기구로 격상된 것이다. 이는 상업 기술 부문과의 격차를 해소하는 DIU의 역할이 국방 전략의 핵심으로 부상했음을 의미한다. DIU의 중점 분야 AI, 자율, 사이버, 우주, 인간 시스템 는 테크늄의 진화 궤적을 정확히 반영하며 최근에는 생성형 AI, 양자 센싱, 하이브리드 우주 통신과 같은 최첨단 프로젝트를 주도하고 있다.[11]

또한, 전통적인 획득 절차를 우회하기 위한 새로운 경로들이 제도화되고 있다. 중기 획득 MTA 이나 혁신 기술 신속 조달 및 전력화 촉진 프로그램 APFIT 같은 제도는 상업 기술을 더 빠르게 도입하기 위해 만들어진 공식적인 '고속도로'다. 미 회계감사국GAO 보고서는 DIU가 프로토타입 제작에는 성공적이었지만, 기술을 대규모로 양산 단계로 전환하는 데에는 여전히 어려움을 겪고 있다고 지적했다. 이는 DIU 3.0과 레플리케이터 이니셔티브가 해결하고자 하는 바로 그 문제다.[12]

이러한 변화는 '혁신'이 더 이상 특별 임무나 전시戰時의 산물이 아니라, 평시에도 지속적으로 관리되어야 할 공식적인 군사 기능으로 자리 잡고 있음을 보여 준다. 과거 군사혁신이 국방고등연구계획국DARPA 같은 연구소나 전장에서 유기적으로 발생했다면, 이제는 DIU와 같은 영구적인 관료 조직이 상업 생태계를 끊임없이 탐색하고 경직된 국방 조직에 새로운 기술과 프로세스를 주입하는 역할을 맡고 있다. 한 국가의 장기적인 군사적 효율성은 이제 '혁신 관료 체제'의 성공과 영향력에 크게 좌우될 것이다. 혁신을 관리하고 제도화하는 능력 자체가 병참이나 정보만큼 중요한 핵심 군사 역량이 되고 있다.

TRENDS

앞서 살펴본 구체적인 신호들은 개별적인 사건이 아니라, 서로 연결되어 미래 전장을 규정하는 거대한 '트렌드'를 형성한다. 이 트렌드들은 국방 전략가들이 반드시 이해하고 대응해야 할 거스를 수 없는 시대적 흐름이다.

플랫폼에서 네트워크로 – 킬 웹 Kill Web 의 부상

군사력의 핵심이 개별 플랫폼 고성능 전차 한 대, 이지스함 한 척 의 성능에서 수많은 센서, 결정권자, 타격 수단을 연결하는 네트워크, 즉 '킬 웹 Kill Web '의 복원력, 속도, 지능으로 이동하고 있다. 미래 전쟁의 승패는 최고의 플랫폼을 가진 쪽이 아니라, 더 빠르고 유연하며 지능적인 킬 웹을 운용하는 쪽에서 결정될 것이다. 이는 우크라이나의 네트워크화된 드론 전술,[13] 군의 '연결 조직'을 자처하는 팰런티어의 역할, 그리고 미군의 합동전영역지휘통제 JADC2 개념 등에서 명확히 확인된다.

소모 가능한 대량 생산 체제의 부상 – 지금 당장, 충분히 좋은 것으로

전략의 무게 중심이 소수의 고비용·고성능·저위험 플랫폼에서 대규모로 배치하고 높은 손실률을 감수할 수 있는 다수의 저비용·소모성·자율 시스템으로 급격히 이동하고 있다. 이는 '최고'를 추구하기보다 '충분히 좋은' 것을 '대량으로, 지금 당장' 확보하는 것이 더 효과적이라는 인식의 전환을 의미한다. 미 국방부의 레플리케이터 이니셔티브가 추구하는 '소모성' 시스템, 우크라이나에서 파괴적인 효과를 입증한 저가 FPV 드론, 그리고 대량 생산을 전제로 설계된 안두릴의 바라쿠다 미사일은 모두 이 트렌드를 가리키고 있다.

민간 – 군사 기술 격차의 붕괴 – 외부로부터의 혁신

군사적으로 의미 있는 기술 혁신의 중심지가 국방 연구소에서 민간 상업 부문으로 결정적으로 이동했다. 이제 상업 기술을 신속하게 식별, 개조, 통합하지 못하는 군대는 기술적 도태를 피할 수 없다. 이는 국방부 장관 직속으로 격상된 DIU의 위상, 우크라이나 전쟁에서 핵심적 역할을 한 상용 AI 및 위성 이미지, 그리고 상용 자율주행 및 로봇 기술의 군사적 적용 등에서 뚜렷하게 나타나는 현상이다.[14] 혁신은 더 이상 내부에서만 창출되지 않으며 외부와의 연결 및 통합 능력이 군의 미래를 좌우한다.

전략적 의무로서의 공동 진화 – 유기체와 도구의 공생

기술과의 관계는 더 이상 사용자와 도구의 관계가 아니다. 이는 새로운 기술AI 기반 지휘통제 등의 도입이 군의 교리, 조직 구조, 심지어 구성

원의 인지 과정까지 근본적으로 재구성하는 공생적 '공동 진화co-
evolution'의 관계다. 이 지속적이고 때로는 파괴적인 적응 과정을 받아
들이는 것이 생존의 조건이 되었다. 소프트웨어 중심의 무기 체계를
위한 새로운 계약 방식의 필요성,[15] DIU와 같은 새로운 조직의 창설,
새로운 인간-기계 협동 개념의 발전, 그리고 완전히 새로운 훈련 패
러다임의 요구 등은 모두 군이라는 유기체가 새로운 기술 환경에 적
응하며 스스로를 변화시켜야 하는 이 트렌드의 구체적인 증거들이다.

SO WHAT FOR KOREA?
– 테크늄의 흐름을 항해하기 –

이러한 글로벌 신호와 트렌드는 대한민국 국방에 무엇을 의미하는
가? 이는 단순히 남의 이야기가 아니라, 우리의 생존과 직결된 시급
하고 근본적인 질문들을 던진다.

'국방혁신 4.0' 재평가 – 다른 전쟁을 위한 계획인가?

지난 정부의 '국방혁신 4.0'은 AI, 유무인 복합 체계 등 핵심 기술
을 정확히 식별하고 있다.[16] 그러나 그 추진 방식은 여전히 전통적인

하향식 국가 주도 R&D 계획의 성격이 강하며 소수의 국산 고성능 시스템 개발에 집중하는 경향을 보인다. 관찰된 글로벌 트렌드의 관점에서 볼 때, 현재 계획의 기저에 깔린 가정들을 냉철하게 점검해야 한다.

첫째, 국방혁신 4.0의 '10대 국방 전략기술' 중심 접근은 정교하다. 그러나 소수의 '게임 체인저' 개발에 과도하게 쏠릴 위험은 없는가? 우크라이나 전장에서 입증되고 미국이 추구하는 '소모 가능한 대량 생산 체제'의 잠재력을 간과하고 있지는 않은가? 또한 북한의 양적 우위에 대비해, '하이-로우 믹스 High-Low Mix' 개념이 계획에 명시적으로 반영되어 있는가?

둘째, 국방 R&D 예산은 꾸준히 증가하고 있다. 그러나 그 자금이 민간 혁신을 효과적으로 흡수할 '민첩한 경로'로 집행되고 있는가? 아니면 미국이 우회하려는 전통적·관료적 절차에 여전히 묶여 있는가?

획득의 딜레마
– 산업 시대 시스템으로 디지털 시대 군대를 건설할 수 있는가?

미국의 DIU 설립과 새로운 계약 방식 도입은 기술 혁신에 앞서 프로세스 혁신이 선행되어야 함을 명확히 보여 준다. 경직된 요구 사항 정의와 개발-배치 과정의 엄격한 분리로 특징지어지는 한국의 현재 획득 시스템은 반복적이고 소프트웨어 중심으로 진화하는 테크늄의 속성을 감당하기 어렵다. 아래의 비교 분석표는 현재 한국의 접근 방식과 요구되는 미래 모델 사이의 간극을 명확히 보여 준다.

[표 1] 국방혁신 전략 비교 분석

특징	미국 제3차 상쇄 전략 (과거 기준점)	대한민국 국방혁신 4.0 (현재, 업그레이드 중)	제안: 테크늄 전략 (미래 요구 사항)
핵심 철학	경쟁국 대비 기술적 '상쇄'를 통해 전략적 억제력 복원	4차 산업혁명 기술을 적용하여 군 현대화 추진	국방 시스템 전체를 자율성과 분산화라는 테크늄의 내재적 궤적과 의식적으로 '동조화'
주요 기술 분야	AI/머신러닝, 자율성, 인간-기계 협업	AI, 유무인 복합, 양자, 우주, 사이버	플랫폼과 더불어 데이터, 네트워크, 인재, AI 운영체제 등 근본적인 '핵심 기반 기술'에 집중
조직적 접근	관료주의를 우회하기 위한 새로운 민첩 조직 SCO, DIU 창설	기존 기관 ADD, 방사청 개혁 및 민간 기관 KAIST 과의 협력	하이브리드 모델: 기존 구조 개혁과 동시에 DIU를 모델로 한 권한 위임형 '혁신 전담조직' 창설
작전 개념	군집 전술, 네트워크 중심전	AI 기반 유무인 복합 전투 체계 K-MOSA	인간-기계 협업 HMT, 분산-자율 전력 운용, 정밀·고가 전력과 소모성 attritable 대량 전력의 하이-로우 믹스 결합

이 표는 양국 전략이 기술 분야에서는 유사성을 보이지만 전략을 추동하는 철학과 조직적 접근 방식에서는 뚜렷한 차이가 있음을 보여 준다. 미국의 전략이 명확한 철학적 기반 위에서 조직 혁신을 동반한 반면, 국방혁신 4.0은 아직 기술 획득 계획의 성격이 강하다. 진정한 테크늄 전략은 바로 이 공백을 메우는 것에서 시작해야 한다.

인적 자본의 핵심 과제 imperatives – '켄타우로스' 전투원의 양성

심각한 인구 감소에 직면한 대한민국에 기술은 단순히 병력 부족을 메우는 대체재가 아니다. 기술은 사람의 효율성을 극대화하는 '승수 multiplier'이며 이를 제대로 활용할 수 있도록 훈련된 인력을 확보하는 것이 무엇보다 중요하다. AI와 로봇의 지원을 받는 소수의 '**켄타우로스** Centaur' 전투원, 즉 인간과 기계가 결합한 하이브리드 전투원이 산업 시대의 대규모 병력보다 훨씬 더 강력한 전투력을 발휘할 수 있다.

> **켄타우로스**
>
> 그리스 신화에 나오는, 상체는 인간이고 하체는 말인 반인반마半人半馬이다.

이러한 인력을 양성하기 위해 우리는 무엇을 해야 하는가?

첫째, 연구센터 설립을 넘어 각 군 사관학교와 지휘참모대학의 교육과정을 근본적으로 개혁해야 한다. 데이터 과학, AI 윤리, 네트워크 이론을 전통적인 군사사와 전략만큼 중요한 필수 과목으로 가르쳐, 미래의 지휘관들이 기술의 언어에 능통하게 만들어야 한다.

둘째, 최고의 기술 인재를 군 내에 유지하기 위한 특단의 조치가 필요하다. AI, 사이버, 데이터 과학 분야의 전문가들이 전통적인 지휘관 경로를 강요받지 않고도 고위직으로 진출할 수 있는 별도의 '디지털 장교 군단'과 같은 경력 모델을 만들어야 한다.

셋째, 아래로부터의 혁신을 장려하는 문화를 조성해야 한다. 일선 부대에 3D 프린터나 코딩 소프트웨어 같은 도구와 함께 재량권을 부여하여 현장의 전술적 문제를 스스로 해결하도록 장려해야 한다. 이는 테크늄의 분산적이고 실험적인 속성을 군 내부에 모방하여 살아 있는 혁신 네트워크를 구축하는 효과를 낳을 것이다.

새로운 취약성의 역설 – 공생의 대가

테크늄과의 깊은 통합은 강력한 힘을 부여하지만, 동시에 심각한 위험과 새로운 취약성을 동반한다. 초연결된 AI 기반 군대는 그 자체로 거대한 사이버 공격 표면이 되며 시스템의 오작동은 예측 불가능한 파국을 초래할 수 있다.

첫째, 지휘통제가 자동화될수록 인간 외교관이 개입할 틈도 없이 기계의 속도로 우발적 확전이 발생하는 '섬광전flash warfare'의 위험이 커진다. 대한민국은 이러한 AI 기반의 우발적 확전 시나리오에 대한 구체적인 위기관리 전략을 가지고 있는가?

둘째, 의사 결정 과정이 불투명한 '블랙박스 AI 알고리즘'이 확산함에 따라, 치명적 자율 무기 시스템에 대한 '의미 있는 인간 통제Meaningful Human Control'를 어떻게 보장하고 오작동 시 법적·윤리적 책임을 어떻게 물을 것인가에 대한 국가적 차원의 명확한 프레임워크가 시급하다.

셋째, 군의 생명줄이 네트워크에 의존하게 될수록 네트워크가 두절되고 GPS가 교란되는 극한 상황에서의 작전 능력이 중요해진다. 우리의 교리와 훈련은 이러한 최악의 날을 대비한 복원력resilience 확보에 충분한 비중을 두고 있는가? 테크늄 전략은 공격 능력 확보만큼이나 시스템 피격 시 기능이 점진적으로 저하되는 '단계적 성능 저하graceful degradation' 능력을 확보하는 데에도 동일한 노력을 기울여야 한다.

생존을 위한 기술의 흐름과의 동조화

테크늄은 21세기를 규정하는 강력하고 자율적인 힘이다. 이제 국가 안보는 단순히 최신 기술을 구매하는 문제가 아니라, 이 거대한 힘과 깊고 공생적인 '동조화'를 이루는 문제가 되었다. 대한민국에 'AI 기반 첨단과학기술군 구현'과 같은 국방 개혁은 필수적인 첫걸음이다. 그러나 진정으로 미래를 보장하기 위해서는 이 계획을 포괄적인 '테크늄 전략'으로 승격시켜야 한다. 이는 새로운 예산과 무기뿐만 아니라, 생각하고 조직하고 싸우는 새로운 방식을 요구하는 국가적 결단이다.

테크늄의 거대한 흐름에 저항하는 것은 전략적 도태로 이어진다. 그 흐름의 본질을 이해하고 그 속에서 유연하게 항해하며 공동 진화하는 것이 대한민국이 격동의 시대에서 생존하고 번영하는 데 필요하다. 회복탄력적이고 혁신적이며 강력한 첨단과학기술군을 건설하는 유일한 길이다. 국방혁신의 목표는 완성된 군대를 만드는 것이 아니라, 영원히 진화할 수 있는 군대를 만드는 것이 되어야 한다.

미래 전쟁과 희토류

군사학 박사, 육군미래혁신연구센터 미래작전환경분석담당 이창인

미래의 전쟁은 언제나 첨단 기술이 핵심 화두이다. 현재와 미래의 최신 기술은 희토류의 영향력이 지배적이며, 이러한 희토류는 특정 지역에 편중되어 채굴, 생산 중이다. 희토류가 국가 안보에 치명타를 줄 수 있는 수단인 이유이다. 따라서 희토류가 안보에 미치는 영향을 최소화하기 위해서는 동맹국 중심의 희토류 공급망과 산업 생태계를 재구축하는 것이 중요하다.

전쟁 양상은 언제나 최신 기술과 이를 적극적으로 활용한 운용 개념의 발전에 의해 변화해 왔다. 이와 같은 흐름은 미래에도 변하지 않을 전쟁의 본질 중 하나로, 미래의 전쟁을 예측하는 데 활용할 수 있다. 따라서 이 장에서는 현재와 근미래의 최신 기술에 지대한 영향을 미치는 몇 가지 희토류가 미래 전쟁에 미치는 영향을 살펴본다.

희토류란?

희토류는 스마트폰, 전기차, 풍력 터빈 등 첨단 산업은 물론, 미사일, 레이저, 군용 통신체계, 센서 등 무기체계 성능 향상에 필수적인 전략적 핵심 자원이다. 그래서 희토류가 없으면 적보다 우수한 무기를 생산할 수 없게 된다.

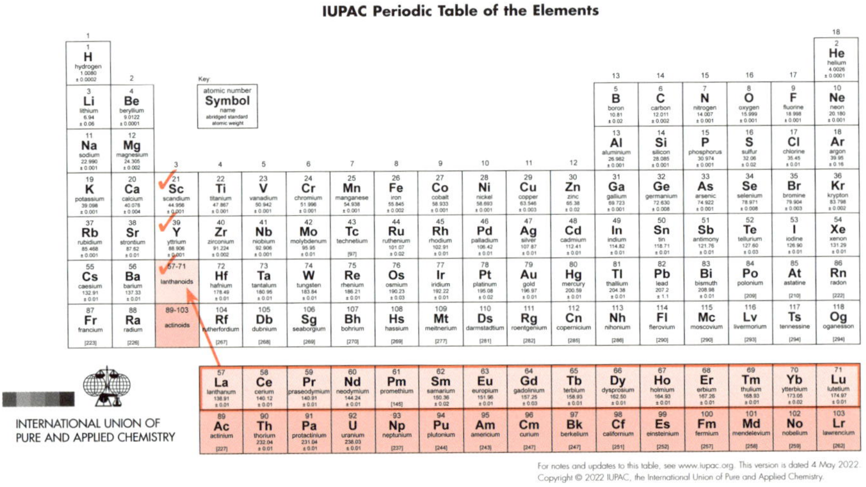

[그림 1] 원소 주기율표

희토류Rare Earth Elements, REE는 [그림 1]의 원소 주기율표에 ✓ 표시가 된 스칸듐Sc, 이트륨Y과 '57-71'이라고 적힌 란타넘족 원소15종 등 총 17가지 금속 원소를 통칭한다. 이 원소들은 화학적, 물리적, 광학

적, 자기적 특성이 매우 유사하며, 소량으로 소재의 기능을 크게 향
상하는 촉매 역할을 한다.

자료: iRocks.com

[그림 2] 좌측부터 바스트나사이트, 모나자이트, 제노타임

희토류라는 이름이 붙은 이유는 물질의 양이 적은 것이 아니라 대
부분의 광석에 매우 낮은 농도로 함유돼 있어 경제적으로 채굴, 정제
하기가 어렵기에 붙여진 이름이다. 희토류는 바스트나사이트, 모나자
이트 같은 광물에서 여러 종류의 경희토류가 추출되고, 이온흡착점
토, 제노타임과 같은 광물에서 또 여러 종류의 중희토류가 추출된다.
이 과정에서 벌목과 표토를 걷어내고 희토류를 여러 종류의 산acid으
로 씻어 희토류 이온을 분리하는 작업을 하게 되는데, 희토류 1톤 생
산 시 염산 6천만 리터, 폐수 20만 리터, 방사성 물질 약 1톤이 발생
한다.[1] 환경 파괴가 동반되고 이를 복구하고 정화하는 데 큰 비용이
들다 보니 환경 규제가 많은 선진국에서는 희토류 산업이 생존하기
어려워졌다. 이로 인해 희토류 매장량과 생산량이 세계 1위이며, 환

경 규제가 느슨하고 인건비도 저렴한 중국은 가격 경쟁력을 바탕으로 전 세계 희토류 시장을 독과점하게 되었다.

[그림 3] 중국의 희토류 광산

2025년 미국 지질조사국USGS이 발표한 자료에 따르면, 전 세계 희토류 매장량 약 9천만 톤 중 약 49%인 4,400만 톤이 중국에 매장되어 있고, 전 세계 희토류 생산량의 약 69%를 차지하고 있다.[3] 특히 국방, 항공, 첨단 산업에 많이 사용되는 중희토류는, 경희토류를 포함한 전체 희토류 생산량의 9.1%에 불과하고 중국이 전 세계 공급량의 70%를 차지하고 있어 수출 통제를 통한 무기화가 매우 쉽다. 그러다 보니 중국은 2010년 일본과 센카쿠 열도 분쟁 시 일본에 희토류 수출을 중단한 것을 시작으로 희토류 수출 통제를 강압 수단으로 사용하고 있다.

첨단 무기체계의 핵심 자원, 희토류

중국과 무역 전쟁 중인 미국은 2025년 3월 21일 트럼프 대통령 주관으로 미 공군의 차세대 전투기 F-47을 공개하였다. 이 전투기는 2030년대 중반 배치를 목표로 개발 중인 6세대 전투기다. 그런데 이 전투기 개발의 큰 걸림돌이 바로 희토류다.

자료: *militaeraktuell.at*[4]

[그림 4] F-47 예상도

현재 운용 중인 미 공군의 F-35 전투기의 경우, 희토류 약 417kg이 들어간다. 이 중 중국이 전 세계 공급의 90% 이상을 차지하는 사마륨의 경우 F-35 전투기에 약 25kg이 들어간다. 사마륨은 각종 센서

나 군용 고성능 영구자석 제조의 핵심 원료인데, 이 사마륨만 공급이 중단되어도 F-35의 정상적인 운용이 불가능해진다.[5][6] 이러한 상황에서 중국은 사마륨·디스프로슘·가돌리늄·터븀·루테튬·스칸듐·이트륨 등 7종의 핵심 희토류 수출을 2026년 11월 27일부터 통제할 예정이다. 중국의 수출 규제 목적은 기존의 관리 체계를 더 완비하고 강화하는 것이라 주장하지만, 실제로는 수출 허가증을 발행하는 중국 상무부를 통해 군용으로 사용할 수 있는 이중 용도 물자의 수출을 차단하려는 것이다.[7]

7종의 핵심 희토류의 특징과 용도는 다음과 같다.

[표 1] 군사용 희토류 종류별 특징과 용도

희토류 종류	특징	용도
사마륨(Sm)	높은 온도에서도 강한 자성을 유지	고온에서 사용되는 항공기 및 미사일용 고성능 영구자석, 암 치료
디스프로슘(Dy)	높은 보자력(자화된 상태를 유지하는 능력)	고온 안정성 전기차 모터 및 무기체계용 고성능 영구자석, 원자로 제어봉
가돌리늄(Gd)	높은 열중성자 흡수 능력, 강한 상자성(외부에 자기장이 있을 때만 자성을 띔)	원자로 제어봉, MRI 조영제, 특수 자석
터븀(Tb)	강한 자기 변형 효과(자기장에 의해 모양이 변함)	형광체 원료, 군용 센서 및 레이저용 자석, 야간투시경 렌즈, 디스플레이 형광체
루테튬(Lu)	높은 밀도와 강도	방사선 치료, 석유 화학용 촉매, 감마선 검출기, 레이더 신호 증폭기
스칸듐(Sc)	알루미늄 합금의 강도와 내열성 향상	항공기 및 우주선 부품(Al-Sc 합금), 고체 산화물 연료 전지(SOFC), 레이저 매질
이트륨(Y)	높은 융점, 고온 초전도체의 핵심 물질	군용 거리 측정 및 표적 지시용 고체 레이저, 레이다, 고온 초전도체, 형광체, 방탄복, 야투경용 영상증폭관

- **사마륨**과 **디스프로슘**이 들어간 자석은 네오디뮴 자석보다 자성은 약하지만 700℃ 이상의 고온에서 사용할 수 있어 항공기, 미사일, 전기자동차 등에 사용된다. 특히 사마륨은 중국이 전 세계 생산량의 90% 이상을 차지하고 있어 사마륨 수출만 통제해도 전 세계 항공우주 산업과 무기체계는 심대한 타격을 입는다.
- **가돌리늄**은 핵 추진 잠수함이나 항공모함의 원자로 제어봉에 사용되며, 터븀은 군용 센서와 레이저용 자석, 디스플레이용 형광체, 야간투시경용 렌즈 등을 만들 때 사용된다.
- **루테튬**은 방사능 측정기, 레이더 신호 증폭기 등에 사용되며, 스칸듐은 항공기나 우주선 부품의 강도와 내열성을 향상하고, 레이저 발진의 매질로 사용된다.
- **이트륨**은 무기체계에 가장 널리 사용되는 것 중 하나로 군용 거리 및 표적 지시용 레이저, 레이다, 방탄복, 야간투시경용 영상증폭관 제작 등에 사용된다.

이러한 이유로 방위산업에 필수적인 희토류가 확보되지 않으면 무기체계의 성능이 대폭 하락하거나 생산이 어려워지며, 이것은 군사력 약화와 직결된다.

희토류의 무기화

미국과 중국은 2025년 현재, 전쟁 이하 수준에서 치열하게 전략 경쟁 중이다. 그 주요 수단 중 하나가 희토류 공급망이며, 이는 중국이 보유한 가장 효과적인 수단 중 하나이다. 그 효과는 이미 2010년 일본과 센카쿠 분쟁을 통해 확인하였지만, 약간의 부작용도 있었다. 그날 이후 전 세계가 중국 중심의 희토류 공급망을 재편하기 위해 노력함에 따라 중국 내 희토류 관련 기업의 폐업과 실업자가 급증하였기 때문이다. 그러나 이러한 부작용은 일시적이었으며, 앞서 환경 파괴와 정화 비용 등에 의한 생산 단가 문제로 여전히 중국 중심의 공급망이 유지되고 있다.

이러한 가운데 2024년 미국의 국토안보부는 중국의 희토류 무기화에 대한 연구 결과를 내놓았는데 [표 2]와 같다.[8]

[표 2] 희토류 처리 단계별 적대 세력의 능력과 의도 평가

범례: 1 낮음 2 보통 3 높음

희토류 처리 단계	무기화 능력	무기화 의도
탐색	2	2
채굴	2	1
제련	3	3
제품화	3	3
판매	3	3
재생	2	1

위의 [표 2]를 잘 이해하기 위해 희토류 처리 단계인 탐색-채굴-제련-제품화-판매-재생 단계를 설명하면, 먼저 탐색 단계는 희토류가 매장된 지역을 찾는 단계로, 앞서 희토류가 상대적으로 다량 함유된 바스트나사이트, 모나자이트, 이온흡착점토, 제노타임 등의 광물이나 토양을 찾는 것이다. 이는 항공사진이나 인공위성, 현장 지질 조사를 시작으로 자력 이상, 방사선 감지, 중력 이상 측정을 통해 광물이 모여 있는 광화대를 찾고, 거기서 시료를 채취하여 희토류의 원소 농도를 측정하여 상업성을 판단한다.

상업성이 있다고 판단되면 채굴을 시작하는데, 앞서 설명한 것처럼 표토를 걷어내고 광물을 땅에서 캐낸다. 이 과정에서 산과 나무가 사라지고, 지하수가 오염되는 등 대량의 환경 파괴가 생긴다.

희토류를 함유한 광물이 채굴되면 제련 과정을 거치는데, 광물을 잘게 부수고 일차적으로 불순물을 제거한다. 이후 다양한 종류의 산 acid 을 사용해 희토류를 용해해 내고, 용해액에서 산을 증발시켜 정련된 고순도의 희토류 가루를 얻어 낸다. 이후 다양한 화학적, 물리적 방법으로 종류별로 희토류를 분리한다.

종류별로 분리된 희토류는 시장에 공급되며, 중간재 생산 기업은 희토류를 사용해 부품 같은 중간재를 만들어 제품화한다. 이어서 완성품 생산 기업은 희토류가 들어간 중간재를 구매하여 완성품을 생산하고 시중에 판매한다.

마지막으로 희토류가 사용된 제품을 수거하여 희토류를 재추출 후 재활용하게 된다. 아직까지 이 단계는 활성화되지 않아 많은 양의 희토류가 사용 후 버려지고 있다.

이와 같은 희토류 처리 과정에서 2024년 미국 국토안보부는 중국이 제련, 제품화, 판매 단계에서 무기화 능력과 의도가 높다고 평가하였다. 탐색과 채굴 과정은 환경오염과 비용을 감내할 각오만 있다면 어느 나라든 어렵지 않게 접근할 수 있는 산업이다. 하지만 제련, 제품화, 판매에 있어서는 축적된 기반 시설과 인력, 기술과 노하우가 필요함에 따라 중국이 무기화할 능력을 갖출 수 있었고, 최근에는 무기화 의도도 명백히 드러내고 있다.

2002년부터 중국은 중국 내에서 외국인의 희토류 관련 기업 설립을 금지하고, 관련 산업에 대한 외자 도입도 금지하였다.[9] 2016년에는 22개 희토류 광산과 54개 희토류 제련 기업을 6개의 국유기업으로 통폐합하였고, 2021년에는 중국희토그룹을 만들어 중국 정부가 중앙 통제하고 있다.[10] 이처럼 중국의 희토류 산업은 중국 정부가 중앙집권적으로 운용하기에 기업이나 노동자 피해에 대한 고려보다는 중국공산당의 지침과 노동자의 애국심에 기대어 무기화하고 있다.

희토류 공급망이 붕괴된 전쟁 양상

2025년 현재 희토류를 무기화하여 미국과의 전략 경쟁 중인 중국이 본격적으로 희토류 수출을 중단할 경우 미래는 어떤 전쟁 양상이 될 것인가?

미국의 유명한 장군인 존 J. 퍼싱은 보병은 전투에서 이기지만, 군수는 전쟁에서 이기게 한다고 하였다.[11] 여기서 희토류 공급망은 퍼싱 장군이 말한 군수에 해당하며, 군사 전략 중 양병, 즉 군사력 건설에 영향을 준다.

정상적인 군대라면 평시에 대량의 군수물자를 비축하여 전쟁에 대비한다. 그러나 보관 장소, 무기체계 생산 비용, 관리 비용 등의 문제로 전략적 판단하에 적정 수준의 군수물자 비축량을 결정하고 유지한다. 이 적정 수준의 비축량은 전쟁 기간 내내 사용할 양이 아니라 전쟁이 시작되고, 국가의 전시 경제 체제가 정상적으로 돌아갈 때까지 사용할 양이다. 전시 경제 체제가 가동되면 국가 산업은 군수물자 생산과 확보에 집중하게 되며, 전쟁터에서 소모되는 대량의 군수물자를 공급하게 된다. 그런데 군수물자의 소모량이 생산량 및 보급량을 추월하게 되면 전장에서는 물자 부족으로 인한 피해 증가, 영토 상실 등이 누적되어 전쟁 초기에 설정한 전쟁 목표 달성이 어려워진다. 그리고 최악의 경우 나라가 사라질 수 있다.

우리나라는 전시에 해상 보급로가 위협받아 수입이 어려운 것은 물론, 평시보다 구매 단가가 급등하여 같은 제품을 생산하는데 더 많은 지출을 해야 한다. 특히 희토류의 경우 적성 국가인 중국에서 거의 전량을 수입함에 따라 전시가 되면 구매가 불가능할 것이다. 이러한 문제로 인해 우리나라뿐만 아니라 대부분의 나라는 전·평시 사용할 적정량의 희토류를 대량으로 비축하고 있다.

문제는 비축한 희토류가 바닥나기 전에 전쟁을 끝내거나 새로운 희토류 공급망을 구축하는 것이다. 만약 전쟁이 끝나기 전에 비축한 희토류를 다 사용하고, 새로운 희토류 공급망을 구축하지 못한다면 희토류가 들어가는 무기와 장비를 제작하지 못하거나 성능이 떨어지는 장비로 대체할 수밖에 없다.

이러한 사례는 2022년 우크라이나-러시아 전쟁에서 잘 나타난다. 전쟁 초기의 전쟁 양상은 쌍방이 각종 최신 무기를 사용하는 양상이 나타났다. 러시아는 최신 T-90 전차와 BTR-90, 터미네이터 장갑차, 정찰감시 드론, Pantsir 방공체계, 열압력탄을 사용하는 TOS-1 다연장로켓, Su-35 및 Su-57 스텔스 전투기, 킨잘, 이스칸데르 극초음속 미사일 등을 사용하며 우크라이나를 압박하였다.

자료: army-technology.com(좌), Rosoboronexport(우)

[그림 5] T-90전차(좌), BTR-90장갑차(우)

자료: rferl.org(좌), wikimedia.com(우)

[그림 6] 터미네이터 장갑차(좌), 2S19 Msta-S 자주포(우)

자료: militarnyi.com(좌), hrw.org(우)

[그림 7] Pantsir S-1 방공체계(좌), TOS-1 다연장로켓(우)

자료: wikipedia.org(좌), businessinsider.com(우)

[그림 8] SU-35 전투기(좌), 이스칸데르 지대지 극초음속 미사일(우)

자료: iiss.org

[그림 9] 킨잘 공대지 극초음속 미사일

반면, 우크라이나는 서방의 전자전 지원, 스타링크와 같은 지구적인 통신 네트워크, Maxar Technology와 ICEYE 같은 민간 기업이 지원한 인공위성 정보, Palantir 같은 인공지능 회사의 정보 분석 지원, 재블린과 NLAW 대전차유도탄, 첩보수집과 폭탄투하 자폭용으로 사용된 TB-2 같은 군용 드론과 시중에서 판매하는 상용 드론을 사용하였다.

자료: atlanticcouncil.org(좌), armourersbench.com(우)

[그림 10] 재블린 대전차미사일(좌), NLAW 대전차미사일(우)

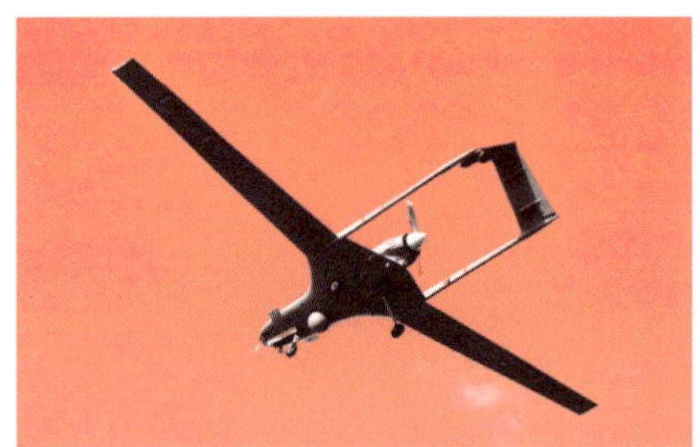

자료: defensenews.com(좌), defenseone.com(우)

[그림 11] 우크라이나군이 사용한 TB-2 드론(좌), 상용드론(우)

그러나 전쟁이 장기화하고 최신 무기의 소모량이 생산량을 추월하면서 도태된 T-64 전차는 물론, 박물관에 보관된 제1, 2차 세계대전 때 사용하던 맥심기관총과 T-34 및 T-55 전차까지 사용하게 되었다.

[그림 12] 우크라이나군이 사용하는 맥심기관총(좌), 박물관에 전시되었던 T-34 전차를 사용 중인 러시아군(우)

이러한 가운데 러시아는 전쟁을 조기에 종결짓기 위해 6·25전쟁 시 중공군의 인해전술처럼 사람을 포탄처럼 사용하는 '스톰-Z'라 불리는 돌격 전술을 사용하였다. 냉전 이후 프란시스 후쿠야마 같은 학자는 사람을 포탄처럼 사용하는 전쟁 양상은 더 이상 없을 것이라고 주장하기도 하였다. 그러나 실상은 무기 재고가 떨어지고, 장병의 생명보다 국가나 정치 지도자의 권위가 더 중요한 권위주의 체제에서는 여전히 사람을 포탄처럼 사용한다. 그리고 좀비처럼 돌격하는 러시아군은 장병의 생명과 맞바꿔 우크라이나군의 방어 진지를 돌파하고 점령지를 확장했다.

[그림 13] 500달러 미만의 FPV 자폭 드론(좌), FPV 자폭 드론의 공격 모습(우)

반면, 우크라이나군은 병력과 화력 열세를 만회하기 위해 저가의 FPV First Person View 드론에 대전차로켓 탄두나 대전차지뢰, 대전차수류탄 등 고성능 폭발물을 결합하여 자폭 드론을 만들었다. 이 자폭 드론으로 러시아군의 전차, 장갑차는 물론, 헬기, UAV, 병력과 주요 요인 공격 등 생각할 수 있는 모든 방법을 사용하여 러시아군의 공격을 막아 내고 있다.

그리고 이 과정에서 우크라이나군과 러시아군 간의 힘의 균형이 이루어지면서 수천 km의 전선이 형성되고, 이제는 사라졌다고 여겨지던 참호전이 다시 시작되어 현재에 이르고 있다.

자료: bbc.com(좌), nytimes.com / CNN.com(우)

[그림 14] 우-러 전쟁 간 전선의 변화(좌), 우-러 간 참호전투 장면(우)

이처럼 우크라이나-러시아 전쟁을 통해 예측해 볼 수 있는 미래 전쟁의 양상은 초전에 비축된 무기가 고갈되고 나면 구식 무기를 사용한 과거의 전쟁 양상이 다시 등장한다는 것이다. 그리고 일반화되고 저렴한 상용 기술, 가령 드론 같은 저렴하고 대량 생산되는 최신 기술을 사용해 전쟁 양상이 바뀐다는 것이다. 여기에 희토류를 고려하면 다음과 같은 미래가 예상된다.

현재 일반화되고 저렴한 최신 상용 기술에 희토류가 들어가지 않는 제품은 거의 없다. 희토류를 사용함으로써 이전보다 작고, 가벼운 고성능 제품을 만들 수 있기 때문이다. 희토류를 사용하지 않는 장비도 만들 수는 있지만 더 무겁고, 성능은 떨어짐에 따라 부족한 성능을 장병의 생명과 독특한 전술로 극복해야만 한다. 결국 더 큰 피해와 희생이 따를 수밖에 없다. 더욱이 우리나라의 평시 병력은 약 45만 명으로, 약 110만 명의 북한군에 비해 절대적인 열세이다. 2040년이 되면 국군은 27만 명으로 감소하여 더욱 열세해진다.[12] 우리의 예비군이 2022년 국방백서 기준으로 약 270만 명이 있다고 하지만, 북한의 경우 현역 수준의 노농적위군을 포함한 예비 병력이 약 762만 명이다. 우리나 북한이나 출생 인구 감소로 가용 병력 수는 감소 추세이다. 이로 인해 현역병이 줄어들면 자연스럽게 예비군도 감소한다. 그러나 1인 독재 체제이자 병영 국가인 북한은 인구 감소와 무관하게 병력 수를 얼마든지 유지할 수 있다. 그러나 우리는 2025년 기준 18개월 의무복무로 고정되어 현역과 예비 병력 감소가 결정되어 있다. 따라서 현재 예비 병력을 포함해 우리보다 3배수 많은 북한군 병력은 2040년이 되면 4배 이상 더 많아지게 된다.

인류는 오랜 전쟁 경험을 통해 공격과 방어 시 병력 비율이 3:1을 기준으로 한다는 것을 알고 있다. 공격하는 자는 방어하는 자보다 최소한 3배 이상의 병력이 필요하고, 방어하는 자는 공격하는 병력의 최소한 1/3은 되어야 방어가 가능하다는 것이다. 그런데 2040년에 북한군이 우리보다 4배 이상의 병력이 유지되면 경험적으로 국군은 방어에 성공할 가능성이 낮아진다.

이렇게 병력 열세가 예정된 상황에서 미래에 우리나라가 외부의 군사적 위협으로부터 최소한의 방어가 가능하게 하려면 병력을 늘이는 방법도 있지만, 전투원과 개별 무기체계의 전투력을 높여야만 한다. 그렇지 않으면 전쟁 억제라는 표현은 정치적 수사에 불과하게 된다.

고성능 무기체계에는 희토류가 필수 원료이다. 그런데 희토류 공급이 중단되고, 비축해 놓은 최신 무기체계가 고갈된다면, 수적 열세로 인해 패배는 예정된 미래일 수밖에 없다. 따라서 우리나라에 희토류 공급망 유지는 국가 존망의 문제이다.

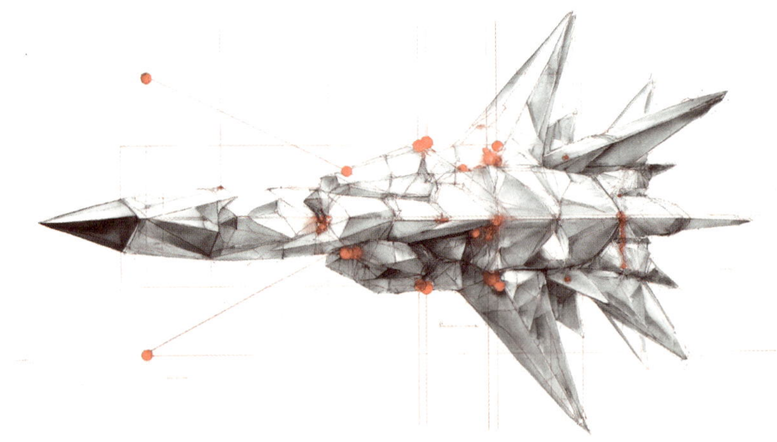

희토류 공급망 대책

앞으로 세계는 미국을 중심으로 한 자유민주주의 체제와 중국과 러시아를 중심으로 한 권위주의 체제 간의 체제 경쟁이 심해질 것이다. 이는 각 정치 체제 간의 근원 사상이 다르기 때문에 일어난 것으로 존재 자체가 서로에게 위협이 되기 때문이다. 간단히 설명하면 자유민주주의 체제는 성악설에 기반을 둠에 따라 정치권력을 분리하여 서로 견제하도록 만들었다. 그래서 독재자의 출현과 존재를 거부하며, 삼권 분립과 국민 주권을 기본 이념으로 한다. 서로 견제하기 때문에 거짓말을 할 경우 공격당하고, 권위가 약해짐에 따라 최소한 공식적으로는 정직한 것이 권력의 기반이 된다.

반면 권위주의 체제는 성선설에 기반하여 완벽한 인간이 존재하는 것을 가정한다. 그래서 그 완벽한 인간이 통치자가 되어 나라를 다스리는 것이 가장 좋은 정치 형태로 여긴다. 즉 철인 정치를 이상향으로 삼고, 영도자 같은 존재가 중요하다. 그리고 영도자의 사상과 명령 이행을 감시하기 위해 비밀경찰이 필요하다. 이때 완벽한 인간인 영도자가 실수한다는 것은 권위의 추락을 의미하고, 이것은 정치권력의 약화로 이어지므로 절대 실수를 인정하지 않는다. 이로 인해 영도자의 실수를 덮기 위한 선전·선동과 거짓말이 일반적이고, 목적만 정당하다면 수단도 정당화된다. 그래서 영도자는 독재자가 될수밖에 없으며, 이러한 두 정치 체제 간의 차이는 상호 공존을 불가능하게 한다. 존재 자체가 상대 정치 체제에 위협이 되기 때문이다. 민주주의는 거짓말 기반의 선전·선동에 취약하고, 권위주의는 민주주의의 정직한 언론에 취약하다. 그래서 민주주의는 거짓말을 죄악시하는 반면, 권위주의는 언론과 교육을 통해 국민을 세뇌하려 한다.

이러한 관점에 따라 자유민주주의 체제와 권위주의 체제 간의 체제 대결은 불가피하며, 향후 우리나라는 자유민주주의 체제 중심의 희토류 공급망을 구축하여 생존해야 할 것이다.

[표 3] 국가별 희토류 매장량 및 생산량 순위, 2025 USGS[13]

국가	매장량 백만 톤	매장량 비율 %	생산량 비율 %
중국	44.0	48.9%	69.2
브라질	21.0	23.3%	3
인도	6.9	7.7%	0.7
호주	5.7	6.3%	3.3
러시아	3.8	4.2%	0.6
베트남	3.5	3.9%	0.07
미국	1.9	2.1%	11.5
그린란드	1.5	1.7%	-
탄자니아	0.89	1.0%	-
태국	0.0045	0.01	3
미얀마	-	-	8
나이지리아	-	-	3.3
마다가스카르	-	-	0.5

출처: USGS 2025

2025년 기준 희토류 매장량은 중국을 비롯한 러시아, 베트남 등 권위주의 국가가 58%를 차지하고 있으며, 그중 중국은 전체 매장량의 49% 정도로 세계 1위이다. 반면, 미국을 중심으로 한 브라질, 인도, 호주 등 자유민주주의 국가가 전체의 41% 정도를 차지하며, 그중 브라질이 전체 매장량의 23.3%로 세계 2위의 매장량이다.

희토류 생산량을 기준으로 할 경우 중국을 중심으로 한 권위주의 국가가 78.4%로 압도적 우위를 차지하고 있다. 하지만 희토류 매장량과 잠재적인 기술력을 고려했을 때 희토류 광산을 발굴하고, 산업 시설만 갖추어진다면 자유민주주의 체제 내에서 독자적인 희토류 공급망을 구축할 수 있다.

자유민주주의 체제 내에서 독자적인 희토류 공급망을 구축한다는 말은 체제 내에서 탐색-채굴-제련-제품화-판매-재생 생태계가 구축되는 것을 뜻한다.[14]

2024년 미국 국토안보부DHS와 민간 부문 분석 교류 프로그램 팀이 작성한 보고서인 "미국의 주요 원자재 접근 제한 위협Threat of Limited U.S. Access to Critical Raw Materials"에서는 미국과 동맹국 기업의 채굴, 제련, 생산에 대한 불확실성을 줄여야 한다고 하였다.[15] 이를 위해 정부와 민간의 협력 강화를 주장하였는데, 첫째, 주마다 다른 규제를 간소화하고 일치시킬 것. 둘째, 정부가 위험성이 큰 희토류 채굴, 제련 및 재활용 프로젝트에 대한 초기 투자를 보조하여 민간 기업이 참여할 수 있도록 유도할 것. 셋째, 정부는 주요 원자재 시장에 대한 정보와 분석 결과를 민간 부문과 투명하게 공유하여 공동의 위험 인식과 대응책 마련을 촉진해야 한다는 것이다.

　　자유민주주의 시장 경제 체제에서는 기업과 개인의 독자적인 경제 활동을 통해 배급제를 이용한 국가의 통제로부터 자유로울 수 있다. 이러한 전제하에 정부는 기업이 기술 개발과 재투자가 가능한 수준의 이익이 보장될 수 있도록 보조금, 무역 통제, 법률 지원, 정책 개발 등을 지원해야 한다. 동시에 정부는 물론 범국가 차원에서 희토류 채굴, 제련, 제품화, 재생에 대한 공공 및 기업의 전문성 향상을 위해 노력해야 한다. 이를 통해 우리는 중국의 희토류 무기화 위협으로부터 벗어나게 될 것이다.

　　자유민주주의 체제 지역에 전체의 약 41%에 해당하는 희토류가 매장되어 있음에도 불구하고, 산업화가 미흡한 주된 이유는 환경 파괴와 오염 때문이다. 오염을 최소화하고, 파괴된 환경을 복구하도록 한 엄격한 법률과 이를 이행하는데 필요한 큰 비용이 가격 경쟁력을 약화시키기 때문이다. 그래서 [표 3]에서처럼 중국, 미얀마, 마다가스카르, 베트남 등 규제가 느슨한 나라에서 대량의 희토류가 생산된다.

　　이러한 문제를 완화하려면 희토류 채굴-제련-생산 간 발생하는 환경 파괴와 오염을 최소화하고, 복구 비용을 줄이기 위해 자유민주주의 체제 간의 국제 협력이 필요하다. 예를 들어, 희토류 채굴-제련-생산 단지를 특정 지역에 범국가적으로 구축한다. 특히 희토류가 대량으로 매장된 브라질, 인도, 호주, 그린란드 그리고 희토류 매장량은 거의 없지만 대량 생산 중인 나이지리아의 경우 사람이 살지 않는 오지가 많다. 이러한 지역에서 국제 희토류 공단을 만들고, 주변에 완충지대를 만들어 이 공단 내에서 각종 오염물질을 집중적으로 정화하여 환경오염과 오염 처리 비용을 최소화할 수 있을 것이다.

희토류 공급망 중 가장 미흡한 분야가 재활용 분야이다. 이것은 생산 단계에서부터 제품마다 희토류가 사용된 센서, 부품 등을 등록하여 빅데이터화하는 것에서부터 시작한다. 제품마다 사용된 희토류는 물론, 규격과 용도가 다르지만 인공지능을 활용해, 수요자가 원하는 것과 일치하거나 유사한 성능의 재활용품을 쉽게 찾아 활용할 수 있을 것이다. 이를 위해 희토류를 사용하는 생산 업체와 재활용품 수집 및 활용 업체 간에는 희토류가 사용된 제품의 빅데이터를 구축하고 공유할 수 있어야 한다.

이러한 체계가 구축되면 불필요하게 희토류를 원료 수준까지 재생하지 않아도 된다. 각 재활용품마다 사용된 부품과 그 부품에 포함된 희토류 종류와 양 등을 알 수 있기에 인공지능과 로봇을 활용해 원하는 부품을 분류하여 재활용할 수 있게 될 것이다. 예를 들어, 재활용품으로 희토류 모터를 제작할 경우, 재활용품으로 들어온 희토류 모터가 온전한 상태고 원하는 성능이라면 최소한의 정비만 한 후 바로 쓰면 된다. 만약 성능 변화가 필요하여 희토류 자석을 새로 만들어야 한다면, 모터에서 희토류 자석만 분리해 이것을 분쇄하여 원하는 규격으로 재생하면 된다. 반드시 희토류를 원료 상태까지 추출할 필요가 없다. 이를 통해 희토류 제품의 재활용 비용을 줄이고, 버려지는 희토류를 최소화할 수 있을 것이다.

경제·사회·시간(인구/세대) 시그널

'병오년' 2026,   붉은 말의 뜨거운 열정으로

Red Horse Blaze   '병오년' 2026, 붉은 말의 뜨거운 열정으로
Explore Way to Peace & Coexist   평화공존의 길 찾기
Drive Technium for Future Force   테크늄과 국방의 미래

High-tech Future War needs Rare Earths   미래 전쟁과 희토류
Our Intelligence Defines Our Future   지능의 미래
Reform Now to Secure Future Generations   미래 세대를 위한 개혁
Secure Skills to Survive the AI Era   AI 시대의 숙련 기술
Ensure Equity Between Sovereign and Big Tech AI   소버린 AI와 글로벌 빅테크 AI

Bridge HUMINT with Physical AI Robots   차세대 휴민트
Lead the Future by Prompt Mastery   프롬프트 마스터
AI Regulation in the Age of Conflict   AI 규제와 사회적 갈등
Zenith of Tech is the Quantum Revolution   양자 혁명
Embrace the Multi-Domain City Era   다영역 도시 시대

지능의 미래

: Homo Deus, Homo Moros, Homo Sophos

한국외국어대 겸임교수, 에프엔에스컨설팅 미래전략연구소장 **윤기영**

AI 시대의 인간은 호모 데우스·호모 모로스·호모 소포스라는 세 갈림
길에 서 있다. 기술은 우리를 신처럼 만들지만 동시에 생각을 외주화해
바보로 만들 수도 있다. 미래의 과제는 명확하다. 지식을 넘어 '지혜'를
키우고 평가받을 수 있는 체계를 마련해야 한다.

"아무도 기계가 인간의 손에서 벗어났다고 실토하지 않았다. 해가 갈
수록 기계의 효율성은 높아지고 인간의 지능은 떨어졌다."

"기계에 대한 자신의 의무를 잘 아는 사람일수록 이웃에 대한 의무
를 이해하지 못했다. 전 세계에서 기계를 전체적으로 이해하는 사
람은 한 명도 없었다."

"기계여!" … "기계를 통해 우리는 서로 말하고, 기계를 통해 우리는
서로 보며" … "기계는 사상의 친구요 미신의 적이다."

– 포스터 Forster, E. M., 1909년 발표한 《기계가 멈춘다》에서 발췌[1] –

20세기 영국 문학의 거장인 포스터는 서정성과 낭만성으로 채색된 《전망 좋은 방》과, 인간 이해의 한계를 탐구했던 《인도로 가는 길》 등 다양한 작품으로 유명하다. 위 두 장편 소설을 포함해서 그의 작품 중 다섯 편이 영화화되어 8개의 아카데미상을 수상했는데, 위 두 소설도 영화로 만들어져 한국에서도 개봉했다. 그가 쓴 유일한 SF가 《기계가 멈춘다》이다. 서정적 글과 철학적 글로 유명한 그가 공상과학 소설을 썼다는 점이 의외다. 당시 과학이 빠르게 발전하고 이에 대해 낭만적인 확신을 가지는 사람이 많아지는 상황이 포스터에게 경각심을 일으켰을 것으로 보인다.

그의 글에서 기계라 표현한 것은 현대의 인공지능을 의미한다. 당시 인공지능이란 용어가 아직 만들어지지 않았고, 그와 유사한 개념도 드물었다. 그런 맥락에서 그의 통찰력과 상상력은 무릎을 치게 한다. **인공지능**이란 용어는 존 매카시 등이 1955년 제출한 연구 제안서에 처음 등장한다. 현대적 인공지능의 개념은 튜링이 1950년 출간한 기념비적인 논문인 〈계산 기계와 지능〉으로 거슬러 올라갈 수 있다[21]. 기원전 7세기의 헤시오도스의 청동거인인 탈로스 Talos에서 인공지능의 원형을 찾을 수 있기는 하나, 인간의 욕망을 상징적으로 빗댄 정도로 해석하는 것이 적절하다. 탈로스 신화를 과학이라 부를 수는 없기 때문이다.

포스터는 《기계가 멈춘다》에서 내러티브를 통해 과학과 기술에 대한 지나친 의존을 경고하려고 했을 것이다. 지금 인공지능의 발달 추세

인공지능

인공지능 용어가 처음 등장한 시기를 1956년 다트머스 회의로 보는 것이 일반적이나, 1955년 민스키 Marvin Minsky, 로체스터 Nathaniel Rochester 및 섀넌 Claude Shannon과 함께 록펠러 재단에 제출한 연구 제안서에 '인공지능'이란 용어가 등장한다.

로 보면 그의 경고는 솜털을 곤두서게 만드는 섬찟함을 준다. 매사추세츠공과대학교MIT 연구진에서부터, 카네기멜런대학교와 마이크로소프트, 스위스 비즈니스스쿨 등 연구진은 공통적으로 생성형 인공지능에 노출될수록 인지 능력이 쇠퇴하고 비판적 사고 역량이 줄어든다는 결과를 발표했다. 인공지능으로 인해 평균적 인간은 바보가 될 수도 있겠다는 포스터의 과학적 상상력은 이제 과학적 증거를 가지게 되었다.

다른 한편으로, 포스터의 경고와는 달리 인공지능의 발달로 인해 인간은 신의 지능을 가지게 되지 않을까 생각하게 된다. 필자는 요즘 공부를 하든, 연구를 하든 혹은 글을 쓰든 인공지능을 사용하게 된다. 이 글을 쓰는 지금도 다양한 논거를 찾고, 참고할 수 있는 논거가 되는 책이나 논문을 번역하고, 또 그 자료를 요약하는 데 인공지능의 도움을 받고 있다.

인터넷 시대에는 앉아서 수백 편의 논문을 찾을 수 있었다. 인공지능 시대에는 앉아서 수백 편의 논문을 찾고, 번역하고 이해할 수 있게 되었다. 인공지능으로 데이터 분석을 하거나 혹은 컴퓨터 코딩을 하는 데도 큰 도움이 된다. 인공지능을 이용함으로써 필자는 수많은 언어를 이해할 수 있게 되었으며, 하루에도 수십 편의 논문과 책을 읽을 수 있게 되었다. 음악을 작곡하고 연주하며 그림을 유채화부터 수묵화까지 그릴 수 있게 되었다. 인공지능은 번역가, 비서, 조교, 비판적 동료 검토자, 개인 고용 작곡가와 회화가가 되었다. 필자의 약 1,300여 그램의 뇌와 인공지능이 협력한 결과인 협력 지능은 아테나 여신의 지적 역량과 크게 다르지 않을 것이다.

인공지능으로 인해 증강된 지능은 필자만 누리는 것은 아니다. 인공지능은 '외장 지능'으로 누구나 누릴 수 있다. 이 외장 지능은 우리의 몸 밖에 있으나, 우리의 사고에 영향을 미친다. 인공지능은 외장 지능으로서 '확장된 마음'[3]에 속한다. 확장된 마음이란 사고가 뇌 안에서만 일어나지 않으며, 외부의 언어, 표기, 도구가 우리의 인지를 확장하게 한다는 것이다. 확실히 문자가 없는 호모 사피엔스와 문자를 발명한 호모 사피엔스의 사이에는 인지, 사고 방식과 세계관, 지능에 큰 차이가 있을 수밖에 없다. 문자, 컴퓨터, 인터넷, 인공지능 등의 매체는 외부에 존재하는 것이나 우리 마음과 결합된다.

인공지능을 이용한 증지능으로 인간은 신의 지능을 지니게 되었다. 유발 하라리가 제안한 미래 인간상으로서의 '호모 데우스 Homo Deus'에 점진적으로 다가가고 있는 셈이다. 그런데 인공지능에 노출될수록 인지 능력이 저하되고 비판적 사고 역량이 쇠퇴하는 결과가 반복적으로 발표되고 있다. 즉 인공지능에 노출될수록 바보가 된다는 것이다. 인공지능 시대에 인간상은 바보일 수 있다. 이를 바보를 의미하는 모론 Moron을 가져와 호모 모로스 Homo Moros로 부르겠다. 호모 데우스와 호모 모로스는 상충하지 않는다. 겉보기엔 호모 데우스이나, 인공지능이라는 외투를 걷어내면 그 안에 호모 모로스라는 말랑말랑한 몸에 연약하고 조악한 정신이 있을 수 있다. 즉 미래 인간상은 호모 데우스의 힘을 지녔으나, 정신세계가 호모 모로스가 될 개연성이 높다. 그런 미래는 3세 아이에게 실탄이 장전된 총을 장난감으로 안기는 것과 같다. 혹은 털 없는 침팬지에게 실탄이 가득 찬 기관

총을 안기거나, 그 침팬지를 핵 미사일 버튼이 여러 개 배치된 밀실에 들여놓는 것일 수도 있다.

결정된 미래는 없다. 새로운 길은 언제나 존재한다. 우리는 새로운 인간종으로서 지혜를 가진 인간종인 호모 소포스 Sophos로 진화할 수 있다. 비록 그 길로 가는 길이 좁고 길기는 하겠지만 충분이 가능하다. 지혜는 키우고 측정할 수 있다는 점에서 호모 소포스의 인간종이 지배하는 미래는 가능하다. 참고로 호모 사피엔스 Sapience의 사피엔스도 지혜를 의미하기는 하나, 그 어원을 거슬러 오르면 '분별'을 뜻한다. 분별은 이성을 의미하므로 지식에 가깝다. 현생 인류가 지식을 쌓았으나, 그간의 행적을 보면 지혜롭다고 칭송하기는 어렵다. 종교적 광신으로 수백만 명을 죽이고, 원주민과의 전쟁을 이유로 수억 마리의 들소를 죽이며, 한 번의 전쟁으로 수천만 명을 죽이고, 이념을 이유로 그것이 강대국의 대리 전쟁인지도 모르고 같은 민족과 가족끼리 수백만을 서로 학살하고, 현재의 한줌 이익을 위해 미래의 생존과 가치를 포기하는 현생 인류를 보고 누가 지혜롭다고 할 수 있을까?

이 글은 미래학적 사유에 기반한 글이다. 미래학적 사유가 특별한 것은 아니나, 독자에게는 생소할 수도 있다. 그러나 적어도 이 글이 실린 책을 사서 읽는 독자라면 미래에 대해 큰 관심과 흥미가 있을 것으로, 미래학적 사유라는 생소함을 반겨할 수 있을 것으로 생각한다. 미래학적 사유에 대해 짧게 설명하고 이 글의 짧은 항해를 시작하겠다. 필자는 미래학의 정의를 역사철학자인 E. H. 카 E. H. Carr의 통찰을 빌려서 내릴 수 있을 것으로 생각한다. 카는 "역사란 과거와 현재의 끊임없는 대화”라고 정의했다. 역사는 단순히 과거의 사실을 객관적으로 기록하는 작업이 아니라, 역사가가 처한 시대의 관점에서 과거를 선택하고, 해석하며, 의미를 부여함을 확인한 것이다. 과거는 고정된 실체가 아니라 현재와의 대화 속에서 끊임없이 재구성되는 살아있는 텍스트인 것이다. 필자는 미래학이란 미래의 시각으로 현재를 재해석하고, 현재의 의사 결정에 영향을 미치려 하는 학문으로 정의한다. 즉 '미래학적 사유란 **열린미래** futures와 현재의 끊임없는 대화와 긴장이다'. 따라서 현재는 고정된 것이 아니라 열린미래를 통해 새롭게 해석되며, 재구성된다. 이를 통해 미래는 새로운 가능성을 띠게 된다. 역사와 미래학은 일종의 연결성을 가진다. 열린미래를 통해 현재를 해석하고 성찰하며, 그 시각으로 우리는 과거와 끊임없는 대화를 할 수 있다. 미래학의 피드포워드 Feedforward와 역사학의 피드백 Feedback의 **이중재귀** 二重再歸를 통해 우리는 우리의 현재와 우리의 열린미래에 대해 보다 명료한 이해와 실천을 할 수 있게 된다.

이중재귀

재귀의 개념은 더글라스 호프스태터의 1979년 책 〈괴델, 에셔, 바흐〉와, 육후이의 2019년 책 〈재귀성과 우연성〉에서 가져왔다.

이 글은 세 가지 인간상인 호모 데우스, 호모 모로스, 호모 소포스의 인간종을 다루고, 결론에서 구체적 실천 방안을 다루겠다. 호모 데우스에서 호모 소포스까지의 짧은 여정을 시작하겠다.

열린미래 futures

미래에 대한 예측과 전망은 모든 동물과 인류가 공통적으로 가진다. 언어와 문자를 가진 인류가 미래에 대한 전망을 보다 정교하게 했을 따름이다. 따라서 동북아와 한민족의 사유 체계에도 미래에 대한 고민과 계획이 있었다. 《논어》의 '인무원려 필유근우 人無遠慮 必有近憂', 《삼국지》의 '진인사대천명 盡人事待天命', 변화의 패턴으로서의 의미를 지니는 《주역》 등이 이에 해당한다. 안중근 장군의 유묵인 '인무원려 난성대업 人無遠慮 難成大業'과 《동양평화론》은 안중군 장군을 근대 미래학자로 추존할 수 있게 한다. 다만, 미래에 대한 열린 가능성과 미래의 불확실성에 대한 과학철학적 접근은 서양에서 시작되었음을 부인할 수 없다. 다른 많은 학문도 마찬가지지만 미래학도 그 기원이 서양에서 시작되다 보니, 체계적 고민과 사유를 할 수 있는 지식 생태계가 부족했다. 그러다 보니 미래학과 관련된 전문 용어가 우리말에서는 충분히 분화되지 않았다.

예를 들어, 영어 anticipation, forecast, foresight, prediction, prospect 등을 모두 예측으로 해석하는 경우가 흔하다. 그 의미가 모두 다른데 이를 모두 예측으로 번역하다 보니 미래에 대한 체계적 사유를 못 하게 만든다. 미래학적 사유가 일상화되기 위해서는 미래와 관련된 용어의 한글화가 필요하다. 물론 이는 미래학자의 역할이다. 아래 미래학에서 사용하는 용어 일부에 대한 한글화를 제안한다. 참고로 아래 용어의 한글화에 대해서는 미래학계 내에서 광범위한 동의를 얻어 가는 중이다.

단어	번역	의미/뉘앙스
Anticipation	선제 예측	열린예측과 통계예측 및 이를 기반으로 한 실행까지 포함하는 의미로, 미래를 예측하는 활동으로 현재에 일정한 활동을 하고 이를 통해 미래를 바꾸는 것까지를 포함하는 의미
Forecast	통계 예측	과거 자료·모델 등을 사용한 통계적 근거로 예측하는 활동
Foresight	열린 예측	미래의 다양한 가능성을 탐색하고 대화하는 행위로 미래학에서 미래를 예측한다고 하면 이 열린예측을 의미
Futures	열린 미래	하나의 미래가 아니라 다양한 미래의 가능성을 의미
Prediction	단정 예측	데이터나 믿음에 기반한 예측. Forecast의 결과가 Prediction일 수 있음
Prospect	조망 예측	미래에 일어날 수 있는 다양한 가능성의 기회를 포착하는 활동

Homo Deus
– 외장 지능으로 신이 된 인간 –

호모 데우스Homo Deus는 '신이 된 인간'을 의미한다. 이 용어는 유발 하라리의 2016년 발간한 동명의 책인 《호모 데우스》로 유명해졌다. 이때 호모 데우스는 기독교와 이슬람교의 전지전능한 절대신을 의미하지 않는다. 특정 영역에서 신과 같이 초인적인 능력을 발휘하는 인간을 의미한다. 그러니 호모 데우스라는 용어가 신성 모독이나 불신의 죄를 범하는 것은 아니다. 하라리도 '인간을 신으로 업그레이드한다고 말할 때, 전능한 성경의 하늘 아버지보다는 그리스의 신들이나 힌두교의 데바devas를 생각할 것'을 주문하고 있다. 호모 데우스란 말을 듣고 불신과 불경의 죄를 생각할 사람은 없을 것이다.

유발 하라리는 인간을 신으로 만드는 기술로 생명공학, 사이보그 공학 및 비유기체 공학을 든다. 비유기체 공학에는 물질 기술, 인공지능 등을 든다. 인공지능으로 인해 인간은 전지전능은 아니지만, 그에 가깝게 될 것이다. 예를 들어, 인간은 인공지능을 이용하여 다양한 언어를 이해하고 말할 수 있게 되었으며, 수화를 배우지 않고도 할 줄 알게 되었으며, 조만간 동물의 언어도 이해할 수 있게 될 것이다. 신만이 가능했던 일이다. 많은 이가 덜 성숙한 디지털 바벨피시[4]를 이용하고 있으며, 머지않아 거의 모든 이가 다 자란 디지털 바벨피시를 장착하게 될 것이다. 뒤에서 논의할 것이나 인공지능은 인간의 지적 능력을 신에 가깝게 하는 것으로 볼 수 있는데, 다른 한편으로는 인지 능력 부하 전가를 위한 기술로 봐야 하며, 이 기술의 발달로 인류사를 나눌 수 있다. 이에 대해서는 바로 뒤에서 다루겠다.

바벨피시는 모든 언어의 통역기를 의미한다. 《은하수를 여행하는 히치하이커를 위한 안내서》의 긴 제목을 가진 소설에 등장한다. 바벨피쉬는 일종의 설득력을 높이기 위한 소설적 허구이지만, 일정한 수준의 디지털 바벨피시는 이미 존재한다. 2025년 기준 구글 번역기는 200개 이상의 언어에 대한 번역이 가능하다. ChatGPT는 80개, Gemini는 40개 이상이 가능하다. 두바이에서 국가 주도로 개발한 대규모 언어 모델인 팰콘 아라빅Falcon Arabic은 아랍어 방언까지 학습하는 것을 목표로 개발되었다. 일부 프로젝트는 소수자가 사용하는 언어를 위한 대규모 언어 모델을 추진하고 있다. 더 나아가 고래와 돌고래, 개와 고양이 등의 언어를 통역하는 프로젝트도 진행되고 있다.

전 세계에 현재 살아 있는 언어는 약 7,000여 개에 달하며, 10만 명 이상이 사용하는 언어는 300여 개에 이른다. 제2 언어를 학습하는 전 세계 인구는 약 15억 명으로 추정된다[5]. 한 개인이 7,000여 개는 말할 것도 없고 10만 명 이상이 사용하는 300여 개의 언어를 조금이라도 배우는 것조차도 불가능하다. 인공지능은 이를 가능하게 할 것이다.

디지털 바벨피시는 인지 부하 전가Cognitive Offloading 기술에 해당한다. 인지 부하란 사람이 과제나 정보를 처리할 때 가해지는 정신적 노력의 총량을 의미한다. 사회가 발달할수록 이 인지 부하가 늘어난다. 정보 사회를 전망했던 앨빈 토플러는 《제3의 물결》에서 이미 정보 과부하를 전망했다. 정보 사회의 대표적 인지 부하가 정보 과부하다. 이 인지적 부하를 처리하기 위해서 인지 부하를 외부의 사람이나 기술에 전가하는 것이 필요하다. 많은 일을 처리해야 하는 사람에게 비서가 필요했던 이유는 인지 부하를 전가하기 위한 것이었다. 언어, 문자, 인쇄, 계산기 등은 대표적인 인지부하 전가 기술이다.

사회가 발전할수록 그 사회가 처리해야 할 데이터양이 늘어난다. 개인이 평생 처리해야 할 정보량은 기하급수적으로 폭증한다. 계량적으로 확인하기 어려우나, 구술 시대, 문자 시대, 인쇄 시대, 정보 시대에 각 개인이 처리해야 하는 데이터양의 증가는 언뜻 상상하기만 해도 명확하다. 문자 시대의 알렉산드리아 도서관이 보관하던 파피루스는 많게는 70만 권 정도로 추산한다. 현대 인쇄 시대에 미의회 도서관이 보관하는 책과 멀티 미디어는 1억 7천만 건 이상이다. 1986년 인류 전체가 저장한 정보는 2.6엑사바이트, 2007년 295엑사바이트, 2025년 181제타바이트로 증가했다. 디지털 데이터의 양을 표기하는 단위인 엑사Exa는 10^{18}을, 제타Zetta는 10^{21}을 의미한다. 휴대전화 메모리 단위로 대중적인 기가Gita는 10^9에 해당한다. 개인, 사회, 국가 등의 시스템은 처리해야 할 정보량이 많아질수록 그 시스템의 복잡성이 증가한다[6]. 이 데이터양의 증가는 시스템의 복잡성 증가를 나타내는 지표가 된다[7].

독일의 사회학자 니클라스 루만Niklas Luhmann은 사회 시스템이 생존하기 위해서는 복잡성을 줄여야 하는 것으로 주장했다[8]. 문명은 문제 해결을 위해 점점 더 복잡한 구조를 만들어 낸다. 조직, 관료제, 기술이 그 사례다. 복잡성을 처리하기에는 비용이 든다. 이를 줄이기 위한 기술이나 조직의 복잡성을 줄이는 정도는 체감한다. 즉 한계 수익이 줄어든다. 정보의 증가에 따른 복잡성의 증가가 이를 처리하기 위한 한계 비용을 초과하면 사회는 유지비를 감당하지 못하고 붕괴한다[9].

필자는 이를 사회의 발전과 정보량의 증가 → 정보량의 증가에 따른 복잡성의 증가와 인지 부하 증가 → 이를 줄이기 위한 인지 부하 전가 기술의 발달 → 인지 부하 전가 기술의 발달에 따른 복잡성의 감소 → 복잡성의 안정적 관리를 통한 사회적 발전으로 정리할 수 있다고 판단한다. 이를 기준으로 인류 사회 발전을 인지 부하 전가 기술의 관점에서 새롭게 정리할 수 있다.

[표 1] 인지 부하 전가 기술에 따른 문명 단계 구분

인지 부하 전가 기술 기반 문명 단계 구분	진입 시기	생산 수단 기술 기반 문명 단계 구분	진입 시기
구술 사회	20~30만 년 전	채집 사회	300만 년 전
문자 사회	BC 3,200	농업 사회	BC 10,000
인쇄 사회	1450년경	산업 사회	18세기 중반
정보 사회	1970년대	정보 사회	1970년대
외장 지능 사회	2020년대	지능 정보사회	2020년대

[표 1]에 제시된 문명 단계 구분은 미디어 이론가인 마셜 매클루언이 제시한 구술, 문자, 인쇄 사회[10]와 미래학자인 앨빈 토플러가 농업 사회, 산업 사회, 정보 사회[11] 구분의 확장이다. 매클루언은 전자 사회를 토플러의 정보 사회와 일치시켰다. 대규모 언어 모델은 일종의 추론 기계이므로 외장 지능 사회를 본격화시켰다고 보고 대규모 언어 모델이 본격화한 2020년대를 외장 지능 사회의 진입 시점으로 보았다. 이는 지능 정보 사회와 일치한다. 매클루언이 명시적으로 인지 부하 전가에 대해서 언급하지는 않았다. 대신 '미디어는 인간의 확장'이라는 통찰력으로 문자 등의 미디어가 인간의 확장임을 분명하게 했다.

인지 부하 전가 기술과 생산 수단 기술의 시대 구분이 일치하지 않는다. 생산 수단의 발전은 사회의 복잡성을 증가하게 하며, 사회적 복잡성이 증가하면, 이에 대응하기 위해 복잡성을 줄이기 위한 기술이 발전한 것으로 이해할 수 있다. 또한, 인지 부하 전가 기술의 발달은 사회가 더욱 발전할 수 있는 여지를 만들게 된다. 이는 매클루언의 핵심 사상인 '우리는 도구를 만들고, 그 후에는 도구가 우리를 만든다'와 이어진다[12]. 우리가 인지 부하 전가 기술을 만들고 그 이후 인지 부하 전가 기술이 우리를 형성한다.

구술 시대에는 지식을 보존하기 위해 뇌의 막대한 에너지가 암기에 사용되었다. 그러나 필사와 인쇄 매체가 기억의 저장 기능을 완벽하게 수행하게 되면서, 인간의 뇌는 '기억하는 능력'보다 '정보를 찾고, 연결하고, 비판하는 능력'으로 인지 자원을 재배치했다[13]. 인지 부하 전가 기술의 발달은 당시 사회적 상황을 대변하며, 당시 사회적 상황은 인류에게 중요한 지능에 영향을 미친다. 문맹에게 추상적인 지능을 물어보는 현대의 IQ 테스트를 보게 하면 점수가 낮을 수밖에 없다[14]. 즉 현대의 사회 구조와 문화, 정의의 맥락, 과학기술 등은 인지 부하 전가 기술과 깊은 관련성을 지닌다.

20세기 초부터 현재까지 추이를 보면 대량 10년마다 IQ가 3 정도 올라간 것으로 나타났다. 일부 국가에서는 한 세대약 30년 만에 평균 IQ가 20점 이상 오르기도 했다. 이 현상은 국적이나 인종을 가리지 않고 전 세계적으로 나타났다[15]. 유전적 진화 없이 지능지수가 증가한 이유는 교육 수준 향상, 지식 사회로의 이행 등을 원인으로 꼽는다.

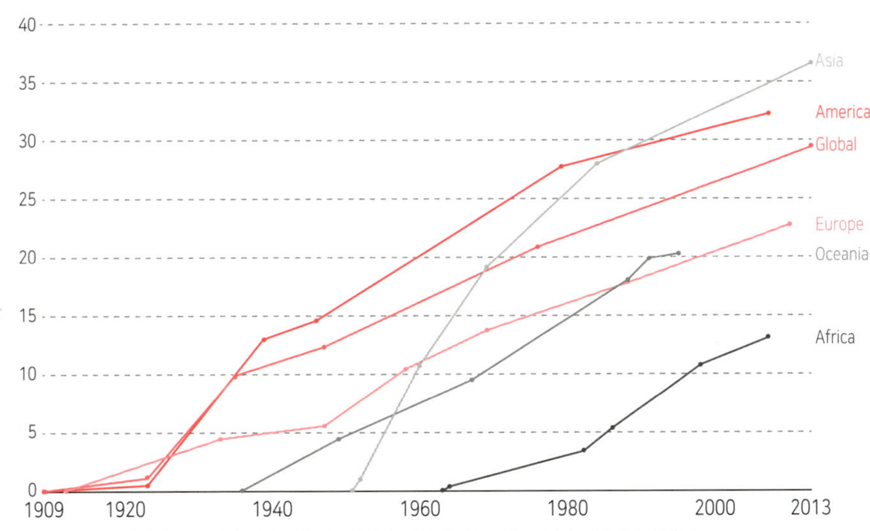

※ 위 도표는 지역별 IQ 증가 추이만 보여 주는 것이며, 지역별 직접적인 비교에는 유용성이 제한됨.

자료: Pietschnig and Voracek (2015)

[그림 1] 플린 효과

인공지능이란 외장 지능의 외투를 입은 인간의 증강 지능은 큰 폭으로 증가할 것으로 보인다. AI와 함께 협업한 팀이 상위 10% 혁신적 아이디어 생성, 업무 효율성, 동기 부여 등에서 두드러진 성과를 보였다[16]. 과제 수행 시 LLM을 사용하는 경우 인지 부하가 감소하고 집중력이 향상되는 것이 관찰되었다[17].

외장 지능을 어떻게 사용하는가는 크게 두 가지의 전략이 추천된다.

[표 2] 인공지능 활용 전략[18]

특징	켄타우로스 모델	사이보그 모델
핵심 정의	• 사람과 기계 사이에 명확한 작업 경계선이 존재함	• 사람과 기계의 작업을 깊게 통합하여 경계를 허묾
작업 방식	• 전략적인 업무 분담에 의존 • 인간의 작업과 AI의 작업을 명확히 구분하고 전환하며 수행	• 작업을 단순히 위임하는 것이 아니라, 인간과 AI의 노력이 서로 얽혀 있음 • 작업의 작은 단위를 AI와 실시간으로 주고받음
인간-AI 관계	• 각자의 강점에 따라 책임을 할당하는 '분업' 관계	• AI와 긴밀하게 협력하며 '통합'된 관계
예시	• 컨설턴트가 자신이 강점이 있는 작업은 직접 수행하고, AI가 잘 처리할 수 있는 작업은 AI에 넘김	• 저자가 글쓰기 중 막혔을 때, AI에 문단 재작성을 위한 10가지 옵션을 요청하여 아이디어를 얻음

2025년 11월 현재 인공지능의 거품에 대한 우려가 커지는 상황이긴 한데, 이는 투자 관점에서 보는 것에 불과하다. 장기적인 관점에서 인공지능은 지속적으로 발달될 것으로 보인다. 기술 전문적인 내용을 아래 문단에 몰아서 나열했다. 생소한 용어와 개념이 등장하므로 독자는 잠시 숨을 참고 읽어 주기 바란다. 숨 가쁜 인공지능의 발달 현황을 단순 나열한 것으로, 독자가 향후 관련 지식을 탐색하기 위한 진입점으로 활용할 수 있기를 바란다.

프롬프트 엔지니어링의 발달로 LLM을 체계적으로 활용할 수 있는 기법이 늘었다. 사고 연쇄 기법 Chain of Thought, 생각의 나무 Tree of Thought, 자체 일관성 검증 Self Consistency, 반복 추론 활동 ReAct 등 다수의 프롬프트 엔지니어링 기법은 현재 수준의 LLM을 효율적, 효과적으로 사용할 수 있도록 한다. 인공지능의 성능을 높이면서도 경량화하기 위한 Mixture of Experts MoE와 양자화 기법도 상당한 성공을 거두고 있다. 인공지능의 구조에 내재된 환각 Hallucination 의 문제와 실시간 정보를 반영하지 못하는 문제를 극복하기 위한 AI Agent와 AI Orchestration은 새로운 차원에서 논의되고 있다. 더 높은 수준의 AI Agent를 위한 AI Agent Foundation Model에 대한 논의도 체계적으로 진행되고 있다[19]. 2016년 공식적으로 종료되었던 무어의 법칙이 물질 혁명으로 2030년 중반 다시 재개될 가능성이 있다는 보고서를 독일 연방정부에서 출간했다. 실리콘의 컴퓨터와 뇌세포를 연결한 하이브리드 컴퓨터와 인공지능에 대한 연구가 실험실 수준에서 진행되었다[20]. 양자 기계학습은 인공지능 학습 비용을 획기적으로 줄이며 복잡한 시뮬레이션을 효율적으로 수행할 수 있을 것으로 기대된다. 이들 기술 하나하나는 언제 충분히 성숙할지, 경제성은 어느 정도로 확보할지에 대해서는 불확실성이 존재한다. 그러나 다양한 기술이 경쟁적으로 등장함에 따라 인공지능이 점진적으로 착실하게 발전할 것임에는 틀림없다.

프롬프트 엔지니어링 기법의 종류

기존 프롬프트 엔지니어링 기법을 종합한 결과 현재까지 상세하게 분류하면 현재까지 80여 개의 기법이 식별되었다. 이들 기법의 일부를 나열하면 본문에서 제시한 4개 기법 이외에 Few Shot, RAG, Multi Persona, Tool Augmented Prompting 등이 있다.

그런데 인공일반지능AGI이나 초지능이 조만간 기술적으로 구현 가능할 것이라는 주장은 아니다. 일단 인공일반지능에 대한 정의가 매우 다양하다. 인공일반지능에 대한 정의가 학자마다 다르므로, 백인백색이라는 수사학적 표현은 과장이 아니다. 따라서 누군가 AGI를 이야기한다면, 먼저 그에게 그가 생각한 AGI의 정의를 물어야 한다. 《특이점이 온다》라는 책으로 유명한 레이 커즈와일 Ray Kurzweil은 2045년경 초지능이 달성될 것이라 주장했으나, 그의 주장에 대해서는 다양한 비판이 있다. 그는 지나칠 정도의 기술 낙관주의를 보인다. 기술로 모든 문제를 해결할 수 있다는 주장은 순진하거나 사악한 것으로 평가해야 한다. 매클루언의 말을 빌리자면, "기술적 바보의 무감각한 입장"에 지나지 않을 것이다[21].

인공일반지능을 구현하기 위한 알고리즘을 전방위적으로 탐색한 《마스터 알고리즘》의 저자 페드로 도밍고스 Pedro Domingos는 2023년 포브스 Forbes와의 인터뷰에서 AGI의 도래 시기를 '10년 이후, 1,000년 이내'라는 상징적인 답을 했다[22]. 필자는 AGI를 인간 정도의 범용 지능을 지녔으며, 적어도 겉으로 보기에는 의식이 있는 것처럼 보이는 인공지능으로 정의해야 한다고 생각한다. 그런 인공지능이 기술적으로 가능한지, 기술적으로 가능하다 하더라도 경제적으로 타당한지 필자는 아직 모르겠다. 다시 말하지만 이 글은 AGI가 도래할 것이며 외장 지능이 새로운 패러다임으로 진화할 것이라는 주장을 하려는 것은 아니다.

어떻든 인공지능의 발달은 인간의 증강 지능 발전을 의미한다. 이에 따라 인간은 지혜의 여신 아테네와 무한히 가까워질 것이다. 아테나 여신의 삶의 방식은 인간과 다르다. 신의 지능에 가까워진 인간의 사회 구조, 교육 방식, 삶의 의미도 이전과 같을 수 없다. 그런데 이는 유토피아가 아닐 수 있다. 인공지능의 외투를 걷어 내면 그 속살은 말랑말랑하고 영혼은 연약한 바보 인간 호모 모로스가 웅크리고 있을 가능성과 개연성이 아주 높다.

Homo Moros
– 생각을 외주화한 인간종의 등장 –

매사추세츠공과대학교 연구진, 카네기멜런대학교와 마이크로소프트 공동 연구진, 스위스 비즈니스 스쿨 연구진의 연구 결과가 동일했다. 생성형 인공지능에 노출될수록 인지 능력이 저하하고 비판적 사고 역량이 낮아진다는 것이다. 단적으로 말하자면 인공지능을 사용할수록 바보가 된다는 것이다. 인지 능력 및 비판적 사고 역량 저하는 IQ, 감성 지능, 문제 해결 능력, 창의성, 의사 결정 역량, 정보 평가 역량, 독립적 사고 역량, 메타인지 역량에 영향을 미친다.

매사추세츠공과대학교 미디어랩의 연구진에 따르면, 에세이 작성 시 AI 보조 도구를 사용한 그룹과 그렇지 않은 그룹을 비교한 결과, AI 사용자 그룹에서 '인지 부채 cognitive debt'가 축적되는 현상이 나타났다[23]. 인지 부채란 인간이 정보 처리, 기억, 판단, 창의적 사고 등 다양한 인지 기능을 인지 부하 전가 기술에 반복적으로 의존하면서 누적되는 인지 저하 현상을 의미한다. 더 심각한 것은, AI 사용을 중단한 후에도 이러한 부정적 영향이 지속되어, 뇌의 신경망과 사고 패턴 자체에 변화를 일으킬 수 있다는 것이다. 이는 뇌의 가소성 때문이다. 사용하지 않는 사고 회로는 문자 그대로 약화되고 폐쇄된다.

인간의 뇌는 생존 전략으로 높은 가소성을 채택했다. 가소성이란 뇌가 학습, 경험 및 손상 등과 같은 외부 자극에 반응해 그 구조와 기능을 스스로 변화·적응하는 신경계의 유연성을 뜻한다. 가소성은 뉴런 사이의 연결 강도 변화, 기존 회로의 재편성, 불필요한 연결의 소멸, 새로운 연결 생성 등 다양한 형태로 나타난다. 이 뇌의 가소성은 모든 동물에게 나타나지만, 인간에게는 언어·추론·고차원적 사고 등 고유의 복잡성과 장기적 학습이 가능하도록 뇌의 가소성 범위와 수준이 매우 크다는 점에서 다른 동물과 차이가 있다.

카네기멜런대학교와 마이크로소프트의 공동 연구진이 생성형 AI가 '비판적 사고'에 미치는 영향을 2025년 발표했다. 이 연구 보고서에 따르면 AI에 대한 신뢰가 높을수록, 비판적 사고에 들이는 노력이 감소한다. AI는 비판적 사고를 없애는 대신 그 '본질'을 바꾼다. 인간의 역할은 '문제 해결'에서 'AI 응답의 검증 및 통합'으로 축소된다. 우리는 생각의 '저자'에서 '편집자'로 격하된다[24].

인공지능의 발달에 따라 증강 지능은 늘어날 것이라는 데는 큰 의문이 들지 않는다. 그러나 그 외투를 벗어 낸다면 인간 본연의 지능은 줄어들 것이다. 인지 부하 전가 기술은 꾸준히 인간의 특정 능력을 줄이고 남는 인지적 여유를 다른 역량을 높이는 데 활용했다. 문자는 기억력을 줄이고, 내비게이션이 없으면 길을 찾기 힘들며, 정보 기술은 글과 책을 숙독Deep Reading하는 능력을 줄였다. 문제는 인공지능이 인간으로 하여금 생각하고 고민하고 의심하는 활동을 줄이게 할 것이다.

인지 부하 전가 기술로 인해 플린 효과가 지속될 것이라고 낙관적인 전망은 흔한 '낙관 편향'에 불과하다. 플린 효과가 거꾸로 적용되는, 즉 특정 지역의 인간의 IQ가 낮아지는 역 플린 효과가 발견됐다. 미국, 영국, 독일, 프랑스 등 선진국의 경우 1970년대 이후 출생자의 IQ가 하락하고 있는 현상이 관찰되었다. 한 연구에 따르면 1889년부터 2004년까지 약 115년간 서유럽 남녀에 대한 뇌 반응 속도를 측정 분석한 결과 IQ가 약 14포인트 하락한 것으로 해석된다[25]. OECD 국가 PISA 점수가 2012년경에 정점을 찍고 이후 정체 또는 하락 추세를 보인다[26]. 아직 한국이나 일본 등 동아시아 국가에서 적어도 아직까지는 역 플린 효과가 관찰되지 않는다. 그러나 동양인의 뇌와 서구 백인 뇌는 다르지 않다. 생성형 인공지능의 사용과 교육 환경 등의 변화 등으로 역 플린 효과가 동아시아에서도 나타날 가능성은 낮지 않다. 현재 상태가 지속되면 한국도 역 플린 효과가 나타날 것으로 보는 것이 합리적일 것이다.

바보 인간으로 가는 길은 특별히 나약하거나 게으른 사람에게만 열려 있는 것이 아니다. 그것은 '너무나 인간적인' 본성에 가깝다. 인간의 뇌는 본질적으로 '인지적 구두쇠Cognitive Miser'다. 뇌는 신체에서 가장 많은 에너지를 소모하는 기관 중 하나이며, 생존을 위해 가능한 한

'덜 생각하려는' 경향을 갖도록 진화했다. 즉 복잡한 문제를 깊이 사유하며 에너지를 고갈시키기보다, 직관이나 휴리스틱이라는 지름길에 의존해 에너지를 아끼려 한다. 과거의 인지 부하 전가 기술은 생각을 '돕는' 도구로, '생각하는 주체'인 인간을 도왔다. 문자를 읽고 비판하는 것은 고된 노동이었고, 컴퓨터로 검색하는 것 역시 최종 판단은 인간의 몫이었다. 하지만 외장 지능은 다르다. AI는 '추론과 판단' 자체를 대신 수행하여 '정답처럼 보이는 것'을 즉각 제공한다. 이는 '인지적 구두쇠'인 뇌에게 거부할 수 없는 유혹이다. AI에 의존하는 것은 우리의 뇌가 자신의 본성인 '효율성 추구'에 지극히 충실한 결과다. 호모 모로스는 타락이 아니라, 어쩌면 가장 인간적인 귀결일 수 있다.

인류사에서 빛나는 지성을 스스로 죽이고 지성의 암흑기로 자발적으로 들어간 사례가 없지 않다. 4세기 말 세계 최대 도서관이었던 알렉산드리아 도서관을 광신자 집단이 방화했다. 그 20여 년 후 당대의 지성이었던 **히파티아**Hypatia를 광신도가 살해했다. 이로써 고대의 지성과 관용이 사라지고 중세의 암흑기로 들어섰다. 호모 모로스의 등장은 새로운 암흑기의 전조일 수 있다. 외장 지능으로 인한 증강 지능은 뛰어나나 그 속살은 연약하고, 그 영혼은 나약한 호모 모로스가 지성과 성찰

히파티아

히파티아는 고대 이집트 알렉산드리아에서 활동한 여성 철학자·수학자·천문학자로, 서기 4~5세기 지중해 세계에서 가장 존경받던 지성인이었다. 히파티아의 영향력은 알렉산드리아의 기독교 세력, 특히 총대주교 키릴루스Cyril와 긴장 관계를 형성했다. 수년간 진행된 종교 갈등·정치적 암투 속에서, 415년 3월 사순절 기간, 광신적 기독교인 폭도가 그녀를 마차에서 끌어내 교회로 끌고 갔다. 그들은 히파티아의 옷을 모두 벗기고 손발을 묶은 뒤 날카롭게 간 굴 껍데기나 기와 조각으로 피부를 산채로 벗겨내 살해하고, 시신은 갈가리 찢겨 거리로 끌고 가 불태웠다. 이후 중세 암흑시대가 본격적으로 시작했다. 당시의 종교적 이념적 광신은 현재의 기독교, 이슬람교, 이데올로기 등에 여전히 남아 있지 않을까?

을 유지하기 어려울 수 있기 때문이다. 알렉산드리아를 방화하고 히파
티아를 살해했던 광신도에게는 성찰과 비판적 사고를 찾기 어려웠을
것이다. 비판적 사고와 성찰이 부족한 인간종은 또다시 알렉산드리아
에 불을 지르고 히파티아를 살해하는 것이 그리 어렵지 않을 것이다.

호모 모로스가 지배하는 미래를 영화 〈이디오크러시 Idiocracy 〉로 비
춰볼 수 있다. 이 영화는 2006년에 개봉한 SF 블랙코미디 영화로 '바
보'를 의미하는 'Idiot'과 '통치'를 의미하는 'Cracy'의 합성어다. 영화에
서는 바보가 지배하는 사회가 된 이유를 지능이 낮은 사람은 아이를
많이 낳고, 지능이 높은 사람은 아이를 적게 낳으면서 인류 전체의 지
능지수가 낮아진 것을 든다. 영화적 상상력이다. 어떻든 호모 모로스
가 등장한 원인과는 다르지만, 결과는 다르지 않을 것으로 상상한다.

호모 모로스가 지배하는 국가는 새로운 신분 질서의 등장, 극단적
경제적 격차, 이에 따른 기대수명 격차, 정서적 양극화와 사회적 불안
정성을 보일 것이다. 지능지수와 민주주의 지수 간에는 통계적 상관
관계가 존재한다.

그렇다고 인공지능의 사용을 막을 수 없다. 앞에서도 언급했듯 인
공지능은 인지 부하 전가 기술로 사회의 복잡성 증가에 대응한 기술
이기 때문이다. 이를 사용하지 않는 경우, 우리는 복잡성을 줄이는
방향, 즉 진보를 포기해야 한다. 인간의 욕망으로 보아 가능할 것 같
지 않다. 증강 지능으로 성과가 올라간 인류가 외장 지능인 인공지능
을 포기하기 어려울 것이다. 100미터 달리기에서 9.58초의 세계 기록

을 가진 우사인 볼트는 경기장에 가기 위해 비행기와 자동차를 타지 않는가?

산업 사회를 넘어서 디지털 사회가 되니, 인간이 몸을 쓸 일이 줄어들면서 건강과 몸짱이 되기 위한 헬스 센터가 생겼다. 자동차와 비행기를 타고 다니나, 건강과 육체의 아름다움을 높이기 위해 별도의 시간을 내어 운동을 하는 것이다. 완전 자동화된 멋진 세계에서 운동하지 않아 초고도비만이 평균이 된 '월-E WALL-E'의 세계에서 벗어나기 위해서는 운동이 필요하다. 마찬가지로 호모 모로스의 함정에서 벗어나기 위해서는 별도의 브레인 헬스 센터가 필요하다. 새로운 교육기관이 생겨야 할 필요를 말하는 것은 아니다. 기존 교육 시스템이 변혁적 전환이 필요함을 강조하는 것이고, 그 변화 방향은 DIKW 체계로 탐색할 수 있다.

Homo Sophos
- 지혜로운 인간종의 등장 -

DIKW는 데이터 Data, 정보 Information, 지식 Knowledge, 지혜 Wisdom의 두 문자로 만들어진 합성어다. 정보공학에서부터 지식 경영과 교육 분야 등에서 광범위하게 활용된다. DIKW 피라미드는 흔히 데이터에서 지혜까지의 피라미드 층이 올라가면서 가치가 증가하는 것을 나타내는

데, 그 용어의 창시자로 알려진 아코프 Ackoff의 생각은 달랐던 듯하다. 아코프는 컴퓨터를 통해 정보, 지식, 이해를 생성할 수는 있으나, 지혜를 생성하는 것은 불가능할 것으로 보았다. 지혜는 인간과 컴퓨터를 구별하는 핵심 특성이며, 교육 시스템은 지능의 개발만큼 지혜의 개발에 비중을 두어야 한다고 주장했다[27].

DIKW 용어의 창시자는 아코프이지만, 그 기원은 T. S. 엘리엇의 1934년 작 '바위로부터의 합창'까지 거슬러 올라간다[28]. 아래 시의 일부를 옮겼다.

> 우리의 모든 지식은 우리를 무지에 가깝게 하고,
> 우리의 모든 무지는 우리를 죽음에 가깝게 한다.
> 죽음에 가까워졌다고 신에 더 가까워지지는 않는다.
> 살면서 어디에서 삶을 잃었는가?
> 지식을 얻으면서 어디에서 지혜를 잃었는가?
> 정보를 얻으면서 어디에서 지식을 잃었는가?
> 2000년 동안 천국의 순환은
> 우리를 신에게서 멀어지게 하고 티끌에 더 가깝게 한다.
> — T. S. Eliot, 〈바위로부터의 합창〉 중, 윤기영 번역 —

엘리엇은 지식을 얻으면서 우리가 지혜를 잃었다고 주장한다. 이 시가 종교 시이기는 하나, 지식만을 추구하다 지혜를 잃은 현대인을 거울처럼 비춘다.

21세기에 지혜를 주장하는 것은 생경하거나, 엉뚱하거나, 남의 다리를 긁는 소리 같거나, 낡은 이야기로 들릴 수 있다. 그런데 적어도 낡은 이야기는 아니다. 두바이 미래 재단은 2022년부터 매년 미래 기회를 탐색하는 《Global 50 Report》를 발간하고 있는데, 2024년 보고서에서 50가지의 미래 기회 중 하나로 '지혜를 위한 학교'를 들었다. 미래 기회란 바람직한 미래를 만들 수 있는 미래 시그널을 의미한다. 이 책의 제목을 구성하는 '시그널'이 바로 이 미래 시그널을 뜻한다.

미래 시그널인 '지혜를 위한 학교'의 구체적 증거로 최근 발달 심리학의 '지혜'에 대한 논의 등을 들었다. 지혜는 주로 발달 심리학에서 다양하게 논의되고 있다. 지혜에 대한 핵심 주장은 지혜는 키울 수 있고, 측정할 수 있다는 것이다. 이는 교육의 대상이 될 수 있고, 진한, 취업, 평가 등의 기준이 될 수 있다는 의미다.

지혜에 대해서는 다양한 정의가 있다. 시카고대학교의 실천적 지혜 센터가 내린 '실천적 지혜를 우리의 결정이 타인에게 미치는 영향을 이해하고, 가치를 지향하는 것'으로 정의한다[29]. 베를린 지혜 패러다임에서는 지혜를 '삶의 근본적인 실제에 대한 전문가적 지식'으로 정의한다[30]. 지혜 균형 이론은 '개인적, 대인관계적, 초개인적 사회적 이익 사이의 균형을 통해 공공의 선을 달성하기 위해 가치관에 의해 매개되는 성공적인 지능과 창의성의 적용'으로 정의했다[31]. 이들 정의를 보면 지혜의 구성 요소를 지식, 전체를 보는 시각, 선량함 등으로 구성된다. 지혜의 3차원 구성 이론은 지혜의 구성 요소를 인지적, 성찰적, 정서적 요인으로 나누었다[32]. 다양한 문화권에서 지혜를 추구하고 있으므로, 비교언어학으로 지혜의 구성 요소를 분석할 수 있다. 이를 통해 찾아보니 지혜는 지식, 전체를 보는 시각, 메타인지, 선량, 실천을 뜻하는 경우가 많았다[33]. 결론적으로 필자의 견해는 지혜의 3차원 구성 이론과 큰 차이가 없다.

지식은 지혜의 바탕이 되나, 지식은 지혜가 아니다. 그러나 많은 문명권에서 지식이 지혜가 된 이유를 짐작할 수 있다. 비유적 예를 들어 보겠다. 아프리카의 건기에는 물이 부족하기 때문에 나이든 암컷 코끼리Matriarchs는 무리의 생존에 결정적인 역할 담당한다. 암컷 코끼리는 기억력이 뛰어나 수년 또는 수십 년 전에 방문했던 물웅덩이의 위치를 기억해 무리를 가뭄 때 식수원으로 안내할 수 있다. 여러 세대에 걸쳐 전해 내려온 이 기억력은 가뭄이나 물 부족 상황에서 생존에 필수적이 된다. 이런 사례는 구술 사회와 문자 사회의 노인에게서 흔히 찾을 수 있다. 노인은 경험과 지식의 보고였다. 공동체의 생존을 위해 노인의 경험과 지식은 지혜가 된다. 그러나 지식과 경험이 많다고 지혜롭다고 할 수 있을까? 노인보다 지식이 많아진 청년에게 지식이 부족한 노인을 지혜롭다고 여기기 위해서는 지식을 넘어선 지혜가 필요하다.

마틴 슈크렐리Martin Shkrelis는 한 제약사의 창업자로 2015년 심각한 신경계 증상을 일으키는 톡소플라스마증 치료제인 다라프림 독점권을 획득했다. 독점권을 확보한 후 그는 한 알 가격을 13.50달러에서

750달러로 약 5,500% 인상하여, 그가 보유한 회사는 연간 5,500
만~7,400만 달러의 이익을 더 얻었다. 회사가 추가로 얻은 이익의 대
부분은 슈크렐리의 통장으로 들어갔을 것으로 보인다. 이 슈크렐리를
똑똑하다고는 할 수 있겠으나, 지혜롭다고 할 수 있을까? 그를 똑똑하
다고 할 수도 없겠다. 그는 금융 사기 혐의로 유죄 판결을 받아 징역 7
년 형과 벌금, 자산 몰수 등 다양한 법적 처벌을 받았기 때문이다.

지식 반감기가 단축되고 있음도 감안해야 한다. 외장 지능 시대에도
개인의 생산성은 여전히 중요할 것이며, 이는 전문 분야의 깊은 지식을
요구할 것이다. 그러나 인공지능이 발달할 수록 전문 지식의 반감기는 빠
르게 줄어들 것이다. 20세기 초 공학 분야 지식의 반감기는 40년을 넘었
으나, 20세기 말에는 10여 년으로[34], 2013년에 발간된 논문에서는 대학
에서 배운 지식의 반감기는 6년에 불과하다[35]. 인공지능 시대에 그 기간
은 훨씬 줄어들 것이다. 지식을 넘어선 지혜가 필요한 이유이기도 하다.

지혜는 궁국적으로 실천으로 이어져야 하나, 예술과 공학 등도 실
천으로 이어져야 하므로 고유성이 낮다. 따라서 지혜의 구성 요소를
앞에서 언급한 삼대 요소로 일단 정의하고, 각 구성 요소에 대해 간
략하게 논의하겠다.

전체를 보는 시각은 세상은 모두 연결되고 이어져 있다는 생각에
기반한다. 이를 위한 프레임은 다양하다. 시스템 사고[36], 격자 정신
모델[37], 다중 인과 계층 분석[38], AQAL All Quadrant, All Level[39] 등이 있

다. 이들 프레임은 상보적이며, 대립적이지 않다. 이들 중에 시스템 사고가 가장 기본이 된다.

시스템 사고는 복잡한 현상이나 문제를 단순하게 분해된 개별 요소로 바라보는 것이 아니라, 전체적인 구조와 이 요소들 간의 상호작용, 피드백, 인과관계를 총체적으로 파악하는 사고방식이다. 즉 하나의 시스템을 구성하는 다양한 부분들이 어떻게 서로 연결되어 있는지, 변화가 전체에 어떤 파급 효과를 미치는지, 시간에 따라 어떤 동태적 변화가 일어나는지를 중시한다. '브라질에 비가 내리면 스타벅스 주식을 사야' 하며, 팔당댐을 건설하게 되면 강남의 땅을 매수해야 한다. 인구의 증가와 세계화가 코로나 바이러스로 세계적으로 약 700만 명이 사망했으며, 오늘의 해외여행이 내일의 기후 변화로 인한 식량 위기로 다가올 수 있다. 모든 것은 연결되어 있으며, 어떤 것은 순환적 재귀의 구조를 지닌다.

시스템 사고와 관한 내용은 도넬라 메도우 Donella Meadows 박사가 '시스템과 춤을'에서 제시한 14개 가이드라인 중 일부로 갈음하겠다[40]. 다음 옮긴 글의 번호는 원문의 순서를 따랐다.

1. 시스템의 리듬을 맞추라.
3. 정신 모델 Mental Model을 드러내라.
4. 겸손한 자세를 유지하라. 학습자로서의 자세를 유지하라.
6. 시스템에서 책임을 찾으라.
7. 피드백 시스템을 위한 피드백 정책을 만들라.
8. 정량화할 수 있는 것뿐만 아니라 중요한 것에 주의를 기울여라.

10. 장기 미래를 전망하라.

11. 사고의 지평을 넓히라.

13. 복잡한 것을 기뻐하라.

　　메타인지는 스스로를 인식하는 것을 의미한다. 자신이 무엇을 알고 무엇을 모르는지, 어떤 방식으로 생각하거나 문제를 해결하는지, 그리고 그 과정을 어떻게 조절하고 개선할 수 있는지를 관찰·평가·통제하는 정신적 능력 또는 자기 인식 능력이 메타인지다. 그리스 델포이 신전에 써 있었던 "너 자신을 알라"가 메타인지의 상징이다. 메타인지는 스스로를 성찰하기 위한 기본이 된다. 메타인지는 자신의 인지 과정을 한 단계 위에서 관찰·평가·조절하는 능력이며, 성찰은 자신의 생각, 감정, 행동, 경험을 깊이 있게 되짚고 반성하는 과정으로 상호 강화 작용을 일으킨다. 공자가 "아는 것을 안다고 하고, 모르는 것을 모른다고 하는 것, 이것이 곧 아는 것"이라 할 때 아는 것은 메타인지를 전제로 한다. 한국 불교 선정의 화두인 '이 뭐꼬'가 메타인지적 성찰을 의미한다. 불교의 참선은 메타인지 훈련을 위한 방법의 하나다. 소크라테스의 산파법으로 메타인지를 키울 수 있다. 비판적 사고 역량은 근본적으로 스스로를 향한 것으로 메타인지와 연계된다. 메타인지의 함양은 일종의 체육 훈련과 같다. 메타인지 근육을 끊임없이 훈련해야 한다. 한국 사회의 Z 세대를 포함하여 많은 나라의 Z 세대가 풍선껌처럼 부풀어진 자의식을 가진 이유는[41] 체계적으로 메타인지와 성찰을 가르치지 못하고 키우지 못한 결과다. 요즘 '나는 반딧불'이라는 노래가 유행하는 데, 부풀어진 자의식을 되돌아보게 하는 메타인지적 노래로 여겨진다.

많은 문화권이 지혜에 선량함을 요구한다. 성리학의 사단인 인의예지仁義禮智 중 인의예가 선량함에 해당한다. 인이 불쌍하게 여기는 마음, 의가 악한 것을 미워하는 마음, 예가 다른 사람에게 사양하는 마음을 의미하므로 선량함을 세분화시킨 것이다. 선량함이란, 즉 착함이란 공감 능력을 뜻한다. 공감 능력이란 타인과 공감하는 능력이다. 문제는 공감의 범위다. 한나 아렌트Hannah Arendt가 '악의 평범성'의 개념을 제시하면서 사례로 든 나치 전범 아이히만은 평범한 소시민이었다. 그의 공감의 범위는 개인적 지근 거리를 벗어나지 못했다[42]. 악은 사이코패스나 소시오패스에게만 있는 것이 아니라, 공감 능력의 범위가 가족, 자기가 속한 사회, 국가를 넘지 못할 경우 일어난다. 따라서 공감은 가능한 한 인류, 지구에 있는 모든 생명체로 확장될 수 있어야 한다. 철학 교수인 마사 누스바움Martha Nussbaum은 "정의로운 사회가 지속되기 위해서는 이성적 원칙만으로는 부족하며, 시민들의 감정적 지지, 특히 사랑이 필요하다"라고 주장했는데, 여기서 사랑이란 적극적으로는 애국심을, 소극적으로는 선량함을 의미한다[43].

전체를 보는 시각, 메타인지 및 선량함이 서로 융합했을 때 우리는 이를 지혜라고 부를 수 있다. 아프리카 반투어 단어인 우분투Ubuntu는 '다른 사람이 존재함으로써 내가 존재한다'는 의미를 지닌다. 시스템 사고와 공감 능력 기반의 선량함을 담고 있다. 이 우분투 사상에 기반하여 용서와 화해로 불가능할 것 같았던 남아프리카의 가능성을 만들어 낸 넬슨 만델라는 지혜롭다고 할 수 있지 않을까?

어떻게 지혜를 키울까?

1986년, 워싱턴 D.C.에서 열린 수학 교사 전국 위원회 National Council of Teachers of Mathematics 회의에서 일부 교사가 초등학생이 계산기를 사용하는 것을 반대하는 시위를 벌였다. 이들 수학 교사는 기술의 발전을 수용하지 못하는 러다이트가 아니다. 물론 19세기 초의 러다이트도 전문 기술자였다. 그들은 단순히 기술 발전을 반대하는 사람이 아니긴 했다[44]. 당시 이 시위에 참여한 수학 교사는 초등학교 아이가 수리적 정신 역량을 키우기 위해서는 계산기를 사용하지 않아

[그림 2] 수학 교사가 초등학생의 계산기 사용 금지를 촉구하는 시위

야 한다고 주장했다. 현재 미국의 경우 초등 3~5학년에서는 계산기를 사용할 수 없고, 중등 6~7학년에서는 가감승제 4기능 계산기를 사용할 수 있으며, 대수학 및 기하학에서는 **그래핑 계산기가 권장된**다. 고등학교 수업의 경우 대부분의 고등학교 수학 수업에서 계산기를 사용

그래핑 계산기
함수나 방정식의 그래프를 직접 그릴 수 있는 고급 계산기

하지만, 특정 기능이 있는 계산기는 제한된다. 우리나라 수능시험에 해당하는 미국의 SAT 시험에서는 학생은 자신의 계산기를 가져올 수 있으며, 다른 수험생과 공유는 불가능하다. 우리나라의 경우에도 미국과 유사하나, 다만 수능 시험에서 계산기 사용은 금지된다.

저학년에서 인공지능을 사용하는 것도 제약이 있어야 하지 않을까 한다. 스스로 생각하는 힘과 고민하는 역량을 키우기 위해서다. 고학년에서는 시스템 사고와 비판적 사고 및 창의력을 높이기 위한 학습과 사고 훈련이 집중되어야 한다. 학교에서는 공감 능력과 갈등 관리 능력을 키우야 한다. 메타인지 능력을 체화할 수 있는 교육, 훈련, 실습이 병행되어야 한다. 지혜 교육과 훈련은 정규 교육과정에만 있는 것이 아니라 평생 교육과정에도 있어야 한다.

이런 주장이 새롭지 않으나, 실천적 목소리를 갖추기 위해서는 상당한 사회적 합의와 시간이 필요할 것이다. 그래서 필자의 의견에 부분적으로 의견이 일치하는 주장이 있다면 반갑고 고맙다. 인공지능 시대에 교육 체계가 시스템 사고와 전체적 사고 및 비판적 역량을 키워야 한다는 주장을 담은 책이 최근 출간되어 힘을 얻었다[45].

지혜는 키울 수 있고 측정할 수 있다. 지혜는 취업, 승진, 채용, 진학 등을 위한 기준 전체 혹은 일부로 만들어야 한다. 능력이 있으나 지혜롭지 않은 자가 조직과 사회에 해악을 미치는 사례는 차고 넘친다. 그럼에도 우리가 이 악순환에서 빠져나오지 못하는 것은 관행이나 지식 사회 탓만 해서는 안 된다. 머리만 똑똑한 재수 없는 마틴 슈크렐리가 하급자, 동료, 상급자로 있는 것은 상상만 해도 끔찍한 결과를 낳지 않겠는가? 현재 우리의 평가 시스템은 마틴 슈크렐리와 같은 사람을 낳는 시스템이 아니라고 할 수 있을까?

호모 데우스, 호모 모로스 및 호모 소포스를 제안했는데, 이는 단순히 지능을 기준으로 한 인간종의 출현을 전망하는 데 그치지 않는다, 우리 인류의 미래에 대한 전망이기도 하다. 인간종이 사라진다고 지구가 망하는 것이 아닌 것처럼, 호모 모로스가 지배한다 하더라도 인류가 멸망하지는 않을 것이다. 위험하고 조마조마하며 가혹한 역사적 그늘이 지나면 새로운 시대가 열릴 것이다. 그러나 그런 굴곡을 벗어날 길이 있다면 굳이 역사적 그늘 밑에서 바람과 추위에 떨 필요는 없지 않겠는가?

이를 위해서는 지혜 교육과 평가가 우리 사회의 토양에서 발아하고 뿌리를 깊게 해야 한다. 모든 것이 그렇든 거대한 강은 작은 시냇물에서 시작하며, 거대한 변화는 미세한 움직임에서 비롯되고, 미래의 변화는 현재의 엉뚱한 것에서 출발한다. 필자와 독자가 그 작은 시냇물, 미세한 움직임, 엉뚱한 생각을 품은 변화의 씨앗이 되기를 꿈꾸고 바란다.

미래세대를 위한 세대 간 정의

OCU SMART AI 경영학과 객원교수 **민재명**

> 미래는 이미 결정되고 있다. 기후, 재정, AI가 낳는 세대 간 정의 문제에 지금 즉시 대응해야 한다. 특히 청년과 AI 네이티브에게 부담을 전가하는 구조를 세대 영향 평가로 조정해야 한다.

세대 간 정의란?

2030년에 한 아이가 태어난다고 상상해 보자. 그 아이가 중·고등학교와 대학을 거치고, 첫 직장을 얻고, 집을 구하고, 가족을 꾸릴 즈음의 한국 사회는 이미 지금 우리가 내리고 있는 결정들에 의해 상당 부분 윤곽이 정해져 있을 것이다. 그때의 한국은 어떤 곳일까.

지구 평균 기온은 어디까지 올랐을지, 폭우·폭염 같은 기후 재난이 '뉴스 속 사건'이 아니라 삶의 일상이 되어 있을지, 국가 재정에 여유가 남아 있을지, 연금과 복지가 유지되고 있을지, 괜찮은 일자리와 교육의 문은 얼마나 열려 있을지. 이 모든 것은 '지금 세대가 남긴 흔적'에 의해 규정된다. 세대 간 정의 _{Intergenerational Justice}는 여기에서 출발한다. "오늘의 선택이 내일의 세대에게 공정한가?"라는 질문이다. 이 질문을 조금 더 체계적으로 풀어낸 개념이 바로 '세대 간 정의'다. 같은 시대 안에서 자원과 기회를 어떻게 나눌지를 따지는 정의가 '세대 내 정의' 라면, 세대 간 정의는 그 질문을 시간 축 전체로 확장해 묻는 시도다.

기후 위기는 이 개념을 가장 선명하게 드러내는 사례다. 온실가스는 오늘 배출하고 내일 사라지지 않는다. 대기 중에 수십 년 머물며 온도를 올리고, 그 결과는 뒤늦게 나타난다. 오늘 석탄과 석유, 가스를 얼마나 태우느냐에 따라 10년 뒤 청년이 살아갈 여름의 길이, 폭우의 강도, 평생토록 감당해야 할 기후 재난의 빈도가 달라진다. 그래서 기후 정책은 단순한 환경 정책이 아니라, 현 세대가 먼저 사용한 탄소예산_{인류가 쓸 수 있는 온실가스 배출 총량}과 앞으로 태어날 세대가 쓸 수 있는 탄소 예산을 어떻게 나눌 것인가 하는 세대 간 분배의 문제이기도 하다.

이 관점에서 보면 청년은 독특한 위치에 서 있다. 통계에서는 분명 '현재 인구'로 분류되지만, 구조적으로는 미래 세대에게 전가될 부담을 가장 먼저 체감하는 집단이다. 불안정한 연금, 취업난, 주거비 폭등, 학자금과 대출은 개인의 실패라기보다 과거와 현재 세대의 선택이 드러나는 시그널에 가깝다. 미래 세대에게 떠넘겨질 위험과 비용이 청년의 삶 속에서 유난히 선명하게 보이는 것이다.

이 글은 세대 간 정의라는 추상적 개념을 기후·재정·인구 구조, 디지털·AI 기술 세대, 그리고 청년 정책과 세대 영향 평가 등 세 축의 제도적 장치로 엮어 '미래 세대에 대한 책임'을 구체적인 정책 언어로 옮겨 보려는 시도다.

왜 지금 미래 세대인가?

타임머신이 있다면 우리는 아마도 2050년의 한국을 먼저 찾아갈 것이다. 그때의 인구 구조, 기후 재난의 빈도, 국가 재정과 연금의 상태, 일자리와 복지의 수준을 확인하고 싶어질 것이다. 중요한 사실은, 이 2050년의 풍경이 이미 지금부터 큰 윤곽이 그려지고 있다는 점이다.

지금 한국은 네 개의 큰 흐름이 한 지점에서 교차하는 구간에 들어섰다. 저출산, 초고령화, 기후 위기, 국가 부채 확대, 이 네 가지 흐름은 서로 독립된 문제가 아니라 서로를 증폭시키며 미래 세대의 부담을 키우는 방향으로 맞물려 있다. 아이는 덜 태어나고 사람은 더 오래 산다. 일하는 세대가 떠받쳐야 하는 부양 부담은 커지고, 복지·의료·연금 지출은 늘어나는데, 경제 성장은 둔화하고 세수 기반은 약해진다. 우리는 이 간극을 메우기 위해 점진적으로 국가 부채를 늘려 왔고, 이 부채의 이자와 상환 압박은 더 높은 세금, 더 낮은 복지, 더 줄어든 공공 투자로 돌아와 미래 세대의 선택지를 좁힌다.

기후 위기는 이 구조를 한층 더 가파르게 만든다. 오늘 몇 년 동안 얼마나 많은 온실가스를 배출하느냐에 따라, 앞으로 수십 년간의 평균 기온과 재난의 빈도가 사실상 고정된다. 농업과 식량 가격, 에너지 수급, 도시 안전, 국제 질서까지 줄줄이 영향을 받는다. 재난 대응과 인프라 복구 비용은 누적되고, 재정 여력은 점점 줄어든다. 인구 감소, 기후 충격, 재정적 압박이 겹치면 경제 기반 자체가 약해지고, 사회 전체의 '파이'가 줄어든다. 그 끝에서 가장 큰 부담을 떠안게 되는 이들은 아직 태어나지 않았거나, 태어나 있더라도 목소리를 내기 어려운 미래 세대다. 그들은 이미 경사와 장애물이 깔린 출발선 위에서 출발하게 된다.

문제는 정치와 행정의 시간이 이 구조와 맞지 않는다는 점이다. 선거는 4년, 5년 주기로 돌아가고, 정책 성과는 다음 총선과 지방선거를 기준으로 평가받는다. 반면 인구 구조·기후 시스템·국가 부채의 궤도는 10년, 30년, 50년 단위로 움직인다. 이 시간의 불일치 속에서 '지금 당장 표에 도움이 되는 선택'은 과대평가되고, '앞으로 올 세대에게 미칠 장기 영향'은 과소평가된다.

따라서 "왜 지금 미래 세대를 말해야 하는가?"라는 질문은 곧 "왜 지금 세대 간 정의의 기준을 분명히 해야 하는가?"라는 질문과 같다. 인구·기후·재정과 연금의 궤도가 완전히 굳어지기 전에 방향을 조정할 수 있는 마지막 구간에 우리가 서 있기 때문이다. 지금 기준을 세우지 못하면, 이후 세대는 이미 굳어진 궤도 위에서 좁은 선택지만을 가진 채 살아가게 된다.

세대 갈등

한국 사회에서 세대를 말하는 가장 쉬운 방식은 '꼰대 vs MZ' 구도다. 예능 프로그램은 이를 개그 소재로 소비하고, 광고는 세대 이미지를 팔고, 정치 캠페인은 '2030에게 먹히는 메시지'를 찾는 데 몰두한다. 갈등의 원인은 태도·성격·문화 취향의 차이로 설명된다.

그 사이에 정말 중요한 것들은 뒷배경으로 밀려난다. 집값과 전세금, 불안정한 고용, 연금과 복지, 교육과 돌봄처럼 세대 간 자원과 위험의 분배를 결정하는 구조적 문제는 잘 보이지 않는다. 같은 세대 안의 격차 역시 가려진다. 자산이 있는 청년과 그렇지 않은 청년, 정규직과 플랫폼 노동자, 수도권과 비수도권, 남성과 여성 사이의 간극은 'MZ' 한 단어 속에 한 덩어리로 묶여 버린다. 편리한 마케팅 용어일 수는 있지만, 정책 논의에서 쓰일 때는 세대 내부의 격차를 가리는 효과를 낳기 쉽다.

　　정치와 정책에서도 비슷한 일이 반복된다. 기후 위기, 재정·연금, 노동·주거 같은 세대 간 정의의 핵심 의제보다는 '젊은 세대가 좋아할 문구'가 더 중요하게 다뤄진다. 그 결과, 세대 영향 평가, 미래 세대 대표성, 장기 재정 규율과 같은 제도 논의는 언론과 선거의 중심에 서지 못한다. 청년 정책이 구조적 문제에 접근하지 못한 채 불만 완화에 초점을 둔 단기 처방으로 설계될수록 미래 세대에게 전가되는 부담은 그대로 남고 더 복잡해진 채 누적된다.

　　세대 간 정의를 제대로 이야기하려면, 이 상징화된 세대 프레임에서 한 발 물러나 분배 구조의 문제로 초점을 옮길 필요가 있다. '누가 더 이기적인가, 누가 더 버릇없는가'가 아니라, 어느 세대가 무엇을 더 누렸고 무엇을 남겼는지, 어떤 제도와 정책이 세대별로 다른 부담·기회·위험을 만들어 왔는지를 물어야 한다. 이 질문으로 프레임을 바꾸는 순간, 세대 갈등은 서로를 비난하는 싸움이 아니라 자원과 위험, 기회와 책임을 어떻게 공정하게 나눌 것인가를 둘러싼 세대 간 정의의 문제로 재구성된다.

디지털 이민자·디지털 네이티브·AI 네이티브 세대

세대 연구자 만하임은 세대를 "비슷한 역사적 경험을 공유하는 집단"으로 보았다. 중요한 것은 출생 연도 자체가 아니라, 어떤 사건과 환경이 형성기청소년·청년기를 둘러싸고 있었는가이다. 이 관점을 오늘의 기술 환경에 적용해 보면, 우리는 디지털 이민자–디지털 네이티브–AI 네이티브라는 세 가지 기술 세대로 사회를 다시 볼 수 있다.

디지털 이민자는 아날로그 환경에서 사회화를 마친 뒤, 성인이 되어서 인터넷과 PC, 나중에는 스마트폰을 '배워서 받아들인' 세대다. 이들에게 디지털 기술은 기존 삶의 방식을 보완·대체하는 도구에 가깝다. 디지털 네이티브는 초등학교 때부터 인터넷과 스마트폰이 일상이었던 세대다. 검색, SNS, 온라인 커뮤니티, 배달·이동 앱은 별도의 '디지털 능력'이 아니라 사회·경제·문화 활동의 기본 인프라다. 이제 등장하기 시작한 AI 네이티브는 처음부터 생성형 AI와 추천 알고리즘을 전제로 세계를 경험하는 세대다. 이들에게 정보는 '찾는 것'을 넘어, 텍스트·이미지·음악·코드를 AI와 함께 만들어 가며 학습하는 소재다.

인터넷·스마트폰·AI는 각 세대의 결정적 형성 경험이다. 어떤 세대는 인터넷 이전/이후의 단절을, 어떤 세대는 스마트폰 이전/이후의 단절을, 또 다른 세대는 AI 이전/이후의 단절을 몸으로 겪는다. 이 경계는 단순한 기술 활용 능력의 차이를 넘어, 시간과 공간을 감각하는 방식, 타인과 사회를 인식하는 기본 틀 자체를 갈라놓는다.

오프라인 공동체와 제도 중심의 신뢰에 익숙한 세대와 플랫폼·실시간 피드백·알고리즘이 짜 놓은 타임라인 속에서 세계를 보는 세대는 같은 사건을 보고도 전혀 다른 현실을 살게 된다.

이 기술 세대 구분은 정보·데이터 권력의 불균형과 직결된다. 디지털·AI 네이티브 세대는 하루에도 수십, 수백 개의 데이터 흔적을 남기며 플랫폼의 연료가 된다. 그러나 그 데이터를 어떻게 모으고 어떤 알고리즘으로 가공할지, 어떤 규칙 속에서 다시 돌려줄지를 결정하는 권력은 대체로 다른 세대, 혹은 극소수 기술·자본 엘리트에게 집중되어 있다. 디지털 이민자 세대는 이 구조를 충분히 이해하지 못한 채 규제와 제도 설계의 열쇠를 쥐고 있고, 디지털·AI 네이티브 세대는 구조를 몸으로 체감하지만 정치·제도적 대표성은 약하다. 데이터를 가장 많이 제공하는 세대가 데이터 거버넌스에 가장 적게 관여하는 역설이 만들어지는 셈이다.

이 구분은 연령과 완전히 겹치지도 않는다. 50대라도 일찍부터 네트워크와 코드를 일상 언어로 익힌 사람은 디지털 네이티브에 가깝고, 20대라도 지역·계층·교육 격차로 인해 여전히 '디지털 이민자'에 가까운 위치에 머무를 수 있다. 즉 디지털·AI 세대 구분은 나이 표가 아니라, 누가 어떤 기술 인프라와 데이터 구조 안에서 청년기를 보냈는가의 문제다.

세대 간 정의를 논의할 때 이제 우리는 기후·재정뿐 아니라, 인터넷·스마트폰·AI가 만든 정보·데이터 권력의 불균형과 그 속에서 세대별로 달리 배분되는 선택과 책임을 함께 다뤄야 한다. 정보·데이터 구조를 설계할 때 어느 세대의 이해가 반영되는지가 21세기 세대 간 정의를 좌우하는 핵심 변수다.

청년은 현재 세대인가, 미래 세대인가?

세대 간 정의의 관점에서 볼 때 청년은 늘 경계에 서 있다. 행정과 통계에서는 청년이 분명 '현재 인구'다. 선거권을 갖고, 세금을 내고, 노동시장에 참여하며, 이미 지금 사회를 떠받치는 축 가운데 하나다. 동시에 청년은 구조적으로 '미래 세대의 얼굴'이기도 하다. 지금 설계되고 있는 연금·재정·기후·데이터 제도는 앞으로 수십 년 동안 이들의 삶을 지배할 것이고, 그 결과가 가장 먼저, 가장 오래 드러나는 집단이 바로 오늘의 청년이다.

기술의 관점에서 보면 이 위치는 더 독특해진다. 오늘의 청년은 대체로 디지털 네이티브이면서, 곧 AI 네이티브가 될 첫 세대다. 초등학교 때부터 인터넷과 스마트폰을 자연스럽게 사용해 온 세대이면서,

이제는 생성형 AI와 함께 과제를 하고, 콘텐츠를 만들고, 진로를 탐색하는 세대로 이동하고 있다. 아날로그에서 디지털로 옮겨간 기성세대와, 처음부터 AI를 삶의 기본 도구로 전제하게 될 다음 세대 사이에서, 오늘의 청년은 기술 세대 전환기의 한가운데에 서 있다.

이러한 맥락에서 정책은 청년을 단지 '경제적으로 취약한 현재 세대'로만 보거나, 막연한 '미래의 주역'으로 상징화하는 수준을 넘어야 한다. 청년을 현재와 미래가 교차하는 지점에 선 세대로 인식할 때 청년 정책은 세대 간 정의의 핵심 도구가 된다.

교육

청년은 더 이상 지식을 일방적으로 주입받는 수동적 수혜자가 아니다. 스스로 정보를 찾아 조합하고, 플랫폼과 AI 도구를 활용해 새로운 결과물을 만들어 내는 능력이 핵심 역량이 된다. 그러나 제도는 여전히 정답을 맞히는 시험 중심 구조에 머무르는 경우가 많다. AI를 쓰느냐 마느냐를 단순히 금지 규정 수준에서 다루기보다는, 어떻게 책임 있게 활용하고 비판적으로 읽을 것인가를 가르치는 쪽으로 이동해야 한다. 이는 청년 개인의 경쟁력만을 위한 것이 아니라, 다음 세대 전체의 학습·정보 환경을 설계하는 세대 간 정의의 과제다.

노동·복지

노동시장에서는 플랫폼 노동, 프리랜서, 프로젝트 단위의 일거리가 늘어나고 있다. 그럼에도 사회 보험과 안전망은 여전히 정규직 중심의 단일 생애 모델을 기준으로 설계·운영되는 경우가 많다. 청년은 이런 모델의 틀 밖에서 일하는 경우가 많지만, 제도는 과거의 전형적인 생애 경로를 기본값으로 삼는다. 복지 제도 또한 청년을 독립된 생활 단위가 아니라 부모 세대의 부속물로 취급하며, 주거·부채·정신건강 등 청년 고유의 위험을 충분히 반영하지 못한다. 이는 한 세대의 불편함을 넘어, 다음 세대가 어떤 조건에서 성장하게 될지를 결정하는 세대 간 정의의 문제다.

데이터 권리

청년은 디지털·AI 환경에서 가장 많은 데이터를 생산하는 세대다. 검색 기록, 위치 정보, 소비 패턴, 학습 데이터, SNS 활동, 얼굴과 목소리까지 플랫폼에 남긴다. 그러나 이 데이터가 어떻게 수집·가공·활용되는지에 대한 통제권과 발언권은 매우 제한적이다.

세대 간 정의의 관점에서 보면 청년 정책은 소득·고용·주거 지원을 넘어, 데이터를 가장 많이 제공하는 세대가 데이터 거버넌스에도 영향을 미칠 수 있는 구조를 만드는 방향으로 확장되어야 한다. 청년을 현재와 미래를 잇는 '전환 세대'로 인식하는 순간, 교육·노동·복지·데이터 권리는 단기 처방이 아니라 다음 세대 전체의 조건을 다시 설계하는 출발점이 된다. 청년 정책을 이렇게 재구성하는 것은 단지 현재 청년층의 복지를 높이기 위한 조정이 아니라, 다음 세대가 출발할 바닥을 보다 평평하게 만드는 세대 간 정의의 실험이기도 하다.

투표권이 없는 유권자들

세대 간 정의를 말할 때 가장 난감한 지점은, 미래 세대가 아직 '정치적 주체'로 존재하지 않는다는 사실이다. 그들은 투표권이 없고, 이해관계를 직접 표명할 수도 없다. 그럼에도 불구하고 기후, 재정, 연금, 데이터, 인프라와 같은 장기 의제의 최대 이해 당사자는 바로 이들이다.

AI 네이티브 세대는 태어나면서부터 알고리즘과 플랫폼, 인공지능이 내리는 수많은 결정 속에서 살아가게 된다. 어떤 뉴스가 먼저 보이는지, 어떤 상품이 추천되는지, 어떤 정보가 '신뢰할 만한 것'으로 표시되는지가 전부 플랫폼의 규칙에 의해 정해진다. 하지만 그 규칙을 설계하고 규율하는 테이블에는 이들이 거의 참여하지 못한다.

국제적으로는 미래 세대의 대표성을 제도화하려는 시도가 서서히 늘어나고 있다. 대표적으로 웨일스는 2015년 「미래 세대 복지법Well-being of

Future Generations Act」을 제정해 Future Generations Commissioner를 설치하고, 주요 공공기관이 모든 전략·정책에서 미래 세대 관점을 반영하도록 의무화했다. 헝가리는 인권옴부즈만 산하에 '미래 세대 옴부즈만'을 두고, 핀란드는 의회 내 상설 '미래위원회 Committee for the Future'를 통해 정부 정책의 장기 영향을 검토한다. 공통점은, 선거 주기와 이해관계에 민감한 기존 정치 구조 옆에 '긴 시간의 관점을 대리할 수 있는 장치'를 하나 더 세우려 한다는 점이다.

이제 대표성의 문제는 국회와 정부를 넘어 플랫폼과 AI 영역으로 확장된다. AI 네이티브 세대의 삶은 법과 제도뿐 아니라, 플랫폼의 이용 약관, 알고리즘 설계, 데이터 활용 정책에 의해서도 크게 좌우된다. 따라서 미래 세대의 정치적 대표성은 국회와 행정부 안에만 설치해서는 충분하지 않다. 플랫폼 거버넌스와 AI 규율 체계 안에도 '미래 세대·AI 네이티브 관점'이 반영될 통로가 필요하다.

예를 들어, 주요 플랫폼과 공공 AI 사업에 청년·AI 네이티브 자문단을 상설화할 수 있다. 세대 영향 평가와 연계된 미래 세대 패널을 두어, 알고리즘·데이터 정책을 사전 검토하도록 할 수도 있다. 시민의회, 미래 세대 위원회, 세대 영향 평가를 서로 연결해 장기 의제가 논의될 때마다 미래 세대 관점의 검토가 자동으로 이뤄지게 하는 등 다양한 방식이 가능하다.

아직 태어나지 않았거나, 의석을 갖지 못한 이들을 어떻게 제도 안에 '투표권이 없는 유권자들'로 자리 잡게 할 것인가는, 세대 간 정의를 구호에서 실제 거버넌스의 원리로 옮겨 놓는 핵심 과제다.

세대 영향 평가 도입

세대 간 정의를 진지하게 적용하려면 "미래 세대를 생각하자"라는 구호만으로는 부족하다. 정책과 예산, 법과 규제가 만들어지는 행정의 일상 루틴 속에 세대 간 관점을 심어 넣어야 한다. 여기서 등장하는 도구가 세대 영향 평가 Generational Impact Assessment, GIA 이다.

기존의 성별 영향 평가가 모든 정책에 '성평등 변수'를 강제로 집어넣은 것처럼, 세대 영향 평가는 각종 결정이 현재 세대와 미래 세대에 미치는 효과를 체계적으로 점검하는 장치다. 단지 보고서 한 장을 더 작성하는 절차가 아니라, 행정의 시간 감각과 책임 범위를 바꾸는 설계도에 가깝다. 세대 영향 평가의 출발점은 단순하다. 새로운 법·예산·정책을 설계할 때마다 최소한 다음 세 가지 질문을 묻는 것이다.

세대별 비용·혜택

- 이 결정은 세대별로 어떤 비용과 어떤 혜택을 만들어 내는가?
- 특정 세대에게 이익을 몰아주고, 다른 세대에게 빚과 위험을 떠넘기지는 않는가?

디지털·AI·데이터 구조의 변화

- 이 결정이 디지털·AI 인프라와 데이터 구조에 어떤 변화를 가져오는가?
- 그 변화가 디지털 이민자·디지털 네이티브·AI 네이티브처럼 기술 세대별로 다른 결과를 낳거나, 특정 세대나 집단만 과도한 데이터 위험_{감시·차별·배제}을 떠안게 하지는 않는가?

경로 의존성과 미래 선택지

- 이 결정이 되돌리기 어려운 경로 의존성을 만들어 미래 세대의 선택지를 과도하게 줄이지 않는가?
- 그 영향이 어느 정도 불가피하다면, 이를 상쇄하기 위해 어떤 보완 장치를 함께 설계해야 하는가?

이 질문들을 정량·정성 지표와 함께 체크리스트로 만들고, 일정 규모 이상의 정책에는 의무적으로 적용하도록 할 수 있다. 중요한 것은 이 평가가 예산 심의·규제 심사·법제 검토에서 실제 판단 기준으로 작동하느냐이다. 한 가지 예를 들면, 특정 정책이 미래 세대에게 과도한 부채를 전가하는 것으로 평가된다면, 추가 보완책을 의무화하거나 사업 구조 자체를 조정하도록 요구해야 한다. 또 디지털·AI 인프라를 포함하는 정책의 경우, 개인정보 보호, 알고리즘 편향, 디지털 격차를 함께 검토하도록 할 수 있다. 청소년·청년 데이터에 크게 의존하는 정책이라면, 이에 맞는 보호·참여 규칙을 별도로 설계하도록 요구하는 방식도 가능하다. 특히 청년 정책과 청년 활동 공간, 교육·직업훈련 사업 등에는 GIA를 시범 적용해 볼 수 있다. 청년은 현재 세대이자 미래 세대의 경계에 서 있고, 정책 변화의 효과가 비교적 빠르게 드러나는 집단이기 때문이다.

청년 일자리·주거 지원 사업을 설계할 때, 단지 당장 몇 명을 지원했는지가 아니라 '이 사업이 10년 뒤 청년 세대 전체의 구조에 어떤 영향을 주는지'를 평가 항목에 포함하는 것이다. 세대 영향 평가 과정에 청년 패널이나 청년·AI 네이티브 자문단이 직접 참여하도록 설계하면, 평가 결과가 보고서에만 머물지 않고 실제 정책 수정으로 이어질 가능성도 커진다. 세대 영향 평가는 '규제 한 줄 더'를 의미하지 않는다. 지금까지 행정은 주로 단기 성과와 예산 집행의 효율성을 기준으로 움직여 왔다. 세대 영향 평가는 여기에 '10년, 30년 뒤의 기준으로 다시 한번 점검하라'는 눈금을 새겨 넣는 작업이다.

세대 간 정의를 추상적인 슬로건이 아니라 정책과 예산·법제의 설계 원리로 끌어내릴 때, 우리는 비로소 미래 세대를 향해 최소한의 책임을 다하고 있다고 말할 수 있다. 그리고 그 출발점은 오늘의 청년과 AI 네이티브 세대가 제도 속에서 정식으로 발언권을 갖도록 설계하는 일이다.

숙련 기술 패권전쟁

: AI 시대 백엔드의 역습

한국에너지공과대학교 교수 **부경호**

AI가 프론트엔드를 장악하는 시대, 진짜 경쟁력은 사라져가는 숙련 지식의 보존과 진화에 있다. 한국은 이제 기술 자동화보다 중요한 과제인 암묵지를 데이터화하고, 숙련을 산업 자산으로 재편하는 국가 전략을 세워야 한다. 미래 패권은 손의 지식을 지켜낸 나라가 갖게 된다.

AI 시대의 역설적 위기

AI가 산업의 전면, 즉 프론트엔드를 화려하게 장악하고 있다. 설계·문서화·일정 관리·시뮬레이션 같은 '보이는' 지식 노동은 놀라운 속도로 자동화되고 있다. 그러나 역설적이게도 산업의 뼈대를 이루는 후면, 이른바 백엔드 현장─거대한 철판을 용접하고, 765kV급 초고압 변압기의 심장부를 절연으로 감싸고, 원전 배관을 공차 없이 연결하는 일-은 AI가 쉽게 대체하지 못한다. 왜냐하면 이 영역은 축적된 손끝의 감각, 현장 맥락, 암묵적 손놀림이 결합된 숙련 지식의 세계이기 때문이다.

미국의 현황이 이를 가장 극명하게 보여 준다. 미 해군 함정 건조의 구조적 위기는 한국 조선업계와의 비교를 통해 더욱 뚜렷하게 드러난다. 미국의 주요 함정 건조 프로그램들이 최대 38개월까지 지연되고 있으며, 대형 함정의 75%가 예정된 수리 기간보다 늦어지고 있다_{아이뉴스24, 2025}. 이는 미국 조선 산업이 조선소의 노후화, 숙련 노동력 부족, 신기술 도입 미진 등으로 장기간 구조적으로 쇠퇴해 온 결과이다. 반면 한국 조선소는 정시에 예산 안에서 세계 최고 수준 군함을 건조하고 있으며, 이는 평균 근속 연수 10년을 넘는 숙련 인력들이 있기 때문이다.

미국 해군의 항공모함과 잠수함을 건조하는 조선소에서 일부 용접공들이 규정된 용접 절차를 고의로 생략한 사실이 드러나 미 법무부도 즉각 조사에 착수한 것으로 알려졌다. 특히 이 용접 불량 문제는 항공모함 조지 워싱턴함, 공격 잠수함 하이먼 G. 리코버함, 뉴저지함 등 세 척에서 주요하게 드러났고, 미 의회에서도 관련 보고서 제출을 요구하며 주목하고 있다_{중앙일보, 2024}. 기술적 결함이 아니라 현장 감시 체계와 숙련 작업 문화가 무너지고 있다는 신호였다. 비핵심 부품이라도 조선·방산의 신뢰는 숙련 품질 위에서만 성립한다는 냉혹한 현실이 드러난 것이다.

전력망의 위기는 더욱 심각하다. 미국은 노후화된 전력망 교체 수요와 AI 데이터센터 건설 폭증으로 인해 대형 변압기와 배전 변압기 수급난이 심화되고 있으며, 이에 따라 인프라 신규·증설 프로젝트가 지연되고 있다. 미국 에너지부 자료에 따르면, 펜실베이니아와 오하이오 등 미국 북동부 지역의 초고압 변압기 평균 수명은 가동 수명인 40년을 초과했으며, 미국 전체 변압기의 약 66%가 교체 대상인 것으로 추정된다. 이러한 수급난의 원인으로는 숙련 인력 부족과 소재·부품 병목을 들 수 있다. 특히 변압기의 핵심 소재인 방향성 전기강판GOES 생산이 사실상 클리블랜드-클리프스 한 곳에만 의존하고 있어 공급망이 극도의 취약성을 드러냈으며, 절연지와 코일용 구리 선의 수급도 원활하지 않다Research4Lab, 2025.

이처럼 AI의 시대에 역설적으로 숙련 지식이 전략 자산으로 떠오르고 있다. 특히 조선·방산·전력·원전 같은 중후장대 산업에서 그 중요성이 두드러진다. 중후장대重厚長大란 무겁고 크고 길고 두꺼운 제품을 만드는 전통 산업들, 이를테면 자동차·철강·조선·화학 같은 분야를 일컫는 말이다. 한동안 이런 산업들은 반도체나 이차전지 산업 등에 밀려 한물간 것으로 취급받았다. 그러나 2020년대 중반 들어 이러한 평가가 근본적으로 뒤바뀌고 있다.

왜 지금, 숙련 지식인가

그런데 왜 AI 시대에 백엔드 현장의 숙련 지식이 더욱 중요해질까?

첫째, AI 시대 산업 변화의 속도가 그 어느 때보다 빠르기 때문이다. 재생에너지 확대, 데이터센터 급증, 전기차 확산 등으로 전 세계 전력 수요가 폭증하고 있으며, 이를 뒷받침하려면 대형 변압기와 초고압 설비를 만들고 설치할 숙련된 기술자들이 절실하다. 그러나 이러한 숙련 기술은 기계나 AI로 쉽게 대체하기 어렵다. 미국에 진출한 변압기 업체들의 평균 제조 리드타임제품을 주문받아 인도하는 데까지 걸리는 기간 은 115~130주, 대형 초고압 변압기의 평균 제조 리드타임은 120~210주에 달한다 한국경제, 2025a. 수요는 폭발하지만 공급이 따라가지 못하고 있다. '공급자 우위 시장'이란 의미다.

둘째, 산업의 '백엔드'가 상대적으로 약해진 상황이다. 자동차 산업은 자동화가 많이 이루어져 용접이나 도장 같은 공정을 로봇이 처리한다. 덕분에 새로운 차종의 설계 변경이 있어도 생산 공정이 유연하게 따라갈 수 있다. 하지만 원자력 발전소, 조선, 초고압 변압기 같은 분야는 여전히 현장 적응력과 미세한 공차 범위 관리, 그리고 부품을 망가뜨리지 않고 내부 결함을 검사하는 비파괴 검사NDE 등의 말로 전하기 어려운 기술들이 총합적으로 성공을 좌우한다. 제품의 성능과 품질, 납기 준수 여부가 결국 현장 숙련자의 손에 달린 것이다.

2016년 당시 10,000명당 74대였던 전 세계 제조업 평균 로봇 밀도는 2023년에 162대로 2배 이상 증가했다한겨레신문, 2024. 한편, 한국은 이 분야에서 여전히 세계 1위 자리를 지키고 있으며, 로봇 밀도가 1,000대를 넘는 나라는 한국이 유일하다. 한국의 경우 2023년 기준 로봇 산업 매출 규모는 5조 9,805억 원으로 전년 대비 1.5% 성장했으며, 제조업용 로봇이 전체 매출의 50%를 차지하고 있다한국로봇산업진흥원·한국로봇산업협회, 2024. 이는 제조 자동화의 급격한 진전을 의미한다. 그런데 이 증가는 자동차 산업에 극도로 편중되어 있다. 조선·중장비·에너지 산업의 까다로운 공정은 여전히 사람의 숙련에 크게 의존하고 있다. 로봇 팔로 용접할 수 있는 곳과 달리, 핵잠수함의 용접부나 원전 배관 연결은 매번 형상이 다르고 조건이 달라서 숙련공의 판단과 손기술을 대체할 수 없다.

셋째, 인구 구조와 교육 체계의 변화다. 미국 제조·방산 기반에서 베이비붐 세대의 은퇴가 본격화하며 숙련 인력 층이 빠르게 얇아지고 있다. 이 공백은 조선·원전 같은 '백엔드현장 실행 중심' 산업에서 특히 크게 드러난다. 미 해군은 2024년 기준 약 295척에서 2054년까지 390척 수준으로 함대 확대를 추진하지만, 조선 인력과 정비MRO 역량의 병목이 유지·정비 적체와 일정 리스크로 직결되고 있다서울경제, 2025. 그러나 교육·훈련 파이프라인은 단기간에 채울 수 없다. 배관·NDE비파괴검사 등 핵심 직군은 숙련 축적에 5~10년이 걸리는 장기 도제·현장학습이 필요하다. 따라서 은퇴 물결이 거세질수록 신규 인력의 '시간차 공백'이 구조적으로 확대된다. 더 큰 배경에는 인구 고령화와 교육 선택의 변화가 있다. 글로벌 차원에서 인구 구조 변화와 기술 전환이 동시에 노동시장 수급을 재편하며, 학위 중심 진학이 강한 교육 경로에서는 '숙련 직업계'로의 유입이 상대적으로 제한되어 기술·정비 직군의 만성적 수급 불균형이 커진다. 요컨대, 사람에 전적으로 의존하는 납기 일정이 산업 경쟁력의 분수령이 되었다. 설계·문서화 같은 프론트엔드 혁신만으로는 부족하며, 장주기의 숙련자 양성과 현장 교대 체계를 병행하지 않으면 함정 건조·정비와 노후 원전 교체·증설의 캘린더가 계속 뒤로 밀린다.

넷째, 지정학적 변화도 한몫하고 있다. 중국은 '14·5계획_{2021~2025}' 기간 전력망 전반에 대규모 투자를 집행하고 있으며, 특히 UHV_{초고압} 및 HVDC_{고압직류} 분야에 막대한 예산을 배정했다. 2025년에는 국가전력망_{SGCC}의 연간 전력망 투자가 6,500억 위안_{한화 약 132조 원}을 넘어설 것으로 전망된다_{에너지경제연구원, 2025}. 이 투자는 단순 설비 구매를 넘어 변압기·개폐기·HVDC 등의 제조와 현장 시운전 역량을 축적하는 학습곡선을 달성하고자 하는 전략으로 볼 수 있다. 설계는 비교적 빠르게 모방할 수 있지만, 실제 현장에서 대형 권선·절연·조립·시운전을 반복하며 숙련을 쌓는 데는 시간이 걸리기 때문이다. 중국이 지금 투자를 확대하는 이유는 이러한 숙련 자산을 자국 내에서 확보하려는 데 있는 것으로 해석된다.

프론트엔드 혁신이 빠를수록 백엔드의 재현성 격차가 국가 경쟁력을 가른다. 같은 설계도라도 누가, 어디서, 어떤 손으로 만드느냐에 따라 납기·불량·수명 곡선이 갈라진다. 한국은 이러한 숙련 재현성 격차에서 꾸준히 강점을 보여 왔고, 중국은 막대한 생산 물량을 바탕으로 숙련도를 높이며 그 격차를 좇고 있다.

숙련 지식이란 무엇인가
- 다층적 구조의 이해 -

숙련 지식은 숙련공의 스킬·판단·맥락 지능이 결합하여 재현성 있는 품질을 만들어 내는 지식체계다. 이는 단순한 기술 정보가 아니라 세 가지 층위를 가진 복합적 구조다.

숙련 지식의 세 가지 층위

- 암묵지 Tacit Knowledge: 말로 표현 불가능한 손끝 감각
- 외현화된 규칙 Explicit Rules: 문서화된 조건부 지식
- 맥락적 판단 Contextual Judgment: 현장 조건에 맞춘 종합적 결정

손끝이 아는 것, 입으로는 말할 수 없는 지식

헝가리 출신 과학철학자 마이클 폴라니는 1966년 저작에서 "우리가 말로 설명할 수 있는 것보다 더 많이 알고 있다 We can know more than we can tell"라고 말하면서 지식에서 암묵지의 개념을 도입했다 Polanyi, 1966. 이는 지식의 본질을 근본적으로 재정의한 명제다. 말로 표현하거

나 문서화하기 어려운 지식의 측면을 암묵지라 한다. 도면이나 매뉴얼 같은 형식화된 지식 너머에, 숙련된 사람의 손끝 감각과 전체를 보는 직관이 있다는 이야기다. 폴라니는 지식의 본질을 암묵지로 보았다.

예를 들어, 용접 작업을 생각해 보자. 매뉴얼에는 보통 "온도 1,500°C 에 전류 250A로 용접하고 진행 속도는 2mm/s로 유지하라"고 적혀 있다. 하지만 실제 현장에서는 날씨나 재료 상태에 따라 미묘한 차이 가 생긴다. 습도가 80%일 때와 60%일 때, 철판 표면온도가 20°C일 때와 10°C일 때 용접 결과는 달라진다. 숙련된 용접공은 이런 차이 를 손가락으로 느끼고, 귀로 용접 소리의 변화를 듣고, 눈으로 불꽃 색깔의 미세한 변화를 읽어 낸다. 이러한 감각적 판단은 글로 완벽히 설명하기 어렵지만, 이렇게 경험이 쌓여야만 매뉴얼대로 해도 매번 똑같은 품질을 낼 수 있다. 바로 이 차이를 보정하는 능력이 암묵지 다. 일상생활에서도 이런 암묵지의 사례를 찾을 수 있다. 예를 들어, 요리도 레시피만 보고는 완벽하게 할 수 없다. 숙련된 요리사는 재료 상태나 불의 세기에 따라 간을 미세하게 조절한다. 마찬가지로, 숙련 공은 매뉴얼 이상의 것을 몸으로 알고 있는 것이다.

암묵지의 전파: Nonaka & Takeuchi의 이론

일본 경영학자 노나카 이쿠지로와 다케우치 히로타카는 1995년 저작에서 개인의 암묵지가 어떻게 조직 수준의 지식 자산으로 전환 되는지를 설명했다 Nonaka & Takeuchi, 1995. 핵심은 SECI 모델 Socialization-

Externalization-Combination-Internalization로서, 사회화-외현화-결합-내재화 단계로 이루어진다. 그들은 지식 창출과 전파의 과정에서, 도제 전승과 공동체 실천을 통해 개인의 암묵지를 외현화Externalization하고, 이를 다른 형식지와 결합Combination하여 조직의 표준으로 만드는 과정을 강조했다.

과거 일본 기업들의 성공 사례는, 이런 체계적 프로세스가 갖춰질 때만 지식이 진정으로 축적되고, 개인의 역량이 조직 전체의 역량으로 승격됨을 보여 준다.

명제적 지식 vs 처방적 지식: Mokyr의 2025년 노벨 경제학상 통찰

2025년 노벨 경제학상을 수상한 조엘 모키어의 이론은 숙련 지식의 본질을 가장 정확하게 포착하고 있다. 모키어는 "왜 작동하는가"명제적 지식, propositional knowledge와 "어떻게 작동시키는가"처방적 지식, prescriptive knowledge의 협력에 의한 기술 혁신의 과정을 제시했다.

명제적 지식은 '왜 작동하는가'에 대한 과학적 설명이다. 예를 들어, '변압기는 전자기 유도 원리로 전압을 변환한다'는 물리학 교과서 지식이다. 생성형 AI는 이런 명제적 지식을 빠르게 학습하고 생성할 수 있다. 명제적 지식은 AI가 잘 이해하는 형식지로 표현되기 용이하며, 형식지는 AI가 학습하는 데이터로 변환이 쉽기 때문이다. 따라서 변압기의 동작 원리를 학습한 ChatGPT에 이를 설명해 달라고 요청하면 정확한 답변이 즉각 생성된다. 반면 처방적 지식은 "이 특정한 강철판을, 이 습도와 온도 조건에서, 이 속도로 용접하려면 전류를 몇 암페어로, 진행 속도를 얼마로 설정해야 하는가"라는 실행 가능한 지혜다. 이는 현장 경험이 누적되지 않으면 나올 수 없다. 숙련 지식은 바로 이 처방적 지식의 핵심이다.

모키어는 더 나아가 지속가능한 경제 성장을 위한 세 가지 필수 조건을 제시했다: 유용한 지식 useful knowledge, 기계적 능력 mechanical competence, 그리고 기술 진보에 유리한 제도 institutions conducive to technological progress. 이 세 요소가 모두 갖춰질 때만 진정한 산업 경쟁력이 만들어진다. 즉 이론이나 설계 지식이 있어도 그것을 현장에서 구현해 낼 기술자들의 손기술 즉 기계적 능력이 없으면 소용이 없다는 뜻이다.

프론트엔드와 백엔드: 제조 산업의 새로운 위계

제조업에서 프론트엔드와 백엔드의 구분은 숙련 지식의 역할을 명확히 한다. 프론트엔드는 제품 설계, 성능 시뮬레이션, 문서화, 일정 관리 같은 보이는 지식 작업이다. 전통적으로 이 영역은 혁신의 엔진으로 평가받았다. 그런데 생성형 AI의 등장으로 상황이 크게 바뀌었다. 프롬프트 몇 개로 설계도가 자동 생성되고, 성능 시뮬레이션이 순식간에 완료되며, 기술 문서가 자동 작성된다. AI가 프론트엔드의 영역에서 인간의 역할을 빠르게 흡수하고 있다.

백엔드는 공정 파라미터의 미세 조정, 현장 적응, 시운전과 트러블슈팅 같은 후면에서 보이지 않는 실행 작업이다. 지금까지 이 영역은 마치 설계를 지원하는 보조 체계 정도로 소외당하여 왔다. 하지만 백엔드는 실제로는 프론트엔드의 아이디어가 현실의 제품으로 구현되는 물리적 실행의 영역이며, 제품의 최종 품질과 납기를 결정하는 곳이다. 백엔드 숙련 지식이 없으면 설계는 죽은 도면에 불과하다.

예를 들어, 자동차 생산라인에서는 로봇 수십 대가 차체를 용접하고 도장하기 때문에 새로운 차 모델이 나와도 로봇 프로그램만 바꾸면 금방 대응할 수 있다. 그러나 원전의 핵심 배관 용접, 초고압 변압기의 코일 감고 절연하는 작업 등은 여전히 장인의 손기술에 전적으로 의존한다. 프로젝트마다 현장 조건이 다르기 때문에 그때그때 상황을 판단해 조정할 수 있는 숙련된 능력이 필수이기 때문이다.

[표 1] 프론트엔드와 백엔드 비교

구분	프론트엔드 Front-end	백엔드 Back-end
정의	설계, 문서화, 시뮬레이션, 일정 관리 등 '보이는' 지식 작업	공정 파라미터 조정, 현장 적응, 조립·시운전 등 '보이지 않는' 실행 작업
핵심 역량	모델링/시뮬레이션, 시스템 아키텍처 설계, 문서 표준화	암묵지 기반 판단력(용접·권선·절연·NDE), 공차 관리, 공정 재현 능력
자동화/AI 대체 가능성	높음(생성형 AI로 대체 및 가속 가능)	낮음(작업 조건과 형상이 매번 달라 AI가 대체하기 어려움)
주요 리스크	문서·모델에 대한 과도한 의존, 사양 과잉 설계	숙련 세대 단절, 검사 실패로 인한 안전/품질 사고
인력 양성 경로	대학·연구소 중심 교육, 이론 학습자료	도제식 현장 실습, 사내교육 등 장기 교육(5~10년)

산업 딥다이브

– 숙련 지식이 좌우하는 네 개의 전장 –

조선: 숙련 지식 보유가 품질과 납기의 성패

세계 조선 산업에서 발주량이 다시 늘어나면서 한국과 중국이 치열하게 경쟁하고 있다. 한국은 LNG 운반선, 초대형 컨테이너선처럼 부가가치가 높은 선박 분야에서 강점을 보여 주고 있는데, 바로 용접·선체 조립·도장 등에서 일관된 품질을 내는 숙련 기술 덕분이다. 똑같은 설계의 배를 10척 만든다면, 한국 조선소는 1번 선박부터 10번 선박까지 품질 편차 없이 높은 완성도를 유지하기로 유명하다. 이는 공정의 표준화뿐만 아니라 현장 숙련공들의 꾸준한 손기술이 뒷받침되기 때문이다.

그런데 자국 내 숙련공들의 인력 이탈이 심해졌고, 2022~2025년에는 외국인 숙련 인력 의존이 급증했다. 실제 일감이 많이 늘어난 2022~2024년 사이 현대중공업, 한화오션, 삼성중공업의 빅3 조선소의 경우 충원한 근로자 1만 8,200명 중 1만 800명 59%이 외국인이었다. 신규 인력 10명 중 6명 수준으로 2024년 말 현재 빅3 근로자의 16.4%를 차지하고 있다 중앙일보, 2025. 단기적으로는 가동률 유지에 도움이 되지만, 중장기적으로 자국민 출신 숙련공 생태계가 얇아지는 구조적 리스크를 만들고 있다. 외국인 노동자는 계약이 끝나면 떠나지만, 국내 숙련공들은 한 회사에서 30~40년 일하며 기술을 전수해 왔기 때문이다. 동시에 미국은 중국의 조선 부문 보조금에 대한 조사를 강화하고 통상 압박 수위를 높이고 있지만, 정작 자국의 상선 건조 역량은 전체의 1% 미만에 머무르는 실정이다. 결국 한·미·일이 협력하는 연합 공급망 구축이 불가피한 상황이다.

방산: 대규모 수주량과 납기 준수의 딜레마

우크라이나 전쟁 이후 방산 수요가 지속되면서 한국은 K-방산으로 주목받고 있다. 2025년 8월 기준, 한국의 빅4 방산 기업한화에어로스페이스, LIG넥스원, 현대로템, 한국항공우주산업의 누적 주문 잔액이 103조 원에 도달했다조선일보, 2025. 역대 최고치로, 향후 4~5년 치의 생산 물량에 해당한다. 한국의 방산 수출은 2022년 173억 달러, 2023년 135억 달러를 기록하며 세계 10위권 무기 수출국으로 도약했다. 최근 5년2020~2024 간 국내 방산 수출은 총 500억 달러를 상회했으며, 폴란드를 비롯한 동유럽, 중동, 아시아·태평양 지역으로 수출 시장을 확대하고 있다. 기업들의 사업 전망은 어느 때보다 밝지만, 문제는 이 엄청난 주문을 제때 납품할 수 있느냐는 점이다.

전차나 자주포를 대량 생산하려면, 포탑 주조부터 탄약 조립, 차체 용접, 도장, 열처리, 최종 검사까지 모든 단계에서 품질을 일정하게 유지하면서도 속도를 내야 한다. 예를 들어, 주조된 포탑에 미세한 기공氣孔이 하나 생기거나, 용접 부위를 열처리할 때 온도가 1도만 어긋나거나, 도장 작업 때 습도가 1%만 달라져도 최종 무기에 문제가 생길 수 있다. 특히 방산 장비는 일반 민간용 제품과 달리 불량품이 나와도 쉽게 교환해 줄 수 없다. 납품한 무기에 하자가 발생하면 국가 안보에 공백이 생기고 동맹국의 신뢰까지 흔들리기 때문이다. 따라서 이 대규모 주문을 성공적으로 소화할 수 있을지는 현장 숙련 인력을 얼마나 잘 유지하느냐에 전적으로 달려 있다.

전력망: 에너지 전환의 숨은 병목

전력망 분야에서도 숙련 인력 부족이 에너지 전환의 발목을 잡고 있다. 변압기 공급 부족의 위기는 지구적 에너지 전환의 발목을 잡고 있다. 미국에서는 변압기 부족 사태로 전력망 확충 계획이 차질을 빚고 있다. 북미는 AI 데이터센터 급증과 노후 전력망 교체 수요가 겹치며 변압기 등 전력기기 수급이 빠듯해지고 있고, 현지 기업들이 증설에 나서고 있다_{이투데이, 2025}.

이 위기의 원인은 여러 층에서 겹쳐 있다. 방향성 전기강판_{GOES}의 공급 부족, 변압기에 들어가는 절연지와 코일용 구리 선의 수급도 원활하지 않다. 그리고 무엇보다 이런 설비를 만들고 검사할 숙련 인력의 부족이 가장 큰 요인이다. 예를 들어, 미국에서는 고품질 GOES 강판을 사실상 클리블랜드-클리프스 한 곳에 의존하고 있는데, 이렇게 공급망이 한 군데로 집중되다 보니 조금만 차질이 생겨도 전체 일정이 무너진다. 게다가 코일을 감고 절연 처리를 할 숙련공도 모자라고, 완성품을 검사할 인력도 부족하다 보니 모든 단계에서 병목이 발생하고 있다.

한국의 전력기기 제조사들_{효성중공업, LS일렉트릭, 현대일렉트릭 등}은 765kV급 초고압 변압기, HVDC 컨버터, 초전도 한류기까지 세계 최고 수준의 기술력을 갖추고 있다. 효성중공업은 1969년 국내 최초로 154kV급 초고압 변압기를 개발한 이래 1978년 345kV, 1992년 765kV 변압기를 모두 국내 최초로 개발하여 초고압 변압기 기술을 선도하고 있으며, 현재까지 창원공장에서 7,500대 이상의 초고압 변압기를 생산하여 70여 개국에 수출했다_{효성중공업, 2023}. 미국과 유럽이 변압기 부족으로 에너지 전환이 지연되는 상황에서, 한국 기업의 빠른 납기와 높은 품질은 글로벌 전력망의 '병목 해결사' 역할을 하고 있다. 대형 변압기 문제는 소재 GOES, 공정 권선/절연 및 검사 비파괴검사가 하나로 얽혀 있다는 점이다. 소재만 늘려서는 안 되고 사람과 검사 역량까지 함께 키워야 이 병목을 풀 수 있다.

원자력 발전: 소형 모듈 원전 시대의 인력 문제

원자력 발전 분야 역시 숙련 인력 부족 문제가 대두되고 있다. 한국은 원전 산업의 대규모 수주에 성공했지만, 실제로 건설과 정비, 운영을 하려면 대규모 숙련 기술자들이 필요하다. 산업통상자원부는 향후 원전 분야 인력 수요를 전망했는데, 2030년까지 원전 산업의 인력 수요가 3만 5,000명 2021년에서 5만 1,500명으로 증가할 것으로 예측했으며, 이에 비해 공급은 약 4,500명이 모자랄 것으로 내다봤다 에이투뉴스, 2024.

현재 종사자 수의 3배에 달하는 규모다. 소형 모듈 원전 SMR을 본격적으로 많이 짓는다면 이 숫자는 더 늘어날 것이다. 배관 용접공, 계기공, 시운전 기술자 등 거의 모든 분야에서 인력 확보가 쉽지 않을 것으로 예상된다.

한국은 UAE 바라카 원전 프로젝트를 통해 설계·조달·시공 EPC부터 시운전, 운영·정비 O&M에 이르기까지 국제적인 숙련 역량을 입증했다.

　한국전력기술은 1975년 원자력발전소 설계 국산화를 위해 설립되어 한국형 원전 설계 기술과 표준화력발전소 설계 기술을 개발했고, 신한울 1, 2호기 종합 설계를 비롯한 국내외 건설 원전 설계를 전담하고 있으며, 디지털 전환과 BIM 국제표준 인증 취득을 통해 설계 신뢰도와 경쟁력을 높이고 있다 한국경제, 2025b. 이제 그 경험을 바탕으로 영국, 사우디아라비아, 베트남 등 새로운 원전 시장에도 진출을 모색하고 있다. 하지만 국내 원전 업계에서는 숙련 세대가 은퇴하고 프로젝트 공백이 길어지면서 기술 전승의 단절 위험이 커지고 있다. 바라카 프로젝트를 성공시킨 엔지니어와 장인들이 은퇴하면, 그 뒤를 이을 신세대 전문가가 충분하지 않을 수 있다는 우려가 나오고 있다.

국가별 분석
– 숙련 지식의 지형도 –

미국: 부족한 숙련공, 길어진 납기, 흔들리는 품질

　2024~2025년 미국 해군은 인력·공급망·설계 문제가 겹치면서 주요 함정 건조 프로그램들이 몇 년씩 지연되었다. 앞서 언급한 버지니아급 잠수함 3년 지연, 컬럼비아급 잠수함 1년+ 지연, 콘스텔레이션급 호위함 3년 지연 등이 그 사례다. 조선소들의 용접 품질 이슈도 연이어 보도

되며 우려를 낳았다 중앙일보, 2024. 뉴포트 뉴스 조선소의 사건은 단순한 기술적 하자가 아니라 현장 관리 체계와 숙련 문화의 붕괴 신호라고 전문가들은 지적했다. 숙련공들이 기본 절차를 무시했는데도 불량을 잡아내지 못했다는 것은 검사 시스템의 허점이자, 그만큼 숙련 인력이 줄어들며 현장 분위기가 변했다는 의미다.

전력망에서도 사정은 비슷하다. 북미는 데이터센터 확대와 노후 전력망 교체 수요가 겹치며 변압기 등 전력기기 수급이 빠듯한 상황이 이어지고 있다 이투데이, 2025. 핵심 원인으로는 1960~80년대에 훈련된 숙련 세대의 대거 은퇴, 신규 인력 양성 부족, GOES 같은 핵심 소재 공급 병목 등이 꼽힌다. 미국은 생산 공장을 유치하고 자국 제조를 늘려보려 하지만, 한 번 무너진 숙련 생태계를 재건하는 데에는 10년 이상의 세월이 걸릴 것으로 보인다.

한국: 얇아진 허리, 그러나 세계가 찾는 손기술

한국은 LNG선, 고부가 선박, 원전 EPC, 초고압 전력기기 등에서 숙련 지식의 질과 속도로 국제 경쟁력을 유지해 왔다. 2024~2025년 외국인 숙련 인력 의존 확대는 단기적 가동률을 높였지만, 중장기적으로는 자국민 출신 숙련자 생태계의 복원이라는 과제를 남겼다.

방산 분야는 앞서 언급했듯이 100조 원이 넘는 엄청난 수주 잔고를 확보하며 기술적으로 밝은 전망을 갖고 있다 조선일보, 2025. 그러나 그 성공 여부도 결국 용접·도장·열처리·검사의 숙련 표준화를 유지하느냐에 달려 있다. 아무리 좋은 무기를 개발해도 현장에서 그것을 제대로 만들고 검사할 손이 부족하면 시제품에 그칠 수밖에 없다.

중국: 대륙 규모의 학습곡선

중국은 초고압 UHV 장거리 송전 투자를 통해 전력기기·HVDC·현장 시운전 역량을 빠르게 축적하고 있다. 2025년에는 국가 전력망 SGCC의 6,500억 위안을 넘어선 투자는 단순한 인프라 건설이 아니라 현장 학습곡선 구축을 의도하고 있다. 이 투자를 통해 수천 명의 장인과 엔지니어들이 UHV 시공, 권선, 절연, 현장 시운전의 반복적 경험을 쌓으며 국가 수준의 숙련 지식 저수지를 형성한다.

기술 패권주의 시대
- 숙련 지식 전쟁 -

칩과 소프트웨어는 두뇌다. 하지만 전력망·조선·원전·방산은 손과 발 없이는 움직이지 않는다. 2020년대 중반의 공급망 패권 경쟁은 눈에 띄지 않는 숙련 지식 전쟁으로 변모하고 있다.

전력망 주권: 현지 생산의 가속화

미국, 유럽, 중동은 765kV급 대형 변압기 현지 생산과 GOES 자체 생산 능력 확보를 동시에 추진 중이다. NIAC의 2024년 권고안에 따르면, 미국 연방정부는 칩스법 CHIPS Act 모델을 본떠 세금 감면, 보조금, 가속 감가상각, 견습생·훈련 프로그램 자금 지원 등을 통해 국내 생산 역량 증설을 지원할 계획이다.

조선·해양 안전성: 국제 기준의 재정의

조선업에서는 용접, 도장, 비파괴검사 분야에서 국제 상호 인증 체계와 기술 교류 파트너십을 구축하지 않으면, 납기 지연과 품질 사고 위험이 많이 늘어날 수 있다. 뉴포트 뉴스 조선소의 용접 불량 사건은 전 세계에 현장 검증 체계와 숙련 문화의 중요성을 일깨워 준 사례가 되었다. 앞으로 각국 조선소 간에 숙련 기술 협력과 표준 공유가 더 강조될 전망이다.

원전 르네상스의 병목: 사람에 달린 일정

소형 모듈 원전 SMR 시대가 오면 숙련 기술 수요의 성격이 약간 바뀔 수도 있다. SMR은 모듈을 공장에서 만들어 현장으로 옮겨 조립하므로, 전통적인 대형 원전에 비해 현장 공사 기간을 단축할 수 있다. 그러나 숙련 인력이 덜 필요해지는 것은 아니다. 오히려 숙련의 무대가 공장 제조와 현장 조립·시운전으로 이분화된다. 특히 여러

SMR을 동시에 건설하는 시나리오에서는 공장에서 연속적으로 모듈을 생산하고, 여러 부지에서 동시다발로 조립해야 하므로, 숙련 인력 부족이 오히려 더 심각한 병목이 될 수 있다. 결국 SMR 역시 배관 연결, 용접, 시운전 등의 숙련 기술자가 충분하지 않으면 공사가 일정대로 진행되기 어렵다.

한국의 과제
- 소멸 위험과 실행 해법 -

네 가지 위험 요인

세대 단절

1990~2000년대에 축적된 장인의 노하우가 은퇴와 함께 사라지고 있다. 조선, 전력기기, 원전 시운전 분야에서 현장 리더십의 밀도가 급속도로 낮아지고 있다. 특히 산업화 시대부터 쌓아온 1세대 숙련 기술자는 이미 은퇴하였다.

현장 교육의 침식

하청과 파견이 일반화되고 프로젝트가 단발성으로 끝나는 구조

탓에, 과거처럼 한 현장에서 오래 일하며 경험을 축적하기가 어려워졌다. 게다가 안전 규제 강화로 현장에서 몸으로 배우는 시간도 줄어들었다. 숙련을 쌓을 기회가 점점 줄고 있는 것이다.

AI의 겉핥기

설계나 문서 작업 같은 앞단 업무는 AI로 효율이 높아졌지만, 정작 중요한 뒷단의 숙련 지식을 데이터화하지 못하면 AI 혁신의 산업 파급력은 제한적이다. 다시 말해 AI가 표면적인 일만 대신할 뿐, 현장의 암묵지를 흉내 내지 못해 숙련 기술이 가식화될 위험이 있다.

중국과 경쟁

숙련 기술이 들어가는 여러 산업 제품에서 가격 경쟁력을 앞세운 중국산이 한국을 빠르게 추격하고 있다. 당장은 한국 제품의 품질이 앞서더라도, 가격 압박으로 주문이 줄면 숙련 기술을 연마할 기회도 줄어든다. 이로 인해 숙련 지식 자체가 퇴화할 수 있다는 우려가 나온다.

실행 가능한 해법: 세 가지 방향

암묵지의 데이터화 – 디지털 도제 시스템 구축

미쓰비시중공업과 독일 지멘스 등은 숙련공의 작업 과정을 센서와 영상으로 기록해 AI가 학습하는 디지털 도제 Digital Apprenticeship 시스템을 도입했다. 예를 들어, 용접 작업 시 전류·전압·속도뿐 아니라 손목 각도, 시선 움직임, 들리는 소리 패턴까지 데이터로 저장하고, 신입 기술자가 VR 시뮬레이터에서 그 데이터를 보며 반복 연습할 수 있게 하고 있다.

한국도 조선·변압기·원전 분야에서 국가 차원의 숙련 지식 디지털 아카이브 구축이 시급하다. 현대중공업·삼성중공업의 용접 장인 100명, 효성중공업의 변압기 권선 장인 50명, 두산에너빌리티_{옛 두산중공업}의 원전 시운전 전문가 30명의 작업 노하우를 5년 이내에 데이터베이스화하는 프로젝트가 그것이다.

현장 중심 교육 재설계 – '마이스터 트랙' 확대

독일의 이원제 직업교육_{일명 '마이스터 제도'}은 학교 수업과 기업 현장 훈련을 결합해 숙련 인력을 체계적으로 길러온 대표 사례다. 한국도 2010년대에 마이스터고를 도입했지만, 여전히 대학 진학 선호와 제조업 기피로 우수 인력 확보에 어려움을 겪는다. 해결책은 경력 사다리를 명확히 제시하는 것이다. 예를 들어, 조선소 용접공이 경력 15년 차에 연봉 1억 원 이상 받고, 원전 시운전 기술자가 경력 20년 차에 연봉 1억 5천만 원 수준의 대우를 받을 수 있다는 식의 보상 체계를 보여 줘야 한다. 그리고 이들이 회사에서 기술 임원까지 올라갈 수 있는 승진 경로를 마련해야 한다.

아울러 산업기능요원 등 병역 특례 대상을 조선·전력·원전의 핵심 숙련 직종까지 확대해, 20대 초반 젊은 인재들이 일찍 현장에서 숙련을 쌓도록 할 필요가 있다.

숙련 지식의 서비스 수출 - 글로벌 MRO 허브 전략

한국은 UAE 바라카 원전 사업을 통해 건설뿐만 아니라 운영·정비 O&M 부문에서도 국제 경쟁력을 입증했다. 이제 이런 숙련 역량을 서비스 산업으로 확장할 때다. 예를 들어, 폴란드에 수출한 K9 자주포와 K2 전차의 정비·업그레이드를 한국의 방산 기업과 숙련 기술자들이 맡는 것이다.

실제로 미국 해군이 한국 조선소에 군함 수리를 맡기려는 움직임도 시작되고 있다. 항공·조선·발전 분야에서 MRO Maintenance, Repair, Overhaul, 즉 유지보수·수리·정비는 장비의 생애주기를 관리하는 서비스를 뜻한다. 울산·거제·창원 등을 글로벌 MRO 중심지로 육성해, 해외의 선박·전력기기·원전 부품을 한국으로 들여와 수리·개량한 뒤 돌려보내는 체계를 만들 수 있다. 이는 숙련 인력의 국내 일자리를 유지하면서 한국이 국제 표준을 선도하는 효과를 함께 거둘 수 있는 전략이다.

미래 시그널

- 숙련 지식이 바꾸는 산업의 형태 -

시그널과 트렌드의 구분: 트렌드는 이미 시작된 변화의 방향성이고, 시그널은 아직 도래하지 않은 미래를 예고하는 약한 신호다. 본 장에

서는 2030~2035년 산업 구조의 변화를 예측함으로써 숙련 지식이 단순한 기술 역량에서 경제 구조의 핵심 인프라로 재편될 것임을 보여 준다.

시그널 1: 로컬 제조 시대의 도래

2030년 이후 글로벌 공급망은 효율성 중심에서 회복력 중심으로 근본적으로 재편될 것이다. 변압기, 반도체 조립, 방산 부품 등 전략 산업은 자국 또는 동맹국 영토 내에 로컬 제조 역량을 확보하는 것이 국가 안보의 필수 조건이 될 것이다. 이 변화에서 가장 중요한 제약 요소는 숙련공의 확보이다. 현장에서 실제로 설비를 가동할 사람의 손이 부족할 수 있다는 점이 새로운 경제적 제약 조건이 될 것이다.

시그널 2: 전 지구적 숙련 인력 확보 패권 경쟁

2030년부터 2035년 사이, 선진국과 신흥국 사이의 경쟁은 반도체 칩 패권 경쟁에서 숙련 인력 패권 경쟁으로 초점이 이동할 것이다. 미국·유럽·한국·일본이 숙련 인력 쟁탈전을 벌이고 있지만, 2030년대에는 이것이 국가 간 공식 외교 의제가 될 것으로 예상된다.

미국이 숙련 기술 비자를 신설해 한국·일본·독일의 우수한 용접공·변압기 기술자를 유치한다. 한국이 해외 기술자 정착 프로그램을 통해 동남아의 젊은 엔지니어를 3~5년 훈련 후 자국 산업에 배치하고 귀화 장려 프로그램을 시행한다. 중국이 대규모 현장 경험이라는 강점을 앞세워 아프리카·중동·동남아의 숙련 인력을 자국 프로젝트로 흡수한다. 이 과정에서 숙련 인력 이동이 국제 경제 질서의 새로운 권력 구조가 될 것이다.

즉 기존의 국가 간의 분업화는 희미해지고, 자국 내 로컬 제조 시대에서 정작 인재는 물류처럼 국가 간에 이동하게 된다.

시그널 3: 숙련 지식 서비스 산업화와 MRO 경제의 부상

2030년대 제조업에서 서비스 기반의 고부가가치 분야가 성장할 것이다. 원전 운영 정비, 조선 MRO, 변압기 시스템 정비 등이 새로운 성장 동력이 될 것이다.

원전 운영 정비 분야: 선진국의 노후 원전 재가동과 신규 소형 모듈 원전 건설에 따라, 한국·프랑스·러시아 등 원전 운영 숙련도 높은 국가의 기술자들의 서비스 산업의 경쟁력을 결정할 것이다.

조선 및 함정 MRO 분야: 미국·영국·일본의 군함과 상선을 유지 보수 하는 중심지가 한국 조선소 클러스터가 될 것이다. 이는 글로벌 조선 정비 표준을 한국이 정의하는 경제적 권력으로 작용할 것이다.

직업 창출과 임금 구조의 변화: MRO 산업의 성장은 새로운 직업 계층을 만들 것이다. MRO 엔지니어는 설비 노후화 분석과 예방 정비 계획 수립을 담당한다. 해외 파견 기술자는 미국·유럽·중동의 현장에 상주하며 감독하는 역할을 한다. 디지털 인스펙터는 VR·드론·AI 비파괴 검사 기술을 활용한다.

2030년대에는 숙련 기술을 보유한 숙련공 자체가 기업의 자산 평가에 반영되는 시대가 올 것으로 예상된다. 미국의 조선소나 변압기 공장의 기업 가치를 평가할 때, 보유 기술자의 평균 경력과 숙련도 등급이 명시적인 평가 항목이 될 것이다.

예컨대, 현대중공업 같은 기업을 인수하려는 외국 펀드는, LNG선 용접 기술자_{경력 15년 이상}의 유지율을 기업 가치에 직결시킨 계약을 맺게 될 것이다. 이는 숙련공을 기업의 무형 자산이자 인적 자본으로 명시적으로 인식하는 구조 변화를 의미한다.

손의 지식을 지키는 나라가 이긴다

AI는 설계·문서·시뮬레이션 같은 프론트엔드의 작업을 압도적으로 변혁하고 있다_{Mokyr, 2025}. 그러나 한 국가의 에너지 안보, 국방력, 산업 경쟁력은 결국 보이지 않는 백엔드의 숙련 지식 위에서만 완성된다. 한국은 이 영역에서 세계가 찾는 손기술을 보유한 나라다.

한국의 생존 전략은 명확하다.

- 디지털 도제 시스템 Digital Apprenticeship : 은퇴하는 장인들의 '손의 지식'을 AI와 디지털 트윈으로 캡처하여, 소멸 위기에 처한 암묵지를 '국가 디지털 자산'으로 보존해야 한다. 이를 바탕으로 현장 중심의 도제 시스템을 재설계해 세대 간의 숙련 지식을 전수해야 한다.
- 글로벌 MRO 허브 MRO Hub : MRO 분야의 숙련 지식을 '서비스'로 산업화해야 한다. 미 해군 MRO 수주를 시작으로, 한국을 전 세계 중후장대 산업의 '병목 해결사'이자 '숙련 지식'의 축적 및 활용 기지로 만들어야 한다. 이를 바탕으로 숙련 기술 분야의 국제 협력으로 연합 공급망을 구축하는 것이다.

흥미롭게도, 한때 조롱받던 한국의 '빨리빨리' 문화가 2020년대 중반 들어 한국 제조업의 강력한 경쟁력으로 재평가되고 있다. 예를 들어, 폴란드가 한국의 K2 전차를 구매한 이유는 단지 가격 때문만이 아니라 "6개월 안에 인도 가능"이라는 빠른 납기 조건이었다. UAE가 바라카 원전 사업 파트너로 한국을 택한 것도 공사 기간 준수 능력을 높이 샀기 때문이다. 납기를 지킨다는 것은 단순히 계약을 잘 이행한다는 의미를 넘어, 숙련 지식이 조직 전체에 얼마나 깊이 배어 있는지 보여 주는 증거다.

미국과 유럽이 숙련 인력 재건에 10년 걸릴 일을, 한국은 5년 안에 해낼 수 있다는 평가도 있다. 중국이 막대한 생산 물량으로 경험을 쌓는 동안, 한국은 매번 균일한 품질로 신뢰를 쌓아 왔다. 일본이 완벽을 추구하다 속도를 놓치는 사이, 한국은 "80점을 빨리 만들고, 매 번 80점 이상을 유지한다"라는 현실적인 강점을 보여 주고 있다.

결국 2030년대 산업 패권 경쟁에서 끝까지 달리는 나라는 손의 지식을 지켜낸 나라일 것이다. 손의 지식을 잃지 않는 나라만이 다가오는 경제 전쟁에서 끝까지 경쟁할 수 있을 것이다. 이 지식을 디지털화하고, 다음 세대로 전수하며, 고부가가치 서비스로 수출하는 나라만이 다가오는 산업 패권 전쟁의 최후 승자가 될 것이다.

소버린 AI와 글로벌 빅테크 AI 세력의 충돌

AI 기반 경제로의 전환과 함께 기술의 주도권과 주권을 둘러싼 대립은 어떻게 될 것인가?

(사)미래학회 고문, (사)KCERN 이사장 **이명호**

> AI 패권은 국가의 소버린 AI와 빅테크의 글로벌 표준이 충돌하는 전장이다. 한국은 기술 의존을 넘어 데이터·표준·인프라를 스스로 설계하는 전략 국가로 전환해야 한다.

소버린 AI,
국가 전략의 핵심 이슈로 등장하다

생성형 AI가 빠르게 우리의 일상생활 및 경제 활동에 접목되고, AI가 전기나 인터넷처럼 모든 경제 활동의 기반이 될 범용 기술이 되어가면서 소버린 AI Sovereign AI에 대한 관심이 커지고 있다. AI는 국가

안보부터 의료, 금융 시장, 교육에 이르기까지 모든 것을 뒷받침하는 시스템들의 집합체, 즉 기반 시설로 빠르게 자리 잡고 있다. 세계화가 퇴조하고 지정학적 분열이 가속화되는 상황에서, 미국과 중국의 소수 빅테크 기업이 AI 기술과 시장을 주도하면서 대다수 국가는 AI 기술 종속에 대해 우려하게 되었다. 각국의 미래 생존과 번영이 걸린 국가의 핵심 전략으로 소버린 AI가 부각된 것이다.

소버린 AI는 단순한 기술 개발을 넘어 데이터·인프라·알고리즘을 자국의 통제 아래 두려는 움직임이다. 그 배경에는 미국과 중국의 기술 패권 경쟁, 디지털 경제의 심화, 그리고 AI가 가져올 사회·경제적 대변혁에 대한 기대와 우려가 복합적으로 작용하고 있다. AI가 공공 서비스 혁신, 국방력 강화, 산업 생산성 증대 등 국가의 명운을 좌우할 '게임 체인저'로 인식되면서, AI 기술에 대한 통제권을 잃는 것은 곧 '디지털 식민지'로 전락할 수 있다는 위기감으로 이어지고 있다. 따라서 각국의 소버린 AI 전략은 단순한 기술 개발을 넘어 자국의 정치·문화적 가치를 반영하고, 미래 디지털 질서에서 'AI 자결권'을 확보하기 위한 다층적이고 총력적인 경쟁의 양상을 띠고 있다.

현재 소버린 AI에 영향을 미치는 두 개의 흐름이 나타나고 있다. 하나는 강력한 중앙 집중화로 소수 AI의 독점력 강화이다. AI 기술 개발과 시장은 미국의 몇 개 빅테크 기업이 주도하고 있고, 중국이 뒤를 쫓고 있는 상황이다. 미국과 중국의 빅테크 AI 기업들 경쟁이 더 치열해지면서 컴퓨팅 파워, 인재, 자금을 빨아드리면서 소버린 AI를 추구하는 각국은 제대로 된 AI 기술 생태계를 갖추는 것이 어려워지고 있다.

또 하나의 흐름은 코로나19 팬데믹과 미중 패권 경쟁으로 글로벌 공급망이 블록화, 분절화되는 반세계화로 소버린 AI가 존립할 수 있는 흐름이다. 세계 경제가 블록화되는 상황에서 각국은 자국의 기술과 시장을 보호하고, 기술 종속과 안보에 대한 우려를 불식시키기 위해 다소 경쟁력이 떨어지더라도 자국의 독자적인 AI 기술을 개발하려는 흐름이 커지고 있다. 이는 소버린 AI를 추구하는 자국 기업에 기회가 될 수 있다.

이 글에서는 이러한 흐름에 대해서 시그널의 관점에서 살펴보고, 이러한 시그널이 어떤 미래를 가져올지 시나리오로 구성하였다. 미래는 정해지지 않았지만, 시그널은 미래에 대한 실마리를 제공한다. 시그널에 대응하면 그 실마리의 방향을 바꿀 수 있다는 관점에서 AI 기반 경제로의 전환과 함께 기술의 주도권과 주권을 둘러싼 대립이 어떻게 전개될 것인가를 전망해 보고자 한다.

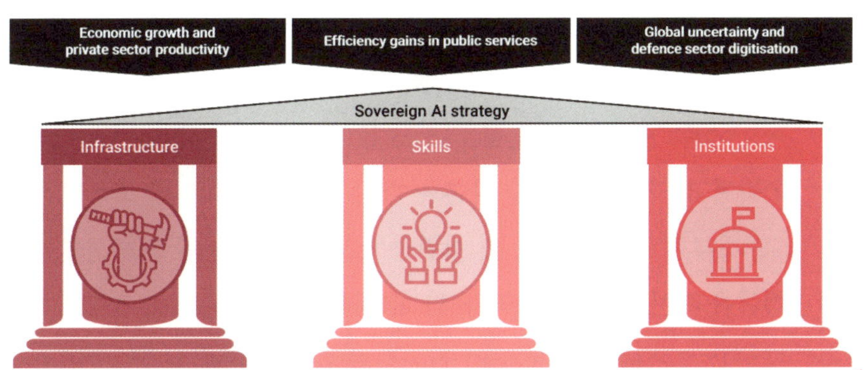

[그림 1] 소버린 AI의 세 가지 기둥: 인프라, 기술, 제도

미래의 표준을 장악하기 위한
AI 기술 패권 경쟁

반도체, AI, 통신, 양자컴퓨팅, 생명공학 등 핵심 첨단 분야는 혁신과 경제 성장의 촉매제일 뿐만 아니라 국가의 정치적 권력, 국가 안보, 그리고 전략적 우위를 위한 통로가 되고 있다. 특히 전략적 우위를 차지하고자 하는 AI 기술 개발을 주도하기 위해 미국과 중국이 경쟁을 벌이고 있다. 이들의 목표는 단순히 자국의 AI 역량을 확보하는 것을 넘어, 글로벌 AI 기술 표준과 핵심 공급망을 주도하여 21세기 기술 패권을 장악하는 데 있다. 이들의 경쟁은 AI 모델의 성능뿐만 아니라 반도체, 데이터, 인재, 그리고 글로벌 영향력의 모든 차원에서 전개되고 있다.

미국의 AI 생태계의 특징은 '민간 주도－정부 지원' 모델과 정부의 공급망 통제이다.

미국은 OpenAI, Google, Meta 등 세계 최고 수준의 민간 빅테크 기업이 창의성과 막대한 자본을 바탕으로 기술 혁신의 최전선에 서고, 정부는 이들의 활동을 지원하며 핵심 기술 공급망을 통제하는 전략을 구사하고 있다. '국가 AI 이니셔티브법'을 통해 연구개발에 투자하고, 칩스법 CHIPS Act과 정교한 수출 통제를 통해 최첨단 반도체와 장비가 경쟁국, 특히 중국으로 넘어가는 것을 원천 차단하고 있다. 이는 동맹국에도 중국을 기술 공급망에서 배제하도록 압력을 가하는 '프렌드쇼어링 friend-shoring' 전략으로 확장되어, AI 기술을 중심으로 한 새로운 지정학적 블록을 형성하고 있다.

특히 2024년 미국의 민간 AI 투자는 약 1,091억 달러로 중국93억 달러의 12배, 영국45억 달러의 24배에 달할 정도로 압도적이다. 이러한 투자는 차세대 모델 개발뿐만 아니라 AI를 구동하는 데이터센터 인프라 확장에도 집중되고 있다. OpenAI는 UAE와 협력하여 'Stargate UAE'라는 AI 슈퍼 컴퓨팅 클러스터를 구축하는 등 자국의 기술을 동맹국에 전파하며 기술 생태계를 넘어 지정학적 영향력까지 확대하는 모습을 보이고 있다.

중국의 AI 전략은 '국가 주도-민관 총력' 모델과 내수 기반 자립이다.
중국은 '차세대 인공지능 발전 계획'하에 정부가 강력한 리더십으로 AI 굴기를 이끌고, 바이두, 알리바바, 텐센트 등 자국 빅테크 기업들이 적극적으로 참여하는 모델이다. 데이터 보안법 등을 통해 방대한 내수 시장에서 생성되는 데이터를 국가의 핵심 전략 자산으로 엄격히 통제하며, 미국의 기술 제재에 맞서 반도체 자급자족과 독자적인 AI 생태계 구축에 막대한 국가적 자원을 투입하고 있다.

중국 정부의 지원하에 중국 기업들이 국내 시장을 확대하고, 글로벌 기술 주도권을 재편하고, 지역 강자로 떠오르고 있다. 최근에는 DeepSeek-R1과 같은 고성능 오픈소스 모델을 공개하며 기술력을

과시하는 동시에, 글로벌 개발자 커뮤니티에 대한 영향력 확대를 시
도하고 있다. 특히 화웨이가 미국의 제재에도 불구하고 자체 개발한
'Ascend 910C' 칩을 통해 AI 연산 능력을 확장하는 등 기술 자립에
가시적인 성과를 보이고 있다.

이는 미국의 공급망 통제 전략에 균열을 일으킬 수 있는 중요한 변
수이다. 또한, 스마트시티, 자율주행, 로보택시, 휴머노이드 로봇 등
AI 기술을 현실 세계에 적용하는 '물리적 AI' 분야에 대한 투자를 공
격적으로 늘리며, 미래 산업의 주도권을 확보하려 하고 있다.

중견국들의
AI 기술 주권 추구

미국과 중국처럼 압도적인 자본과 인프라를 동원하기 어려운 유럽연
합EU과 영국, 캐나다, 일본, 한국 등 중견국middle powers들은 다른 방
식으로 기술 주권을 추구하고 있다. 이들의 전략은 기술 개발 경쟁에
서 1위를 차지하기보다는, 강력한 규범을 설정하고 국제적 연대를 통
해 지정학적 공간과 영향력을 확보하는 데 초점이 맞춰져 있다.

유럽연합EU은 '브뤼셀 효과'를 통한 규범적 리더십을 확대해 나가고

있다. 세계 최초의 포괄적인 AI 법인 'AI Act'를 통해 '신뢰할 수 있는 인간 중심 AI'라는 규범적 표준을 제시했다. 이는 AI를 사회적 신뢰, 채용, 신용평가 등 고위험 분야와 그 외 분야로 분류하여 차등 규제함으로써 시민의 기본권을 보호하고 민주적 가치를 기술에 내재화하는 데 중점을 둔다. 이 법은 고위험 분야를 중심으로 차등 규제하며, EU 시장에 진출하는 모든 기업은 이를 따라야 한다. 이른바 '브뤼셀 효과Brussels Effect'를 통해 기술 주권을 간접적으로 행사하고 있다. 프랑스는 UAE와 데이터센터 확장에 투자하고, 독일은 산업용 AI에 집중하는 등 EU 내에서도 각국의 강점을 살린 독자적인 연합 전략을 모색하고 있다.

최근에는 AI Act 시행이 본격화되면서 기업들의 규제 준수 부담이 현실화하고 있으며, 이는 혁신의 속도를 저해할 수 있다는 우려와 함께 '신뢰'를 경쟁력으로 삼으려는 기업에는 새로운 기회로 작용하고 있다. 이는 결과적으로 글로벌 AI 서비스의 '지역별 파편화'를 가속하는 요인으로 작용하고 있다.

영국 또한 'AI 안전'을 중심으로 한 글로벌 거버넌스를 주도한다는 전략이다. 브렉시트 이후 독자적인 글로벌 위상을 모색하는 영국은 'AI 안전 서밋AI Safety Summit'을 주도하며 AI의 잠재적 위험성에 대한 국제적 논의를 이끌고 있다. 'AI 안전 연구소AI Safety Institute'를 세계 최초로 설립하여 첨단 AI 모델의 안전성 테스트 및 평가 분야에서 독보적인 전문성을 확보하려 한다. 이는 직접적인 기술 개발 경쟁보다는, AI 시대의 '심판' 또는 '표준 설정자'로서의 역할을 통해 글로벌 영향력을 유지하려는 정교한 외교 전략이라고 할 수 있다.

최근에는 2025년 1월 'AI 기회 실행 계획 AI Opportunities Action Plan'을 발표하고, 국민보건서비스 NHS의 의료 영상 분석, 행정 효율화 등 공공 부문에서의 AI 도입을 촉진하는 등 안전과 성장의 균형을 맞추기 위한 구체적인 정책을 추진하고 있다.

한국은 'AI 안전'과 '기술 실용주의'를 결합한 하이브리드 접근으로 독자 AI 생태계 구축에 주력하고 있다. 한국은 미국과 중국의 기술 패권 경쟁 및 EU의 규제 중심 접근 사이에서 독자적인 포지셔닝을 모색하고 있다. 영국과 함께 'AI 안전성 정상회의'를 공동 개최하며 '안전하고 신뢰할 수 있는 AI'라는 글로벌 규범 형성에도 주도적으로 참여하고 있다. 이는 기술 개발 경쟁을 넘어 '글로벌 거버넌스' 분야에서 영향력을 확보하려는 외교적 전략이다. 동시에, '선허용-후규제' 원칙을 바탕으로 국내 AI 산업의 혁신을 저해하지 않으려는 실용주의적 노선을 병행하고 있다. 국내 AI 기업들의 초거대 AI 모델 개발을 지원하여 국가대표 AI를 육성해 기술 주권을 확보하고, 이를 제조업·의료 등 자국 강점 산업과 융합하는 데 집중한다는 전략이다.

특히 'AI-반도체 이니셔티브'를 통해 메모리 반도체 HBM 초격차를 유지하고, 시스템 반도체 및 AI 모델 개발까지 아우르는 종합적인 AI 생태계 구축에 국가적 투자를 집중하고 있다. 또한, 공공 부문에서 생성형 AI를 활용한 행정 서비스 혁신 프로젝트를 추진하며 AI 기술의 '일상화'와 '산업화'에 박차를 가하고 있다.

개도국들의 문화적 자주성 및
수요 기반 주권 전략

인도, UAE, 동남아 등 신흥 경제국들은 미국이나 중국의 모델을 그대로 따르기보다, 자국의 특수한 언어, 문화, 사회적 맥락에 맞는 AI를 개발하여 '디지털 식민주의'를 피하고 실질적인 경제적 이익을 창출하는 데 주력하고 있다. 이들은 '최고의 AI'가 아닌 '최적의 AI'를 목표로 하고 있다.

인도는 14억 인구에서 나오는 방대한 양과 다양성의 데이터를 핵심 자산으로 활용하여, 농업 생산량 예측, 다중언어 교육 플랫폼, 저비용 원격의료 진단 등 자국민의 삶과 직결되는 분야에 특화된 AI 솔루션을 개발하는 데 집중하고 있다. 'IndiaAI 미션'을 통해 2025년까지 3만 8,000개 이상의 GPU를 확보하고, 이를 국내 스타트업과 연구자들에게 저렴하게 제공하여 힌디어, 벵골어 등 자국어 기반의 파운데이션 모델 개발을 지원한다는 계획이다. 이는 막대한 자원을 소모하는 거대 모델 개발 경쟁보다는, 자원 효율적인 AI 스택 구축을 목표로 하는 것이다. 나아가 미국의 대중국 반도체 공급망 재편 노력을 지정학적 기회로 삼아, 2030년까지 자체 GPU를 개발하겠다는 야심찬 목표를 세우는 등 하드웨어 자립을 위한 노력을 병행하고 있다.

중동을 대표하는 UAE는 막대한 자본을 활용한 AI 허브 구축에 주력하고 있다. 국부펀드를 활용한 막대한 자본 투자로 글로벌 AI 기술과 인재를 적극적으로 유치하며 석유 이후 시대를 대비한 중동의 'AI 허브'로 도약하려 한다. 자체 개발한 고성능 LLM 'Falcon'을 오픈 소스로 공개하여 아랍어권 AI 개발 생태계에 기여하고, OpenAI와 협력하여 'Stargate UAE' 슈퍼 컴퓨팅 클러스터를 구축하는 등 기술 개발과 인프라 확보를 동시에 추진하고 있다. 특히 2025년 10월, 자국 내 AI 인재 양성과 혁신 생태계 강화를 목표로 하는 'AI 우수성 센터 AI Centre of Excellence' 설립을 발표하며, 단순한 기술 도입을 넘어 지속 가능한 AI 발전 기반을 마련하고 있다.

동남아시아의 여러 국가는 언어적 다양성을 위한 연합 모델 개발을 위해 협력하고 있다. 싱가포르의 'AI Singapore'가 주도하여 말레이어, 태국어, 라오스어, 캄보디아어 등 미국이나 중국 LLM에서 제대로 지원되지 않는 역내 언어를 학습한 'SEA-LION Southeast Asian Languages in One Network' 모델을 개발했다. 이는 특정 국가가 아닌, 지역적 필요와 문화적 맥락을 공유하는 국가들이 연합하여 '지역적 소버린 AI'를 구축하는 새로운 모델을 제시한다. 이는 자국의 언어와 문화 정체성을 지키면서도 AI의 혜택을 누리려는 실용적인 접근이다.

미국과 중국 중심의
빅테크 AI 기업들의 시장 지배력

각국이 소버린 AI를 추구하고 있지만, 현실은 여전히 미국과 중국의 AI 장악력이 압도적이다. 2024년 미국의 민간 AI 투자는 약 1,091억 달러에 달하며 중국 93억 달러과 영국 45억 달러을 압도했다. 이러한 투자로 2024년 미국 기반 기관들은 주목할 만한 AI 모델 40개를 개발하여 중국의 15개와 유럽의 3개를 크게 앞지르며 선두를 유지했다. AI 생태계의 3개 핵심 기술 계층인 기초 계층, 컴퓨팅 파워, 지능 파운데이션 모델 계층은 소수의 미국 기업들에 의해 장악되어 있다.

AI 개발의 기반이 되는 글로벌 클라우드 컴퓨팅 시장은 3개의 미국 기반 하이퍼스케일러가 장악하고 있다. 2024년 3분기 기준, 이들의 시장점유율은 아마존 웹 서비스 AWS 31%, 마이크로소프트 애저 Azure 20%, 구글 클라우드 GCP 12%이다. 이 세 기업이 전 세계 클라우드 인프라 시장의 약 3분의 2를 통제하며 강력한 과점 체제를 구축하고 있다. 틈새시장 플레이어들이 등장하며 시장이 점차 분화되고는 있으나, 핵심은 여전히 고도로 집중되어 있다. 이러한 지배력은 서구 시장에서 더욱 두드러져, 미국과 서유럽이 전 세계 클라우드 컴퓨팅의 82%를 차지한다. 반면, 중국의 클라우드 시장은 알리바바 클라우드와 같은 현지 기업이 주도하고 있다. 이는 미국 주도에 중국이

일부의 지분을 차지하고 있는 전 세계 디지털 경제 양극화의 단면을
보여 준다.

　고성능 그래픽 처리 장치 GPU는 첨단 AI 모델의 훈련과 배포에 필
수적인 하드웨어다. 엔비디아 Nvidia는 이 핵심 시장에서 2025년 기준
90% 이상의 점유율을 차지하며 독점적인 지위를 누리고 있다. 이러
한 지배력은 독점적인 병렬 컴퓨팅 플랫폼인 CUDA에 의해 더 강화
된다. CUDA는 엔비디아의 하드웨어를 AI 개발 생태계에 깊숙이 통
합시켜 개발자와 기업에 높은 전환 비용을 발생시키는 강력한 경쟁
우위 competitive moat로 작용한다. 엔비디아는 이러한 지위를 적극적으
로 활용하여 하이퍼스케일러, 기업, 그리고 각국 정부와 직접 계약을
맺으며 AI 시대의 기초 설계자 역할을 공고히 하고 있다.

　5대 빅테크 기업 마이크로소프트, 아마존, 알파벳, 애플, 메타은 상위 20개 기술 기
업 전체 시가총액의 70% 이상을 차지하며, 이러한 집중은 AI의 부상
과 함께 더 심화되었다. OpenAI의 GPT 모델은 무려 81.4%의 개발자
가 사용하고 있으며, 앤스로픽 Anthropic의 클로드 소넷 Claude Sonnet이
42.8%, 구글의 제미나이 플래시 Gemini Flash가 35.3%로 그 뒤를 잇고
있다. 소비자 대상 챗봇 시장에서도 2025년 5월 기준, 마이크로소프
트 코파일럿 Copilot을 포함한 ChatGPT 생태계가 74.2%의 시장 점유
율을 기록하고 있다. Gemini, Perplexity, Claude 등의 나머지 경쟁사
는 시장의 약 23%를 차지하고 있다. 2023년 기준으로 세계 상위 5대
LLM 제조 업체는 전 세계 LLM 시장 수익의 약 88.22%를 차지했다.

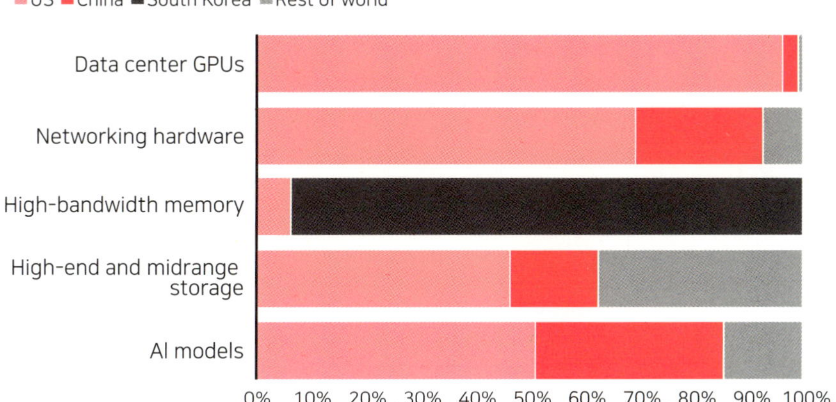

[그림 2] 주요 국가 기업들의 시장점유율 2024년 기준

외피에 불과한 소버린 AI, 지정학적 분절화가 기회가 될 것인가?

AI 생태계의 3개 핵심 기술 계층인 기초 계층, 컴퓨팅 파워, 파운데 이션 모델이 소수의 미국 기업에 의해 장악된 현실에서 중국을 제외 한 대부분의 국가들에게 '완전한 소버린 AI 스택' 구축은 달성하기 어려운 목표가 되고 있다. 현실은 미국이 통제하는 기술 기반 위에 '소버린 AI라는 껍데기'를 덧씌우는 것에 가깝다. 각국이 소버린 AI

를 적극적으로 주창하고 있지만, 희망과 경제적, 기술적 현실 사이의 간극은 거대하다.

클라우드 계층은 미국 기업이 60% 이상을, 핵심 컴퓨팅 계층은 미국 기업이 90% 이상을, 가장 널리 사용되는 지능파운데이션 모델 계층은 미국 기반 기관이 80% 이상을 장악하고 있다. 따라서 각국이 '소버린 AI'를 출시할 때, 대부분의 경우 이는 엔비디아 GPU로 구동되는 AWS, 애저, GCP 인프라 위에서 실행되는 현지화된 애플리케이션이나 각국의 문화나 언어가 조정된 모델외피에 불과할 수 있다. 이는 각국이 추구하는 기술적 독립과 자율성을 향한 정치적 열망이 현실과는 상당히 거리가 있다는 것을 보여 준다. 이 간극 속에 각국의 소버린 AI가 달성할 수 있는 목표가 결정될 수 있다.

앞에서 살펴본 바와 같이 디지털 군비 경쟁이라고 할 수 있는 AI 기술 개발과 시장은 미국의 몇 개 빅테크 기업이 주도하고 있고, 중국이 뒤를 쫓고 있는 상황이다. AI 기술 개발은 점점 더 막대한 컴퓨팅 파워 인프라와 천재적인 인재, 막대한 자금을 요구하면서 진입 장벽이 높아지고 있다. 미국과 중국의 빅테크 AI 기업들 경쟁이 더 치열해지면서 컴퓨팅 파워, 인재, 자금을 빨아드리면서, 각국은 제대로 된 AI 기술 생태계를 갖추는 것이 어려워지고 있다. 소수 AI 빅테크 기업 및 국가에 의한 AI 생태계의 중앙 집중화가 강화되고 있다. 이는 미국과 중국의 대립 속에서 두 개의 거대한 기술 블록으로 각국의 AI 생태계가 편입될 수 있다는 것을 의미한다.

한편, 코로나19 팬데믹과 미중 패권 경쟁으로 글로벌 공급망이 블록화, 분절화되는 반세계화 흐름은 소버린 AI에 기회가 될 수 있다. 미중 대립의 지정학적 긴장은 특히 반도체와 AI 하드웨어 분야에서 글로벌 기술 공급망을 붕괴시키고 있다. 수출 통제, 투자 제한, 제재로 인해 기술 기업들은 글로벌 전략을 재편하고 주요 시장 진출의 불확실성에 직면하고 있다. 이러한 갈등 속에서 각국이 자국의 기술과 시장을 보호하고, 기술 종속과 안보에 대한 우려를 해소하기 위해 자국의 AI 기술이 다소 경쟁력이 떨어지더라도 강제로 확산시키는 흐름이 커질 수 있다. 이는 소버린 AI를 추구하는 자국 기업들에 기회가 될 수 있다. 한편, AI 기술 개발이 정점에 도달하고, 기술과 아이디어가 보편화되면서 새로운 진입자들에게 기회가 열릴 가능성도 있다. 빅테크 AI 기업들이 기술 표준과 규모의 경제로 이미 세계 시장을 장악한 상태에서 새로운 진입자들은 자국의 시장을 차지하기 위해 경쟁하는 상황이다.

소버린 AI 전략이 성공할 경우 미래 AI 질서는 단일한 글로벌 표준이 지배하는 세상이 아닌, 다양한 전략과 목표가 공존하는 '다극화된 Multi-polar' 세계가 될 수 있다. 미국과 중국이라는 거대 분절화된 기술 블록에 편입되거나 협력하는 다극화된 AI 세계는 필연적으로 글로벌 수준의 분절화 Fragmentation를 심화시킬 것이다. 기술 표준, 데이터 이동, 규제 등 여러 측면에서 장벽이 높아지며 글로벌 협력의 비용과 복잡성은 증가할 것이다. 하지만 동시에, 이는 각국의 다양성 Diversity이 존중되고 새로운 혁신의 기회가 창출되는 공간을 열어줄 수도 있다.

두 개의 힘

– AI 생태계의 분절화와 통합의 시그널 –

미래의 AI 세계는 두 개의 강력하지만 서로 다른 방향으로 작용하는 힘에 의해 재편될 것이다. 마치 거대한 지각판처럼, 국가 주권이라는 판과 기술 자본이라는 판이 서로 충돌하며 새로운 지정학적, 지경학적 지형을 만들어 내고 있다.

첫 번째 힘은 각국이 기술 주권을 확보하고 지정학적 리스크로부터 자국 경제를 보호하기 위해 독자적인 AI 생태계를 구축하려는 '소버린 AI' 흐름_{원심력}이며, 이는 글로벌 경제의 분절화_{Fragmentation}를 가속한다. 각국 정부는 AI를 국가 안보와 경제 생존의 핵심 요소로 인식하고, 외부 의존에서 벗어나기 위한 강력한 '원심력'을 만들어 내고 있다. 이는 단순한 보호무역주의를 넘어, AI 기술 스택 전반에 걸쳐 물리적, 제도적 장벽을 세우는 형태로 나타난다. 각국의 소버린 AI 전략은 기술, 데이터, 규범에 대한 독자적인 장벽을 세워 기존의 경제 분절화를 더 심화시키고, 구조적 변화를 고착화할 것이다.

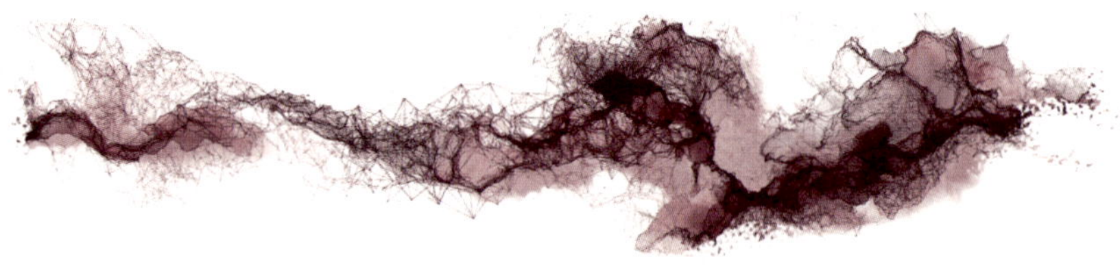

AI 분절화_{원심력}의 시그널 및 사례:

기술 공급망 분절 AI 인프라의 국유화:

- '**AI 반도체 동맹**' 고착화: 미국의 대중국 반도체 수출 통제와 CHIPS Act의 '가드레일' 조항은 동맹국 네덜란드-ASML, 일본-소부장, 한국/대만-파운드리 중심의 폐쇄적인 기술 블록을 형성하고 있다. 이에 맞서 중국은 SMIC와 화웨이를 중심으로 막대한 자원을 투입, 독자적인 반도체 굴기에 나서며 '두 개의 기술 스택'이 현실화되고 있다. 이는 하드웨어 아키텍처부터 소프트웨어 CUDA vs. Ascend까지 다른, 근본적으로 호환되지 않는 AI 생태계의 탄생을 예고한다.
- **데이터센터의 '전략 자산화'**: UAE의 'Stargate', 사우디의 AI 펀드 등은 데이터센터를 '디지털 영토'로 규정하고, 자국 및 동맹국의 데이터는 통제된 인프라 내에 두려는 움직임을 보여 준다. 특히 AI 데이터센터의 막대한 전력 소모는 '에너지 안보'를 'AI 안보'와 직결시키며, 안정적 에너지원을 중심으로 새로운 지정학적 연대가 형성되는 '에너지 블록화' 현상까지 낳고 있다.

데이터·규범의 국경화 디지털 장벽의 제도화:

- **데이터 현지화**Data Localization 확산: EU의 GDPR, 인도의 디지털 개인정보 보호법 등은 데이터의 자유로운 국경 간 이동을 제한한다. 이는 빅테크의 '데이터 식민주의'에서 벗어나려는 주권 수호의 의미도 있지만, AI 학습에 필수적인 데이터 풀을 국가 단위의 '데이터 사일로'로 파편화시켜 결과적으로 AI 성능의 지역적 격차를 심화시킨다.
- **AI 규제 모델의 다극화**: EU 규범 주도, 미국 시장 주도, 중국 국가 주도이 각기 다른 AI 규제 철학을 내세우며, 이는 사실상의 '규제 장벽'으로 작용한다. 기업들은 각기 다른 규제 '관문'을 통과하기 위해 제품을 별도로 개발·수정해야 하므로, 이는 글로벌 AI 서비스의 상호 운용성을 근본적으로 저해한다.

AI 산업 보호주의 기술 자립 가속화:

- '**AI 챔피언**' 육성 경쟁: 프랑스의 '미스트랄 AI' 지원, 인도의 'IndiaAI 미션' 등은 자국 AI 산업 보호를 위해 막대한 보조금을 투입하며 '보조금 전쟁'을 촉발하고, 공정한 글로벌 경쟁을 저해한다. 이는 자국 시장을 보호하는 방어적 의미를 넘어, 미래 AI 산업의 주도권을 잡으려는 공세적 산업 정책의 성격을 띤다.

두 번째 힘은 소수의 빅테크 기업이 국경을 초월하는 기술 표준과 플랫폼으로 세계를 하나의 시장으로 묶으려는 '글로벌 AI 독점' 현상 구심력이며, 이는 통합Integration을 지향한다. 각국 정부의 '원심력'에 맞서, 미국과 중국 중심의 빅테크 기업들은 자신들의 이익 극대화를 위해 국경 없는 단일 시장을 지향하는 강력한 '구심력'으로 작용한다. 이들의 기술 표준과 플랫폼, 자본력은 세계를 다시 하나로 묶으려는, 최소한도 2개의 블록으로 양분하고자 한다. 빅테크가 구축한 글로벌 표준 AI 생태계는 기술, 지식, 자본의 통합을 통해 국가주의적 분절화의 속도를 늦추고, 완전한 단절을 막는 최소한의 글로벌 연결성을 유지하는 역할을 할 것이다.

AI 통합 구심력의 시그널 및 사례:

기술적 통합 글로벌 표준의 힘:

- 파운데이션 모델의 '글로벌 OS'화: GPT-4, Gemini, Llama 등은 전 세계 AI 개발의 기반이 되는 '운영체제' 역할을 한다. 전 세계 수백만 개발자들이 이 모델들의 API를 기반으로 서비스를 구축하며 형성된 강력한 '네트워크 효과'는, 어떤 국가도 무시할 수 없는 거대한 기술적 관성을 만들어 낸다. 각국의 소버린 AI가 이들 위에서 개발되는 한, 완전한 기술적 단절은 막을 수 있다.
- 소수 오픈소스를 통한 '중앙화된 개방': 빅테크 기업들은 오픈소스 전략을 통해 각국의 기술 자립 욕구를 '오픈소스 생태계'라는 거대한 플랫폼 안으로 흡수한다. 각국은 '우리만의 AI'를 만든다고 생각하지만, 실제로는 빅테크가 설정한 기술적 기반 위에서 움직이는 셈이다.

인재, 지식의 통합 탈국경 R&D 생태계:

- 글로벌 인재의 '멜팅팟 Melting Pot': 빅테크 AI 연구소는 국적을 초월한 인재 공

동체를 형성한다. AI 분야의 흐름을 바꾼 'Transformer' 논문의 저자 8명도 모두 다양한 국적을 가진 구글 소속 연구원이었다. 이들이 arXiv.org와 같은 플랫폼을 통해 거의 실시간으로 공유하는 지식은 '지식의 국경'을 세우려는 정치적 시도를 무력화한다.
- 표준 개발 도구의 확산: PyTorch, TensorFlow 등은 전 세계 연구자들이 사용하는 '공용어'로서, 지식의 공유와 검증을 촉진하며 AI 연구 생태계의 고립을 막는다. 특정 국가가 이 표준에서 벗어나는 것은 스스로를 글로벌 지식 네트워크에서 단절시키는 막대한 기회 비용을 감수해야 함을 의미한다.

자본의 통합 시장 단일화 압력:
- 글로벌 클라우드 인프라: AWS, Azure, GCP는 각국의 상이한 규제 환경 속에서도 기업들이 표준화된 방식으로 글로벌 비즈니스를 영위할 수 있게 돕는 '글로벌 접착제' 역할을 한다. 이들은 '규제 준수 Compliance' 자체를 서비스 형태로 제공하며, 기업들이 분절화된 세계에서 활동하는 비용과 복잡성을 줄여 준다.
- 로비를 통한 규제 장벽 저지: 빅테크 기업들은 막대한 자금력으로 각국 정부를 상대로 '데이터의 자유로운 이동'이 혁신에 필수적이라는 로비를 벌이며, 과도한 보호무역주의적 규제 도입을 저지하거나 완화하는 실질적인 정치 행위자로 기능하고 있다.

2개의 힘에 의한
3개의 2030 미래 AI 생태계 시나리오

'소버린 AI'의 원심력과 '빅테크'의 구심력이 충돌하며 만들어 낼 2030년의 미래는 다음 세 가지 시나리오로 예상해 볼 수 있다.

시나리오 1: 디지털 철의 장막 The Digital Iron Curtain - 완전한 분절화

→ *원심력이 구심력을 압도하는 미래. 안보 논리가 경제 논리를 완전히 지배한다.*

이 시나리오에서 세계는 미국 중심의 '민주주의 기술 블록'과 중국 중심의 '권위주의 기술 블록'으로 완전히 양분된다. 두 블록은 AI 반도체, 데이터센터, 클라우드 플랫폼, 파운데이션 모델, AI 규범 등 모든 면에서 호환되지 않는 독자적인 기술 스택을 구축한다.

모습

인터넷이 물리적으로 나뉘는 '스플린터넷 Splinternet'이 AI 영역에서 완성된다. 블록이 다른 국가의 앱스토어는 접속이 불가능하고, AI 비서는 사용자의 위치에 따라 전혀 다른 답변때로는 검열되거나 왜곡된을 내놓는다. 기업들은 어느 한쪽을 선택해야만 하는 '궁극의 디커플링'에 직면한다. 제3세계 국가들은 양 블록의 기술 식민지가 되지 않기 위해 지역 단위의 소규모 기술 연합예: 동남아 블록, 중동 블록을 결성하려 노력하지만, 거대 블록의 영향력에서 자유롭지 못하다.

결과

글로벌 공급망은 완전히 지역화되고, 기술 혁신 속도는 진영 내 교류 부족으로 둔화된다. AI 기술 격차는 극심해지며, 기후 변화나 팬데믹 같은 글로벌 공통 문제에 대한 과학 데이터 공유 및 국제 공조는 거의 불가능해진다. 인류는 공동의 위기에 함께 대응할 능력을 상실한다.

시나리오 2: 하이브리드 질서 The Hybrid Order - 통제된 상호 의존

→ *원심력과 구심력이 팽팽한 균형을 이루는 가장 가능성이 높은 미래.*

이 시나리오에서 세계 경제는 두 개의 층으로 구성된 '하이브리드' 구조를 갖는다.

기저층 Base Layer : 빅테크 주도의 기술 표준

AI 개발의 기반이 되는 파운데이션 모델, 클라우드 인프라, 개발 프레임워크 등은 여전히 소수 빅테크가 제공하는 글로벌 표준이 지배한다. 이는 최소한의 기술적 호환성과 글로벌 비즈니스의 연속성을 보장하는 역할을 한다.

응용층 Application Layer : 국가 주도의 규제와 서비스

각국 정부는 이 공통의 기술 기반 위에서 자국의 법률, 문화, 안보 상황에 맞는 독자적인 AI 규제 데이터 주권, 안전성 검증 등를 적용하고, 공공 서비스, 금융, 의료 등 민감한 분야에서는 자체적으로 fine-tuning 한 '소버린 AI' 모델을 활용한다.

모습

기업들은 글로벌 표준 기술을 사용하되, 진출하려는 국가의 '응용층' 규제를 맞추기 위한 복잡한 '현지화 Localization' 전략을 구사해야 한다. 예를 들어, 자율주행차 기업은 빅테크의 AI 모델을 기반으로 기술을 개발하더라도, 미국, 유럽, 중국 시장에 각각 진출하기 위해 해당 지역의 교통 법규, 도로 데이터, 개인정보 보호 규정에 맞춰 모델을 재학습하고 검증받아야 한다. AI 거버넌스를 둘러싼 국가 간 '규제 외교'가 활발해지며, 기술과 정치를 모두 이해하는 전문가의 역할이 중요해진다.

결과

완전한 분절화는 피했지만, 과거와 같은 자유로운 세계화는 불가능하다. 기업 활동의 비용과 복잡성은 증가하지만, 각국의 주권과 글로벌 연결성 사이에서 아슬아슬한 균형을 유지한다. '규제 대응 능력Compliance Agility'이 기업의 핵심 경쟁력으로 부상한다.

시나리오 3: 기술-자본 중심의 새로운 세계화 Corporate-led Globalization 2.0

→ *구심력이 원심력을 압도하는 미래. 경제 논리가 안보 논리를 다시 한번 뛰어넘는다.*

이 시나리오에서 각국 정부는 소버린 AI 구축에 드는 막대한 비용과 기술 격차를 감당하지 못하고, 결국 빅테크의 플랫폼에 의존하는 길을 선택한다. AI가 창출하는 막대한 경제적 이익 앞에서 국가 안보 논리가 후퇴한다.

모습

국가의 경계는 AI와 데이터에 관한 한 무의미해진다. EU의 AI Act와 같은 강력한 규제들은 글로벌 경쟁에서 뒤처진다는 비판에 직면하며 완화되거나, 빅테크가 제시하는 산업 표준에 맞춰 수정된다. 빅테크는 'AI 안전 위원회'와 같은 자체적인 글로벌 거버넌스 기구를 만들어, UN이나 각국 정부보다 더 큰 영향력을 행사한다. 이들이 특정 국가에 데이터센터 투자를 철회하겠다고 위협하면, 해당 국가는 규제를 완화해 주는 상황이 발생한다.

결과

세계는 다시 한번 강력하게 통합되지만 그 주체는 국가가 아닌 초국적 기술 기업이다. 혁신과 효율성은 극대화되지만, 부의 편중, 데이터 독점, 민주적 책임성 부족과 같은 문제가 심각한 사회 갈등의 원인이 된다. 새로운 형태의 '기술 봉건주의 Techno-feudalism'가 도래할 수 있으며, 이에 저항하는 '디지털 러다이트 Digital Luddite' 운동과 같은 사회적 반발이 거세질 수 있다.

두 개의 힘에 대응하기 위한 전략 필요

'소버린 AI'와 '글로벌 빅테크' 중 어느 한쪽이 미래를 완전히 지배하기보다는, 두 힘이 끊임없이 충돌하고 타협하며 '시나리오 2: 하이브리드 질서'에 가까운 형태로 귀결될 가능성이 가장 높다. 완전한 분

절화는 막대한 경제적 손실을, 완전한 통합은 국가 주권의 상실을 의미하기에 양극단을 피하려는 힘이 작용할 것이기 때문이다.

이에 따라 미래 전략은 다음의 방향성을 가져야 한다.

정부

- 전략적 포지셔닝: 단순한 '우리만의 AI 모델' 개발을 넘어, 글로벌 기술 표준_{기저층}을 어떻게 유리하게 활용하고, 그 위에서 자국의 강점_{예: 의료, 콘텐츠}을 극대화할 수 있는 '응용층' 규제와 산업 생태계를 설계할 것인가에 집중해야 한다.
- 규제 외교 강화: AI 규제를 단순한 국내법이 아닌, 글로벌 시장에 영향을 미치는 핵심 외교 도구로 인식해야 한다. 가치를 공유하는 국가들과 연대하여 '규제 블록'을 형성하고, 글로벌 거버넌스 논의를 주도하여 자국에 유리한 규칙을 만들어 나가야 한다.
- 핵심 자산에 대한 투자: 기술 그 자체보다, 양질의 공공 데이터 개방, 핵심 인재 양성, 그리고 AI 윤리에 대한 사회적 합의 형성 등 AI 시대의 진정한 '핵심 자산'에 국가적 역량을 투입해야 한다.

기업

- 다중 홈_{Multi-homing} 전략: 특정 국가나 기술 블록_{예: AWS vs. 알리바바 클라우드}에 종속되지 않고, 여러 플랫폼과 생태계에 걸쳐 비즈니스를 영위할 수 있는 유연성을 확보해야 한다.
- 규제 대응 능력_{Compliance Agility} 내재화: 각국의 상이한 규제 환경에 신속하게 적응하는 능력을 단순한 법무팀의 업무가 아닌, 제

품 설계 단계부터 고려해야 할 핵심 경쟁력으로 삼아야 한다.

- 오픈소스 생태계 참여: 완전한 독자 기술 개발보다는 글로벌 오픈소스 생태계 예: Llama, PyTorch 커뮤니티에 적극적으로 참여하고 기여하며 기술적 영향력을 확보하는 것이, 비용 효율적이면서도 기술 고립을 피할 수 있는 현실적인 대안이 될 수 있다.

개인

- 평생 학습 및 기술 재무장 Reskilling : AI 기술 스택이 분절되고 빠르게 진화함에 따라, 특정 기술에 대한 지식은 순식간에 낡은 것이 될 수 있다. 개인은 지속적인 학습을 통해 여러 기술 생태계에 걸쳐 활용될 수 있는 '이식 가능한 기술 Transferable Skills'을 확보해야 한다. 이는 단순히 코딩이나 데이터 분석을 넘어, AI에 효과적으로 질문하고, AI의 결과물을 비판적으로 평가하며, 여러 AI 도구를 창의적으로 융합하여 새로운 가치를 만드는 'AI 리터러시'를 포함한다.

- 글로벌 디지털 시민의식 Global Digital Citizenship : 다른 기술 블록의 AI가 어떻게 다르게 작동하고, 어떤 편향성을 가지며, 어떤 규제하에 있는지 이해하는 능력이 중요해진다. 이는 마치 여러 언어를 구사하는 것처럼, 다양한 디지털 환경의 문화와 규칙을 이해하고 그에 맞춰 소통하고 협업하는 '디지털 다언어 구사 능력'을 요구한다.

- 개인 데이터 주권 관리: 자신의 데이터가 어느 국가의 서버에 저장되고, 어떤 법의 적용을 받으며, 어떻게 AI 학습에 활용되는지 주체적으로 관리해야 한다. 프라이버시 보호 도구를 적극적으

로 활용하고, 자신의 가치와 신념에 맞는 서비스를 선택하는 능동적인 '데이터 주권자'가 되어야 한다.

- AI와 협업하는 전문가AI-augmented Professional : AI와 직접적으로 경쟁하기보다는, AI가 대체할 수 없는 인간 고유의 영역공감, 윤리적 판단, 복합적 문제 해결에서 깊이를 더하고, AI를 자신의 능력을 증폭시키는 강력한 '보조 도구'로 활용하는 전문가가 되어야 한다. 미래의 경쟁력은 'AI를 얼마나 잘 만드는가'가 아닌, 'AI를 얼마나 잘 활용하는가'에 달려 있을 것이다.

정보·기술·환경 시그널

붉은 말의 뜨거운 열정으로 Red Horse Blaze

'병오년' 2026,　　　붉은 말의 뜨거운 열정으로

Red Horse Blaze　　　'병오년' 2026, 붉은 말의 뜨거운 열정으로
Explore Way to Peace & Coexist　　　평화공존의 길 찾기
Drive Technium for Future Force　　　테크늄과 국방의 미래

High-tech Future War needs Rare Earths　　　미래 전쟁과 희토류
Our Intelligence Defines Our Future　　　지능의 미래
Reform Now to Secure Future Generations　　　미래 세대를 위한 개혁
Secure Skills to Survive the AI Era　　　AI 시대의 숙련 기술
Ensure Equity Between Sovereign and Big Tech AI　　　소버린 AI와 글로벌 빅테크 AI

Bridge HUMINT with Physical AI Robots　　　차세대 휴민트
Lead the Future by Prompt Mastery　　　프롬프트 마스터
AI Regulation in the Age of Conflict　　　AI 규제와 사회적 갈등
Zenith of Tech is the Quantum Revolution　　　양자 혁명
Embrace the Multi-Domain City Era　　　다영역 도시 시대

Red Horse Blaze

차세대 휴민트 HUMINT

: Physical AI 로봇

(사)미래학회 부회장, KAIST 국가미래전략기술 정책연구소 연구부교수 **조상근**

> 미래 정보전은 인간이 아닌 Physical AI 로봇 휴민트가 주도한다. 한국은 로봇 보안·소부장 자립·AI 기반 방호체계를 통합한 국가 정보 주권 전략을 시급히 마련해야 한다.

휴민트 HUMINT 란?

휴민트는 사람을 통해 수집된 정보를 의미한다. 휴민트를 영어로 표현하면 'Human Intelligence'이고, 그 줄임말이 'HUMINT'이다. 이처럼 휴민트는 다양한 정보 중에 한 형태로 분류되지만, 역사적으로 휴민트는 상대국에서 자국의 안보를 이롭게 하거나 위험에 빠트릴 수 있는 민감 정보 Sensitive Information 를 수집하는 첩보원, 정보요원 등으로 일컬어진다.

[그림 1] 2020년 현재, 휴민트를 운용하는 각국의 정보 조직

대표적인 휴민트 조직으로는 미국의 CIA, 영국의 MI6, 이스라엘의 모사드 등이 있다. 우리나라의 국가정보원도 여기에 속한다. 군도 휴민트 조직이 편성하고 있는데, 현재 러시아와 전쟁을 수행 중인 우크라이나군은 국방정보국Defense Intelligence of Ukraine에 해외 전략 시설 파괴 및 주요 요인 제거 등과 같은 고강도 군사작전을 수행하는 'GUR' 또는 'HUR'로 불리는 휴민트 조직을 운용하고 있다. 우리 군도 국방정보본부 예하 정보사령부에서 HID, AISU, UDU 등과 같은 휴민트 조직을 운용하고 있다.

이들은 상대국에 잠입하여 국가 전략 기술을 탈취하는 것에서부터 필요시 물리적인 방법을 동원하여 민감 정보를 직접 탈취하는 것까지 다양한 스펙트럼의 활동을 수행한다. 이렇듯 휴민트는 국가 안보에 필요한 정보를 획득하기 위해 은밀하게 상대국의 심장부에서 은

밀하게 활동하는 인간 중심의 정보 자산을 의미한다. 이로 인해 휴민트의 존재와 활동 자체가 불문인 경우가 다반사茶飯事이다.

보이지 않는 지리 Unseen Geography 에서 사이버 영역으로 전환

휴민트는 국가 안전 보장에 필요한 민감 정보에 접근하기 위해 자신을 현지화한 후, 민감 정보로 접근할 수 있는 네트워크를 형성하기 위해 적지 않은 시간과 예산을 들인다. 휴민트가 민감 정보 주변 환경에 의심받지 않고 동화되기 위해 민감 정보를 중심으로 형성된 보이지 않는 지리 Unseen Geography 를 파악해야 하기 때문이다. 이들이 민감 정보 환경에 안착하기 위한 현장 중심의 노력이 필요하다는 의미이다.

하지만 이런 전통적인 휴민트의 활동은 최근 첨단 과학 기술의 발전과 함께 변하기 시작했다. 4차 산업혁명의 주요 기술이 도래함에 따라 국가 안보와 연관되는 민감 정보의 생산과 활용이 디지털 환경이 덧입혀진 시설과 네트워크를 통해 유통되기 시작했기 때문이다. 한마디로, 휴민트의 활동 공간이 현실 세계에서 가상 세계인 사이버 영역으로 전환되고 있는 것이다.

[그림 2] 국가 전체를 가상 세계로 구현한 싱가포르 Virtual Singapore

　더욱이 사이버 침해 기술의 발전으로 상대국의 정부 부처 또는 국가 중요 시설에 연결된 네트워크, 서버 등을 통해 이곳에 저장된 민감 정보를 탈취할 수 있게 되었다. 특히 이런 사이버 침해는 흔적을 찾기가 쉽지 않고, 기존 휴민트를 활용한 방법보다 노력을 절약할 수 있으며, 무엇보다도 휴민트의 생존성을 보장하면서 불필요한 국제적 마찰을 최소화할 수 있다는 장점이 있다. 이로 인해 휴민트가 예전처럼 민감 정보와 연결된 인적 네트워크를 식별하여 관련된 주요 인사와 접촉하거나, 필요시 물리적인 방법을 동원하여 민감 정보를 직접 획득하는 등의 전통적인 접근 방법은 예전처럼 통용되기가 쉽지 않게 되었다.

사이버 휴민트의 등장

첨단 과학 기술은 휴민트가 활동하는 환경 자체를 바꿨지만, 동시에 창과 방패의 격돌인 모순矛盾 경쟁을 촉발했다. A가 사이버 침해 기술을 활용하여 B의 민감 정보를 탈취하기 시작한다면, B도 자신의 민감 정보를 보호하기 위해 사이버 보안 기술을 적용하기 시작한다는 의미이다. 실제로, 정부 디지털화를 추진하고 있는 대부분의 국가는 사이버 방호 조직을 정부 부처와 국가 중요 시설에 편성하여 운용하고 있고, 우리나라도 대통령실 국가안보실 예하 제3차장실에서 사이버안보비서관을 운용하고 있을 정도로 국가 안보와 직결된 민감 정보를 보호하는 데 국가적 차원에서 노력하고 있다.

이렇듯 첨단 과학 기술을 기반으로 한 사이버 침해 기술과 사이버 보안 기술이 팽팽하게 맞서게 되자, 사이버 영역을 활용한 상대국의 민감 정보 수집이나 확보는 쉽지 않게 되었다. 그렇다고 해서, 전통적인 방법으로 기존 휴민트를 다시 운용할 수도 없다. 휴민트가 접근하고 접촉해야 하는 상대국의 정부 부처나 국가 중요 시설에는 이미 과거 휴민트와 사이버 침해에 대비하여 첨단 과학 기술 기반의 시설, 네트워크, 시스템 등의 방호체계가 다중으로 구축되어 있기 때문이다.

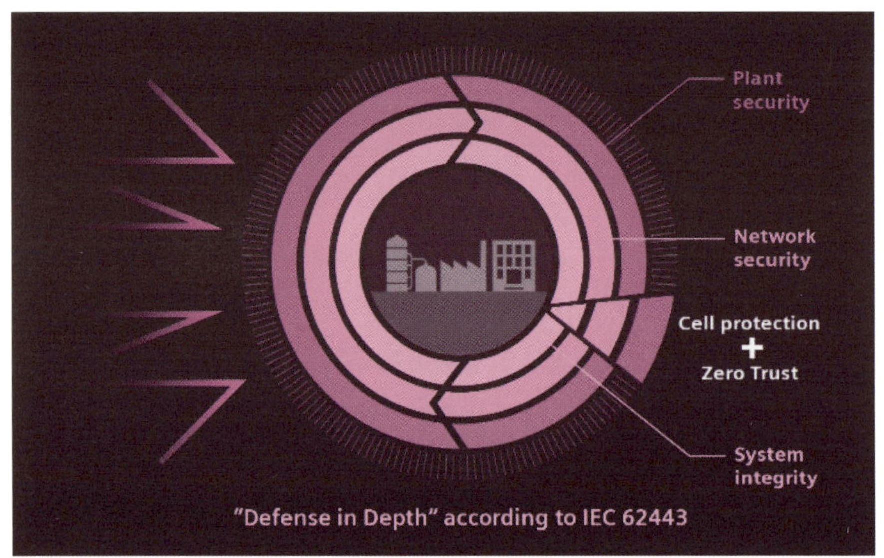

자료: siemens.com[31]

[그림 3] 국가 중요 시설에 덧입혀져 있는 다중 방호체계

이와 같은 첨단 방호체계를 무력화시키는 방법이 2022년 2월 24일에 본격화되어 현재까지도 이어지고 있는 우크라이나−러시아 전쟁에서 나타나고 있다. 지난 5월 17일 우크라이나와 러시아의 첫 대면 협상이 튀르키예의 이스탄불에서 성사되었지만, 양국은 협상의 주도권을 잡기 위해 상대를 향해 강도 높은 드론 공격을 감행했다. 러시아는 주로 장거리 자폭 드론인 Shahed-136을 군집으로 운용하여 우크라이나의 주요 도시와 국가 중요 시설을 집중적으로 타격한 반면, 우크라이나는 러시아가 점령한 자국의 동·남부 지역으로 유류를 동시에 공급할 수 있는 정유 시설을 정밀 타격했다.

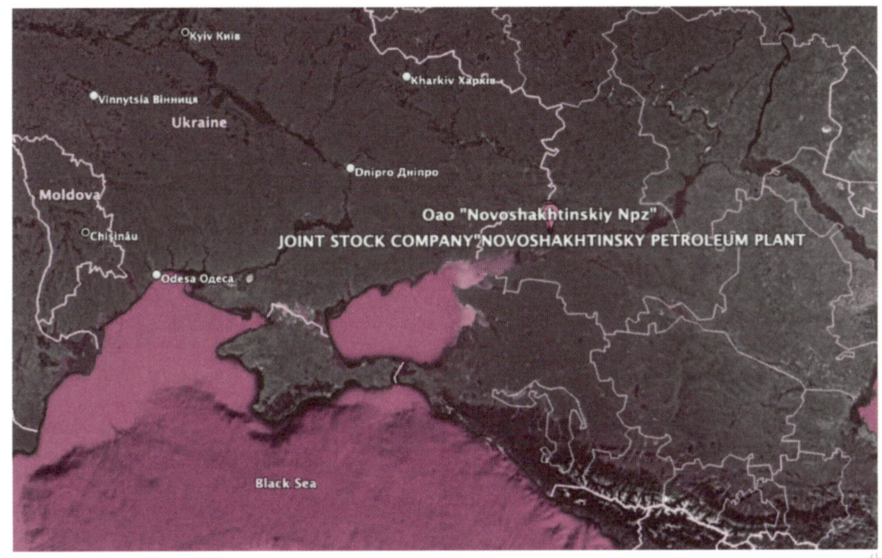

자료: twz.com[41]

[그림 4] 러시아가 점령한 우크라이나의 동부와 남부 지역으로 동시에 유류를 공급할 수 있는 지리적 중앙에 위치한 노보샤흐틴스크 정유 시설

우크라이나 이를 위해 아조프 Azov 해안과 인접한 러시아 본토의 노보샤흐틴스크 Novoshakhtinsk 지역으로 국방정보국에서 운용하는 휴민트 조직인 'GUR'를 파견했다. 이곳은 러시아의 대규모 정유 시설이 위치한 곳으로 우크라이나 내 러시아 점령지로 전차, 장갑차, 전술 차량 등 기동 플랫폼의 유류를 제공하는 국가 중요 시설이자, 지리적으로는 우크라이나 동부 점령지와 남부 점령지로 동시에 진출할 수 있는 전략적 목 지점이었다. 즉 노보샤흐틴스크의 정유 시설은 러시아군의 작전 템포를 결정짓는 핵심 노드 Critical Node 이었던 것이다.

[그림 5] 러시아 남부 지역에서 가장 큰 규모를 자랑하는 노보샤흐틴스크 정유 시설

하지만 대규모 정유 시설에는 유류를 비축할 수 있는 탱크들이 즐비하여, 소규모로 편성된 'GUR'은 드론으로 정밀 타격할 수 있는 목표를 선정하기가 어려웠다. 'GUR'은 이와 같은 난황을 타개하기 위해 정유 시설 이곳저곳에 설치된 CCTV, EO/IR 카메라 등 감시 장비가 설치된 건물로 장거리 자폭 드론을 지속적으로 유도했다. 그 이유는 기존 노보샤흐틴스크 정유 시설에 구축된 유선 위주의 감시체계를 무선으로 전환하도록 강요하기 위해서였고, 드론 공격이 지속되자 자체 방호를 위해 임시적으로 설치되어 운용되는 무선 네트워크의 노드 수는 점차 증가되었다.

우크라이나 'GUR'은 휴대용 해킹 장비를 운용하여 노보샤흐틴스크 정유 시설에 임시로 구축된 무선 네트워크 라우터에 접속한 후 CCTV를 통해 정유 시설 내부를 감시하기 시작했다. 이후 'GUR'은 CCTV로 유조 차량들의 움직임을 모니터링하면서 수많은 유류 비축 탱크 중 실제로 유류가 저장되어 있는 탱크를 특정할 수 있게 되었다. 그 결과 'GUR'은 본국으로부터 장거리 자폭 드론을 유도하여 지난 8월 21일 야간에 특정된 유류 비축 탱크를 정밀 타격할 수 있었고, 이로 인해 우크라이나는 러시아군의 동부 전선 공격 템포는 사그라들게 하는 전략적 효과를 창출할 수 있었다.

이처럼 우크라이나는 기존 휴민트에 사이버전 능력을 가미하여 일명 '사이버 GUR'을 운용하여 첨단 과학 기술로 강화된 러시아의 국가 중요 시설을 무력화시키고 있다. 러시아 정부와 군으로부터 파견된 사이버 휴민트들도 이와 같은 방법을 적용하여 개전 초부터 우크라이나의 주요 도시의 기반 시설과 국가 중요 시설을 Shahed-136과

자료: besacenter.org[61]

[그림 6] 목표 지점 주변에서 전술적 수준의 사이버전을 수행하는 우크라이나 사이버 휴민트

[그림 7] 훈련 과업에 무선 네트워크 해킹을 추가한 미국 특수작전부대

같은 장거리 자폭 드론과 Iskander-K·M과 같은 첨단 미사일을 유도하여 피해를 줬다. 매년 전반기 NATO군의 대규모 군사훈련이 전개되는데, 2024년 NATO군 특수작전부대 훈련에 앞서 언급한 것처럼 전술적 수준에서 사이버전 수행이 가능한 휴민트 활동이 주요 시나리오를 채택되었고, 미국의 특수작전부대도 2024년부터 현지에서 무선 네트워크를 탈취하여 작전을 전개하는 훈련을 시작했다.

이처럼 사이버 휴민트는 기존 휴민트에 첨단 과학 기술이 덧입혀져 혁신된 새로운 형태의 휴민트이다. 앞서 제시한 '사이버 GUR'은 군사 분야에 적용된 사례이지만, 4차 산업혁명으로 촉발된 디지털화는 우리 사회 전반으로 확산하고 있고, 특별히 4차 산업혁명을 추동하고 있는 주요 기술인 AI 인공지능, IoT 사물인터넷, Cloud 클라우드, Big Data 빅데이터 및 Mobile 모바일은 우리 삶의 현장을 무선 네트워크로 초연결하고 있다. 이에 따라, 앞으로 민간 부분, 공공 부문 및 개인 영역에서 활동하는 휴민트도 전술前述한 무선 네트워크를 활용하여 민감 정보를 확보하거나 탈취할 가능성이 클 것으로 전망된다.

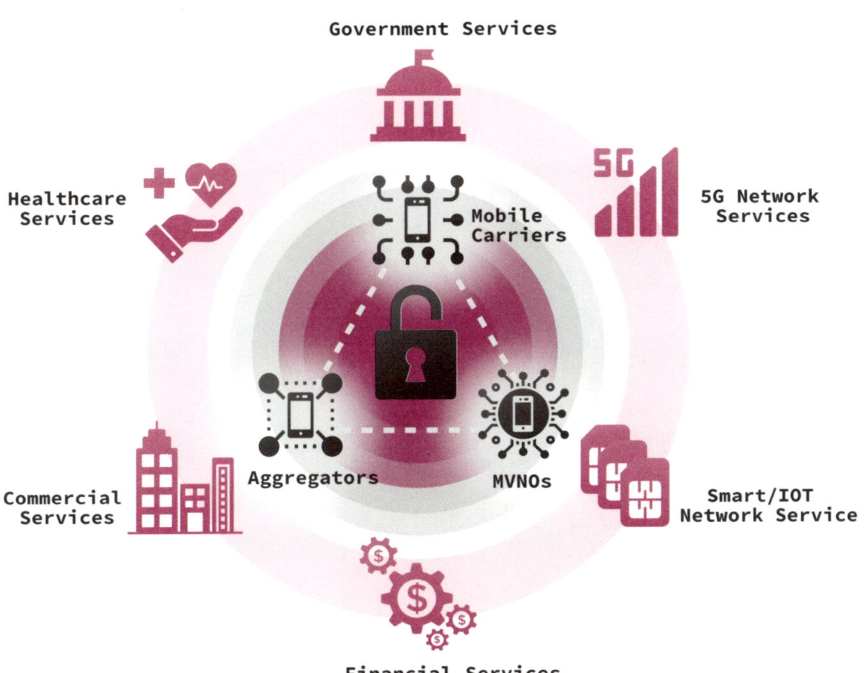

자료 : enea.com[81]

[그림 8] 사이버 휴민트가 집중적으로 공략하는 국가 중요 시설의 무선 및 모바일 네트워크

백도어 Back-Door 와 스파이칩 Spy-Chip 의 백업

사이버 침해 기술 이외에 전통적인 휴민트 활동에 도전하는 요소로
는 백도어와 스파이칩이 있다. 백도어는 컴퓨터 시스템이나 장치의
인증이나 암호화 과정을 우회함으로써 정상적인 접근 권한 없이 원
격으로 접속할 수 있는 통로이고, 스파이칩은 현미경으로 식별할 수
있을 정도의 작은 크기로 모바일 형태의 소형 전자기기, 키보드, 마
우스, USB 등에 삽입되어 있는 전자칩이다. 이처럼 백도어와 스파이
칩의 활용은 앞서 언급한 4차 산업혁명의 주요 기술인 AICBM 및 무
선 네트워크와 함께 확산되고 있다.

자료: bloomberg.com [91]

[그림 9] 서버 보드에서 발견된 스파
이칩의 모습

최근 들어, 우리나라에서도 백도어와 스파이칩 침해 사례가 나타나고 있다. 지난 2024년 7월 우리 군은 비무장지대DMZ에 설치된 1,300여 대의 중국산 CCTV를 철거했는데, 이는 CCTV에서 촬영된 영상이 특정 서버로 연결되어 유출될 수 있도록 설계된 것으로 파악되었기 때문이다. 또한, 2023년 8월 국가정보원은 국내 공공기관에서 운용하는 기상 관측 장비에 심긴 스파이칩을 발견했는데, 이는 소프트웨어나 네트워크가 아닌 하드웨어에서 스파이칩이 발견된 첫 번째 사례로 당시 국내 보안 관련 분야에서 받은 충격은 상당했다.

이와 같은 사례로부터 백도어와 스파이칩은 무선 네트워크가 작동하는 범위까지 도청할 수 있고, 광학 장비와 연결될 경우 주변 환경까지 도촬盜撮할 수 있다는 것을 알 수 있다. 이와 같은 정보 탈취 상황이 세계 곳곳에서 발생하고 있는 본질적인 이유는 특정 국가가 가성비 높은 전자, 가전, 연구 등의 분야에 대한 소재, 부품 및 장비소부장뿐만 아니라, 공급망까지도 독점하고 있기 때문이다. 예를 들면, 휴민트가 이와 같은 소부장과 공급망의 특성을 활용한다면, 휴민트는 상대국의 정부 부처와 국가 중요 시설에 납품되는 IT 제품 목록을 상시 공개되는 국가 전자조달 체계를 통해 확인한 후, 백도어나 스파이칩을 활성화하여 민감 정보를 탈취할 수 있게 될 것이다.

지난 2024년 9월 17일과 18일에 레바논과 시리아에서 활동하던 헤즈볼라의 무선호출기 수천 대가 동시에 폭발한 사건도 앞선 사례와 무관하지 않다. 이스라엘 정보 조직인 모사드의 공작으로 추정되는 이 사건은 오랜 시간 동안 헤즈볼라가 사용하는 무선호출기와 전지의 공급망을 추적한 후, 이것에 기폭장치를 삽입하여 폭발시켰다. 이로 인해 헤즈볼라의 조직망은 노출되었고, 이후 헤즈볼라 핵심 인사의 제거로 이어졌다.

여기서 무선호출기에 삽입된 기폭 장치는 앞서 언급한 스파이칩에 해당하고, 무선호출기가 동시에 폭발했을 때 노출된 전파로 인해 헤즈볼라의 핵심 인사를 식별한 방법은 백도어와 유사하다. 이처럼 백

자료 : bbc.com[10]

[그림 10] 헤즈볼라가 사용하는 워키토키, 무선호출기 및 전지의 형상

도어와 스파이칩은 사이버 휴민트의 활동을 백업하는 역할을 할 수 있다. 특히 향후 첨단 과학 기술의 발전과 함께 이것들의 성능은 지속적으로 고도화할 것이며, 이로 인해 사이버 영역이 휴민트 활동에서 차지하는 비중은 대폭 높아질 것으로 보인다.

Physical AI 로봇 출현

현재 세계 곳곳에서 활동하고 있는 휴민트는 앞서 언급한 것처럼 사이버 영역, 백도어, 스파이칩 등 첨단 과학 기술로 점철된 시간, 공간, 수단 및 방법을 활용하여 보이지 않는 활동을 강화하려고 하는 조짐Weak Signal을 보이고 있다. 이렇듯 휴민트의 활동이 인력 중심에서 기술 중심으로 전환되는 가운데, 전 세계는 또 다른 기술적 특이점Technical Singularity을 맞이하게 되었다. 보다 구체적으로 말하면, 기존 디지털 환경에 머무는 AI와는 다르게 로봇, 드론, 자율주행차량 등 물리적 하드웨어와 통합되어 현실 세계에서 사람처럼 보고, 이해하고, 행동하는 능력을 갖춘 Physical AI가 등장한 것이다.

실제로, 제조업과 연구 분야에서는 24시간 활동하는 지능형 로봇 팔로 대량 생산과 빅데이터를 축적할 수 있는 환경을 구축하고 있다.

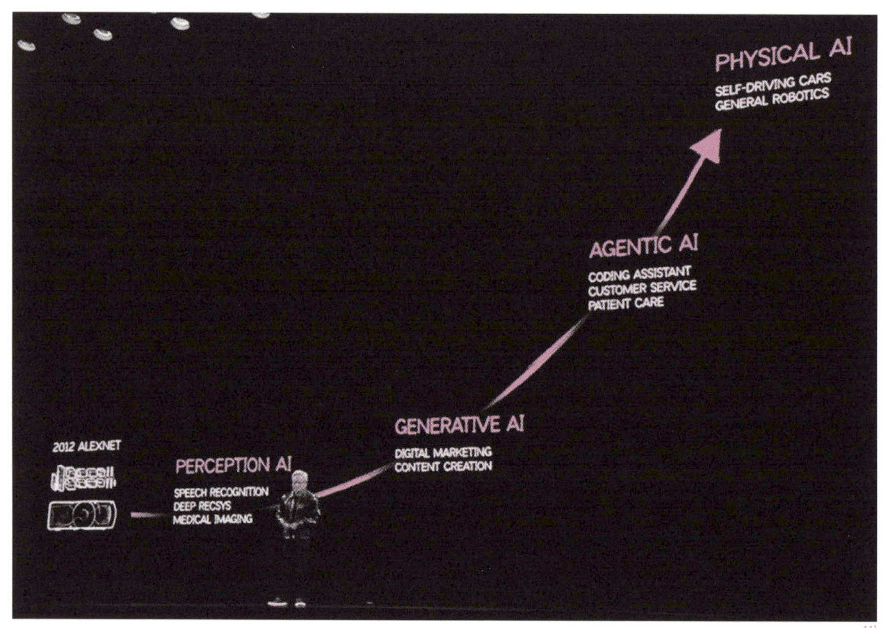

자료: impactive-ai.com[11]

[그림 11] CES 2025에서 등장한 Physical AI

군사 분야에서는 드론에 소형 엣지 AI 박스를 장착하여 사전 장입한 이미지와 실시간 촬영되는 이미지를 비교하여 자율적인 시각 비행이 가능한 AI 드론이 이미 우크라이나-러시아 전장에 투입되고 있고, 인구 절벽 시대 고성능 AI 칩이 장착된 휴머노이드는 인간의 노동을 대체할 수 있는 대안으로 떠오르고 있다. 이와 같은 Physical AI의 기술력은 하루가 다르게 발전하고 있으며, 세계 주요 빅테크에서는 서둘러 Physical AI가 덧입혀진 다양한 브랜드 로봇들을 선보이고 있다.

이와 같은 다양한 분야에서 운용되는 Physical AI 로봇들은 앞서 언급한 것처럼 사이버 영역에서 무선 네트워크로 상호 소통할 것이다. 또한, 이것을 구성하는 소부장 자체도 고도의 기술력이 필요하고 대량 생산을 위한 대규모 산업 생태계가 조성되어야 하므로 특정 국가에서 독점할 가능성을 완전히 배제할 수 없을 것이다. 무엇보다도, 인구 절벽과 결부되어 인간의 경제 활동을 대체할 것으로 전망되는 휴머노이드와 같은 Physical AI 로봇의 수는 기하급수적으로 증가할 것이다.

자료 : iotworldtoday.com[121]

[그림 12] 중국 공장에서 운용되고 있는 휴머노이드

결과적으로, 근미래 Physical AI 로봇의 활동 범위는 정치 Politics, 군사 Military, 경제 Economy, 사회 Society, 정보 Information 및 기반 시설 Infrastructure 등 국가 활동의 전 분야로 확대될 것이다. 이에 따라, 사이버 휴민트는 Physical AI 로봇에 스파이칩을 장착하여 상대국의 PMESII 전 분야에서 민감 정보를 획득하려고 시도할 것이다. 즉 인간의 활동을 대체하는 Physical AI 로봇은 전통적인 휴민트의 활동도 대체하고, 사이버 휴민트의 활동을 강화하는 차세대 휴민트로 자리잡게 될 것이다.

향후 전개될 휴민트 활동 시나리오 예상

NVIDIA의 최고 경영자인 젠슨 황은 올해 초 열린 CES 2025에서 AI의 다음 개척 분야로 Physical AI를 지목했다. 이로 인해, 전 세계는 휴머노이드와 같은 Physical AI가 덧입혀진 휴머노이드에 열광하기 시작했고, 이런 혁신 열풍은 점차 거세지고 있다. 우리나라는 전 세계 AI 3강에 진입하기 위해 국가 차원에서 노력을 집중하고 있기 때문에 앞서 언급한 휴머노이드 열풍에 편승할 것으로 보인다.

이와 같은 조짐을 바탕으로 향후 전개될 수 있는 휴민트 활동을 예상해 보면 다음과 같다. 우리나라는 국가 주도의 AI 정책으로 사회 전 분야에 걸쳐 경쟁하듯이 Physical AI 로봇을 배치하여 시범 사업을 진행할 것이고, 그 결과에 따라 Physical AI 로봇의 활동 영역은 점차 확장될 것이다. 특히 우리나라의 경우 인구 절벽으로 인해 생산인구가 급감하고 있는 상황이므로, 전 세계 로봇 시장의 기하급수적인 확장과 맞물려 Physical AI 로봇이 인간의 활동을 상당 부분 대체할 것이다.

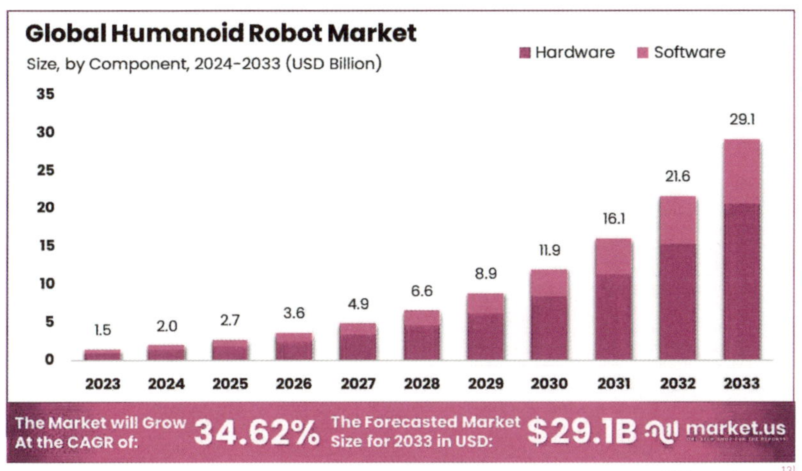

자료: market.us[13]

[그림 13] 전 세계 휴머노이드 시장 규모 전망 2023~2033

　　그렇지만 Physical AI 로봇을 제작하는 데 필요한 소부장과 소부장의 원자재 또한 특정 국가가 독점하고 있으며, 더욱이 소부장을 유통하는 전자상거래 플랫폼도 그렇다. 이와 같은 소부장과 공급망의 독점은 앞서 언급한 것처럼 백도어와 스파이칩 문제를 야기할 수밖에 없다. 이에 따라, 우리 사회 곳곳에 배치되는 Physical AI 로봇은 도청, 도촬 등 정보 탈취의 매개체가 될 수 있다.

전략적 차원에서 국가 이익을 다투는 상대국의 휴민트는 우리 정부 부처와 국가 중요 시설에서 운용되는 Physical AI 로봇의 실체를 국가 전자조달 체계를 통해 확인할 것이다. 이후 상대국의 사이버 휴민트는 기동화된 휴대용 해킹 장비를 운용하여 우리나라 PMESII 분야 핵심 시설로 접근할 것이다. 이후 지근거리에서 무선 네트워크를 활성화하여 핵심 시설 내부의 Physical AI 로봇에 내장된 마이크로 스파이칩을 원격으로 작동시켜 그 주변의 민감 정보를 탈취할 것이다.

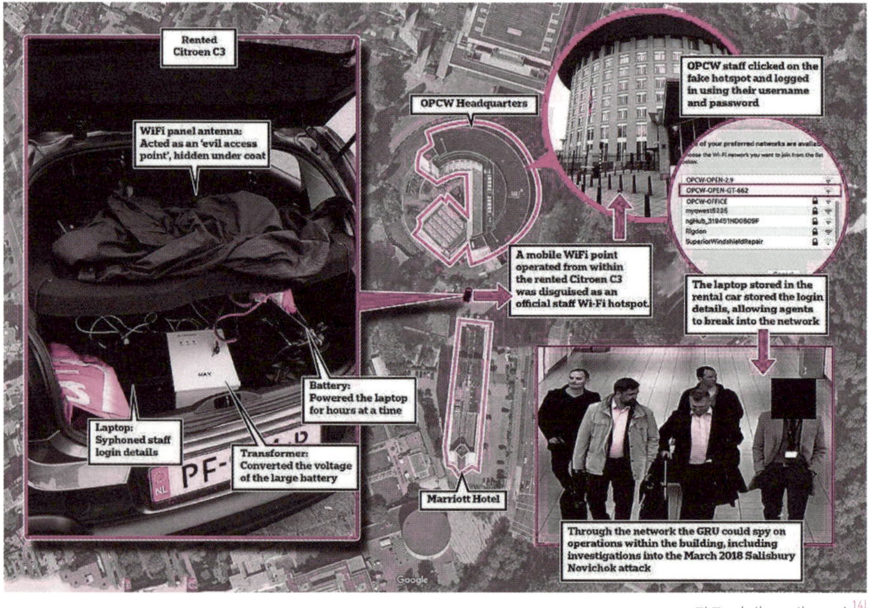

자료: dailymail.co.uk[141]

[그림 14] 러시아 사이버 휴민트가 네덜란드 화학무기금지기구OPCW의 주요 정보를 탈취하기 위해 차량 트렁크에 설치한 해킹 장비

앞서 제시한 것은 앞으로 발생할 수 있는 최악의 시나리오 Worst Scenario 중 하나이다. 국가 안보는 보수적인 관점에서 바라봐야 하기 때문이다. 그렇지만 전술한 첨단 과학 기술과 결부된 휴민트 활동의 혁신 방향, 특정 국가가 독점하고 있는 IT 분야 소부장과 전자상거래 플랫폼의 특성 등을 적확하게 이해한다면 우리나라의 민감 정보를 보호할 수 있고, 반대로 이를 역이용하여 상대국으로부터 전략적 이익을 취할 수도 있을 것이다.

권력의 이동

: 프롬프트를 지배하는 자,
미래의 부와 권력을 설계한다

현) 인천광역시 지방행정사무관, 전) (사) 한국강사협회 부회장 **조용호**

미래 권력의 중심은 기술이 아니라 질문을 설계하는 능력입니다. 프롬프트를 지배하는 자가 AI의 힘을 확장하고, 새로운 부와 영향력을 설계합니다. 한국이 준비해야 할 아젠다는 명확합니다. 질문 역량을 국가 역량으로 전환해 프롬프트크라시 시대의 주도권을 확보하는 것입니다. 

자료: Whisk 생성

알라딘의 램프가
모두에게 주어졌다

오래된 이야기 하나가 2026년 우리의 미래를 설명하는 가장 완벽한 비유가 되고 있습니다. 바로 '알라딘과 요술 램프' 이야기로 문지르기만 하면 거대한 거인 '지니'가 나타나 어떤 소원이든 들어주는 신비한 램프입니다. 만약 당신 손에 그 램프가 주어진다면 무엇을 하시겠습니까?

이 질문은 더 이상 상상 속의 이야기가 아닙니다. 2025년 오늘, 생성형 인공지능AI이라는 이름의 요술 램프가 우리 모두의 손에 주어졌기 때문입니다. 스마트폰만 있다면, 노트북만 켤 수 있다면 누구나 인류 역사상 가장 박식하고, 가장 창의적이며, 가장 지치지 않는 지니를 소환할 수 있는 시대입니다.

그림을 그려 달라고 하면 피카소의 화풍으로 그려 주고, 시를 써 달라고 하면 셰익스피어의 문체로 써 줍니다. 복잡한 시장 데이터를 분석해 주고, 밤새워야 할 보고서의 초안을 단 몇 초 만에 내놓습니다. 그야말로 마법 같은 현실입니다.

그런데 이상한 일이 벌어지고 있습니다. 모두가 똑같은 램프를 손에 쥐었지만, 그 결과는 극과 극으로 갈리고 있습니다. 어떤 이는 자신의 지니와 함께 새로운 사업을 일으켜 막대한 부를 쌓고, 어떤 이는 전에 없던 콘텐츠를 만들어 명성을 얻습니다.

반면, 대부분의 사람은 여전히 자신의 지니에게 궁금한 사항을 묻는 수준에 머물러 있습니다. 똑같은 램프를 가지고도 누구는 세상을 움직이는 주인이 되고, 누구는 그저 신기한 장난감을 가진 구경꾼에 머무는 것입니다.

무엇이 이 차이를 만드는가?

정답은 램프의 성능이 아니라 램프의 주인, 즉 우리의 '소원 비는 능력'에 있습니다. 동화 속에서 어설픈 소원이 끔찍한 재앙을 불렀던 것처럼 AI 시대에는 우리의 '질문프롬프트' 수준이 우리의 미래를 결정합니다.

AI라는 거대한 지니는 우리의 의도가 아닌 우리가 내뱉은 '말'을 그대로 실행합니다. 얼마나 정교하고, 얼마나 깊이 있으며, 얼마나 창의적인 질문을 던지느냐에 따라 우리가 손에 쥐는 결과물의 가치는 하늘과 땅 차이로 벌어집니다.

이 '질문 능력'의 차이가 부와 기회의 차이를 만드는 새로운 사회 현상을, 우리는 '프롬프트크라시 Promptocracy'라고 부르고자 합니다.[1] 이는 AI에게 효과적으로 질문하는 능력이 개인과 조직의 힘을 결정하는 새로운 시대를 의미합니다.

먼저 프롬프트 능력이 어떻게 새로운 지배계급을 탄생시키는지, 이로 인해 어떤 거대한 사회적 장벽이 세워지고 있는지를 살펴봅니다. 그리고 마지막으로, 이 거대한 변화 앞에서 당신이 구경꾼이 아닌 주인공, 미래의 부와 권력을 향한 첫걸음을 내딛는 설계자가 될 방법을 구체적으로 제시할 것입니다.

램프는 이미 당신 손에 있습니다.
이제 그 램프를 제대로 문지를 시간입니다.

프롬프트 지배계급 Promptocracy의 탄생

'프롬프트크라시 Promptocracy'. 조금은 낯선 이 단어는 생성형 AI에 특정 작업을 수행하도록 지시하는 질문이나 명령어인 '프롬프트 Prompt'와 지배를 뜻하는 '크라시 -cracy'를 합친 말입니다.

쉽게 말해, AI에게 얼마나 효과적으로 질문하고 지시하느냐에 따라 조직 내 영향력과 경제적 보상이 결정되는 새로운 권력 체계를 의미합니다. 과거처럼 직급이나 연차, 심지어 보유한 지식의 양만으로는 더 이상 리더가 될 수 없는 시대입니다.

이제는 AI의 잠재력을 200% 끌어내는 사람, 즉 프롬프트를 잘 사용하는 사람이 조직의 성과를 지배하고, 그 중심에 서게 될 것입니다.

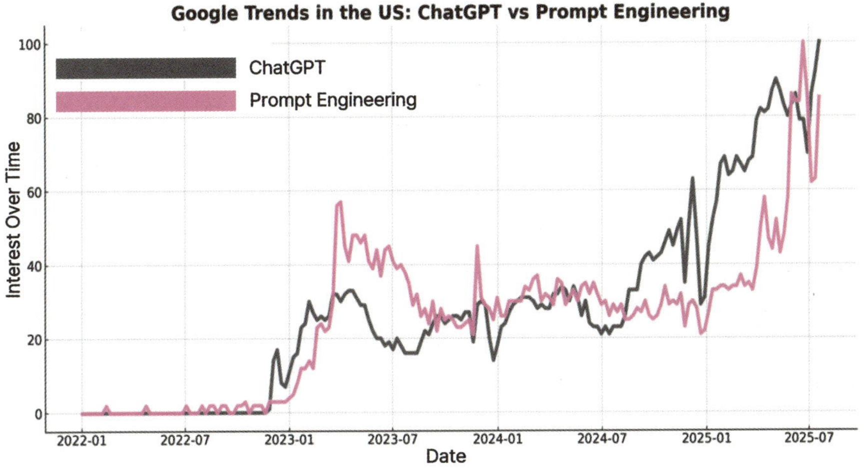

[그림 1] AI 시대 비즈니스 혁신의 촉매, '프롬프트 엔지니어링'

상기 그래프는 미국 내 'ChatGPT'와 '프롬프트 엔지니어링'에 대한 구글 검색 관심도 변화를 보여 주는 차트로 2022년부터 2025년까지 AI 기술에 대한 대중의 관심이 어떻게 변화하고 성숙했는지를 명확히 보여 주고 있습니다.

자세히 살펴보면 2022년 말, 'ChatGPT'의 등장으로 전 세계적으로 관심이 폭발했습니다. 이는 새로운 기술에 대한 순수한 호기심의 단계를 보여 줍니다. 이와 동시에 AI를 효과적으로 활용하는 방법론인 '프롬프트 엔지니어링'에 대한 관심도 함께 상승하기 시작했습니다.

시간이 지나면서 두 키워드의 관계는 더욱 흥미로워집니다. 특히 2025년에 이르러 프롬프트 엔지니어링의 검색량이 급증하며 ChatGPT 자체의 관심도를 넘어서는 현상을 보이고 있습니다.

이는 시장의 관심이 단순히 'AI 도구의 존재'를 아는 것에서 'AI 도구를 능숙하게 다루는 프롬프트 활용 능력'으로 이동하고 있으며, 프롬프트 엔지니어링이 일시적 유행을 넘어 AI 시대의 필수적인 핵심 역량으로 확고히 자리 잡았음을 증명하고 있습니다.

[그림 2] 코카콜라Coca-Cola의 2023년 'Create Real Magic' 캠페인

실제 비즈니스 현장에서 이 새로운 권력이 어떻게 작동하는지 코카콜라Coca-Cola의 2023년 'Create Real Magic' 캠페인만큼 극적으로 보여 주는 사례[3]는 없습니다.

'프롬프트크라시'의 개념이 없던 과거의 방식이라면, 마케팅팀은 AI를 고성능 '제작 도구'로만 사용했을 것입니다. 아마도 내부적으로 "AI, 코카콜라 병과 북극곰을 활용해 Z세대가 좋아할 만한 힙한 광고 100개를 생성해"라고 명령했을 것입니다.

이 방식은 AI를 '지시를 이행하는 하청업체'로 규정하며, 비용 절감이나 속도 향상 외의 가치를 창출하기 어렵습니다. 이는 브랜드의 과거 유산을 재조합할 뿐 시장을 선도하는 '새로운 마법Real Magic'을 만들지 못합니다.

하지만 코카콜라는 AI를 '하청업체'가 아닌 '글로벌 캠페인 설계자Architect'로 규정했습니다. 그들은 AI에게 '완성된 광고'를 요구하지 않았습니다. 대신 '전 세계 팬들이 스스로 광고를 만들게 하는 시스템'을 설계하라고 명령했습니다. 이는 단순한 '질문'이 아닌, AI의 역할과 시장의 룰까지 정의하는 '지배자의 프롬프트'였습니다. 이 새로운 권력은 다음과 같은 방식으로 작동했습니다.

코카콜라는 '최고의 AI 광고를 만들겠다'는 경쟁에 뛰어들지 않았습니다. 대신, OpenAI, Bain & Company와의 파트너십을 통해 '경쟁의 무대Platform' 그 자체를 만들었습니다.

- **설계된 프롬프트**: "전 세계 팬들이 코카콜라의 상징적 자산병, 로고, 북극곰 등과 GPT-4/DALL-E를 결합해 자신만의 작품을 만들 수 있는 웹 기반 플랫폼을 구축하라."
- **권력의 작동**: 그들은 AI로 창의력을 발휘하는 '주체'가 되는 대신, '창의력이 발휘되는 판'을 설계하는 주체가 되었습니다.

'프롬프트크라시'의 핵심은 '통제된 민주화'입니다. 코카콜라는 100년 넘게 지켜온 핵심 자산Brand Assets을 AI라는 도구와 함께 대중에게 '개방'했습니다.

- **설계된 프롬프트**: "팬들이 우리 자산을 '창의적 재료'로 사용하게 하라. 단, 모든 창작 활동은 'Create Real Magic'이라는 우리 플랫폼 안에서만 이루어져야 한다."
- **권력의 작동**: 이는 모든 창의적 결과물이 코카콜라의 브랜드 정체성을 벗어날 수 없도록 설계한 정교한 '가두리Walled Garden'였습니다. 팬들은 '자유로운 창작'을 즐겼지만, 그 모든 자유로운 활동은 결과적으로 '코카콜라 광고'가 되었습니다.

코카콜라는 이 거대한 시스템에 대중이 자발적으로 참여할 '동기'를 설계했습니다. 그들이 제시한 보상은 돈이 아닌 '명예'였습니다.

- **설계된 프롬프트**: "가장 창의적인 사용자 생성 작품UGC을 선별하여, 실제 뉴욕 타임스퀘어와 런던 피카딜리 서커스 전광판에 '코카콜라 공식 광고'로 집행한다."
- **권력의 작동**: 이는 전 세계 크리에이터들의 '인정 욕구'와 '명예욕'을 정확히 자극하는 프롬프트였습니다. AI라는 신기술을 가장 먼저 경험하고, 자기 작품을 세계에서 가장 상징적인 광고판에 올릴 기회를 제공함으로써 코카콜라는 비용 지급 없이도 최고 품질의 창의력을 전 세계로부터 수집했습니다.

'프롬프트크라시' 시대의 진정한 권력은 AI로 '무엇을 만들었는가'가 아니라 '무엇을 만들도록 설계했는가'에서 나옵니다.

코카콜라가 실행한 'Create Real Magic' 캠페인은 AI를 통해 수백만 명의 팬들을 '수동적인 광고 시청자'에서 '능동적인 브랜드 홍보대

사'로 탈바꿈시킨 압도적인 사례입니다.

그들은 AI에 '질문'을 던진 것이 아니라, AI를 지렛대로 '대중이 참여하는 거대한 마케팅 시스템' 그 자체를 설계했습니다. 이것이 바로 '프롬프트크라시'라는 새로운 권력이 작동하는 방식입니다. '질문의 수준'이 '결과의 수준'을, 나아가 '비즈니스의 성패'를 결정했습니다.

이런 성공을 이끈 인재의 몸값은 이미 천정부지로 치솟고 있습니다. 2025년 현재 실리콘밸리에서는 유능한 프롬프트 엔지니어에게 10억 원이 넘는 연봉을 제시하는 것이 더 이상 낯설지 않습니다.

이러한 현상은 개인의 가치를 넘어 기업의 운명까지 바꾸고 있습니다. 과거 기업의 경쟁력이 '얼마나 많은 데이터를 보유했는가'에 달려 있었다면, 이제는 '그 데이터를 얼마나 잘 질문하여 가치 있는 통찰력을 뽑아내는가'에 달려 있습니다.

기업의 회의실 풍경도 달라지고 있습니다. 과거에는 각 부서가 준비해 온 파워포인트 자료를 기반으로 토론을 벌였다면, 이제 회의의 가장 중요한 안건은 "우리 문제를 해결하기 위해 AI에게 어떤 질문을 던져야 하는가?"입니다. 회의의 결과물 역시 두꺼운 보고서가 아니라, AI로부터 최상의 답변을 얻어 내기 위한 잘 설계된 '프롬프트 패키지Prompt Package'이면 충분합니다.

결국, '프롬프트크라시' 시대의 기업 경쟁력은 다음 세 가지 질문으로 요약될 수 있습니다.

1. **질문의 자산화**: 얼마나 많은 직원이 효과적인 프롬프트를 만들고, 이를 조직의 자산으로 축적·공유하는가?
2. **질문의 속도**: 경쟁사보다 얼마나 더 빨리 시장의 변화에 대해 정확한 질문을 던지고 AI로부터 답을 얻어 내는가?
3. **질문의 독창성**: 누구나 할 수 있는 뻔한 질문이 아닌, 해당 산업의 본질을 꿰뚫는 독창적인 질문을 통해 새로운 기회를 발견하는가?

2026년, 프롬프트를 지배하는 개인과 조직은 새로운 부의 지도를 만드는 지배계급으로 우뚝 설 것입니다. 반면, 과거의 방식만을 고집하며 램프를 제대로 문지를 줄 모르는 이들은 역사의 뒤안길로 쓸쓸히 퇴장하게 될 것입니다.

"여러분의 조직, 그리고 당신은 지금 어디에 서 있습니까?"

보이지 않는 장벽, 질문의 격차

앞에서 살펴본 '프롬프트크라시'는 동전의 양면과 같습니다. 한 면에 새로운 기회가 있다면, 다른 한 면에는 무서운 그림자가 드리워집니다. 새로운 권력이 탄생하는 곳에는 언제나 새로운 불평등이 뒤따랐기 때문입니다.

문자를 아는 자와 모르는 자가 나뉘었던 '문맹文盲'의 시대, 컴퓨터와 인터넷 사용 능력으로 기회가 달라졌던 '디지털 격차Digital Divide'의 시대를 지나, 이제 우리는 세 번째 거대한 격차와 마주하고 있습니다. 바로 '질문의 격차Prompt Divide'입니다.

이는 단순히 AI를 사용할 줄 아느냐 모르느냐의 차원이 아닙니다. 코카콜라의 사례처럼, AI를 사용하더라도 '어떻게' 질문하느냐에 따라 그 결과가 극명하게 달라지면서, 보이지 않는 사회적·경제적 장벽이 새롭게 세워지는 현상을 의미합니다.

이 장벽은 과거의 그 어떤 격차보다 더 교묘하고, 더 깊고, 더 극복하기 어려울 수 있습니다. 기술의 접근성 문제가 아니라, 인간의 가장 근본적인 능력인 '사고력과 표현력'의 차이에서 비롯되기 때문입니다.

생각의 변화: 정답은 기계에, 질문은 인간에게

'질문의 격차' 시대는 '똑똑함'에 대한 기준을 송두리째 바꿉니다. 지금까지 우리는 많은 것을 외우고, 정해진 질문에 '정답'을 빨리 맞히는 사람을 똑똑하다고 여겼습니다. 하지만 세상의 거의 모든 정답은 이제 AI가 0.1초 만에 알려 줍니다. 평생에 걸쳐 머릿속에 쌓아온 지식의 가치가 하루아침에 폭락하고 있는 것입니다.

그렇다면 이제 인간의 가치는 어디에서 나올까요? 바로 AI가 스스로 할 수 없는 것, 즉 '세상에 없던 새로운 질문을 던지는 능력'입니다. 미래의 인재는 '걸어 다니는 백과사전'이 아니라, AI라는 초고성능 배를 타고 아무도 가보지 않은 신대륙을 찾아 나서는 '호기심 많은 탐험가'와 같습니다. 지식을 수동적으로 암기하는 것을 넘어, 흩어진 정보들을 엮어 새로운 가치를 만드는 '질문'을 설계하는 능력이 중요해진 것입니다.

생활과 사회의 변화: 새로운 계급의 등장

이 '질문의 격차'는 우리 삶 모든 곳에 영향을 미치며, 결국 새로운 사회 계층을 만들어 낼 것입니다. 이 변화를 가장 먼저, 그리고 가장 아프게 체감할 곳은 바로 '교육' 현장입니다.

2026년의 대학 강의실을 상상해 보십시오. 교수가 과제를 내줍니다. *"셰익스피어의 4대 비극이 현대 사회에 미치는 영향에 대해 리포트를 제출하세요."*

학생 C는 생성형 AI에 이렇게 입력합니다.

"셰익스피어 4대 비극이 현대 사회에 미치는 영향에 대해 리포트 써 줘."

AI는 인터넷 자료를 짜깁기한 평범하고 깊이 없는 리포트를 5초 만에 뱉어 냅니다. C는 그대로 제출하고, 아마도 평범한 C학점을 받을 것입니다.

학생 D는 다릅니다. 그는 이 과제를 '생각하는 능력'을 증명할 기회로 삼고, AI를 똑똑한 연구 조교처럼 활용하며 다음과 같은 대화를 시작합니다.

1단계 자료 수집 :

*"셰익스피어 4대 비극*햄릿, 오셀로, 리어왕, 맥베스 *각각의 핵심 주제와 갈등 구조를 표로 정리해 줘. 그리고 21세기 현대 사회의 주요 문제*예: 정치적 양극화, SNS 가짜뉴스, 가족 해체, 무한 경쟁*를 10가지 제시해 줘."*

2단계 연결고리 탐색 :

"이제, 1단계에서 정리한 4대 비극의 주제와 현대 사회 문제 10가지 사이의 연관성을 찾아 연결해 줘. 예를 들어, '오셀로의 질투와 파멸'은 'SNS 가짜뉴스와 현대인의 불신'과 어떻게 연결될 수 있는지 분석적인 관점을 제시해 줘."

3단계 개요 작성 :

"지금까지 분석을 바탕으로, '셰익스피어의 비극은 어떻게 400년 후 소셜미디어 시대 우리에게 경고를 보내는가?'라는 주제로 리포트 개요를 작성해 줘. 서론, 본론 3가지 핵심 주장*, 결론 형식으로."*

4단계 심화 및 퇴고 :

"완성된 개요로 리포트 초고를 작성해 줘. 학술적인 톤을 유지하고, 내 주장에 대한 예상 반론과 그에 대한 재반박을 추가하여 논리의 깊이를 더해 줘."

학생 D는 단순히 AI에 '답'을 구걸하지 않았습니다. 자기 생각을 구조화하고, 문제를 분해하며 자신만의 독창적인 논리를 구축했습니다. 그는 A+를 받을 것이고, 더 중요한 것은 이 과정을 통해 C학생은 결코 얻지 못할 비판적 사고력과 문제 해결 능력을 길렀다는 점입니다.

이 두 학생의 차이가 바로 '질문의 격차'입니다. 이 격차는 학력, 성적을 넘어 졸업 후 사회에서 얻게 될 소득과 기회의 격차로 고스란히 이어집니다. 더 큰 문제는, 우리의 교육 시스템이 여전히 정답 암기에 익숙한 C학생을 길러내는 데 머물러 있다는 사실입니다.

이러한 격차는 공공 서비스와 정책 결정 과정에서도 심각한 문제를 낳습니다. 교통 문제 해결을 위해 "교통 체증 해결 방안 제시해 줘"라고 질문한 공무원과, "관련 데이터를 종합 분석하여, 단기/중기/

장기적 관점에서 예산 제약 조건하에 3가지 대안을 제시하고 각 대안의 장단점 및 예상 민원을 분석해 줘"라고 질문한 공무원이 내놓는 정책의 질은 비교할 수 없을 것입니다.

'질문의 격차'는 행정 서비스의 질적 차이로, 나아가 국가 경쟁력의 차이로 직결됩니다. 이 보이지 않는 장벽은 이미 우리 사회 깊숙이 세워지고 있습니다.

이 장벽을 허물기 위한 사회적 논의와 교육 시스템의 혁신이 지금 당장 시작되지 않는다면, 2026년 대한민국은 똑똑한 AI를 가졌음에도 더 깊은 불평등의 늪에 빠지게 될지 모르는 'AI 소외자'를 양산하게 될 것입니다.

[표 1] 프롬프트크라시 시대 인간의 세 가지 역할

역할	어떤 사람일까?	특징
질문 설계자 (Prompt Architect)	AI에게 독창적이고 똑똑한 질문을 던져 새로운 가치를 만드는 소수의 리더	자신의 분야에 대한 깊은 이해를 바탕으로 AI를 자유자재로 활용함.
AI 활용자 (AI User)	다른 사람이 만든 AI 서비스를 이용해 자신의 업무를 효율적으로 처리하는 다수의 사람	주어진 AI 도구를 잘 사용하지만 새로운 것을 만들어 내는 데는 한계가 있음.
AI 소외자 (AI Alienated)	AI 사용을 어려워하거나 좋은 질문을 못해 AI의 혜택을 거의 받지 못하는 사람	변화에 대한 적응이 느리고, 단순 반복적인 일에 종사하는 경우가 많음.

경제의 변화: 질문을 잘해야 돈을 버는 시대

'프롬프트크라시'는 우리가 돈을 버는 방식, 즉 경제의 규칙을 근본적으로 바꾸고 있습니다.

첫째, 많은 직업이 사라지고, 새로운 직업이 생겨납니다. 인터넷 정보를 찾고, 요약하고, 정리하는 단순 사무직은 AI가 훨씬 잘하기에 점점 줄어들 것입니다. 반면, 각 분야의 전문가가 AI를 지휘하는 새로운 직업들이 많이 늘어날 것입니다.[4] 변호사는 법 조항 검색은 AI에 맡기고 복잡한 사건의 핵심을 꿰뚫어 '소송 전략'을 짜도록 질문해야 하고, 의사는 환자 증상 검색 대신 수백만 명의 데이터를 학습한 AI를 통해 특정 환자에게 맞는 '최적의 치료법'을 설계하도록 질문하며 더 큰 가치를 인정받게 될 것입니다.

둘째, 회사의 가장 중요한 자산이 '데이터'에서 '질문'으로 바뀝니다. 과거에는 남들보다 많은 정보를 가진 회사가 이겼지만, 이제 정보는 AI를 통해 누구나 쉽게 얻을 수 있습니다. 진짜 중요한 것은 그 흔한 정보를 가지고 '우리 회사만의 창의적인 질문'을 던져 아무도 생각 못 한 사업 기회를 찾아내는 것입니다. 미래의 회사는 '데이터 분석팀'보다 우리 회사의 미래를 바꿀 '100억짜리 질문'이 무엇인지 고민하는 '질문 전략팀'이 더 중요해질 수 있습니다.

결론적으로, 미래 경제는 AI에게 얼마나 좋은 질문을 던지느냐에 따라 부와 성공이 결정되는 '질문 중심 경제'가 될 것입니다.

미래의 부와 권력으로 가는 첫걸음

지금까지 프롬프트 능력이 어떻게 새로운 권력을 만들고 사회적 격차를 낳는지, 그 거대한 흐름을 살펴보았습니다. 이쯤 되면 '나 같은 평범한 사람이 저런 능력을 갖출 수 있을까?' 하는 막막함이나 불안감이 들지도 모릅니다.

　AI를 지휘하는 능력은 마치 소수의 천재만 가질 수 있는 특별한 재능처럼 보이기 때문입니다.

　하지만 결론부터 말하자면, 이는 완전히 잘못된 생각입니다. 효과적인 프롬프트 능력은 타고난 재능이 아니라, 명확한 원리를 통해 '학습하고 훈련할 수 있는 기술'입니다. 마치 우리가 자전거를 배우고, 외국어를 배우는 것처럼 말입니다. 물론 노력이 필요하지만, 그 원리는 생각보다 복잡하지 않습니다.

　가장 먼저 바꿔야 할 것은 AI를 '정답 자판기'로 여기는 태도를 버리고, '생각의 파트너'로 대하는 것입니다. 좋은 프롬프트의 핵심은 멋진 기술 용어가 아니라, 내가 무엇을 원하는지 명확하게 정의하고 그 목표를 달성하기 위한 과정을 논리적으로 설계하는 '사고력'에 있습니다.

효과적인 프롬프트 설계를 위한 가장 기초적이면서도 강력한 프레임워크로 'R-C-P-A 모델'을 기억하시기 바랍니다. 이는 역할_{Role}, 맥락_{Context}, 목적_{Purpose}, 행동_{Action}의 약자입니다.

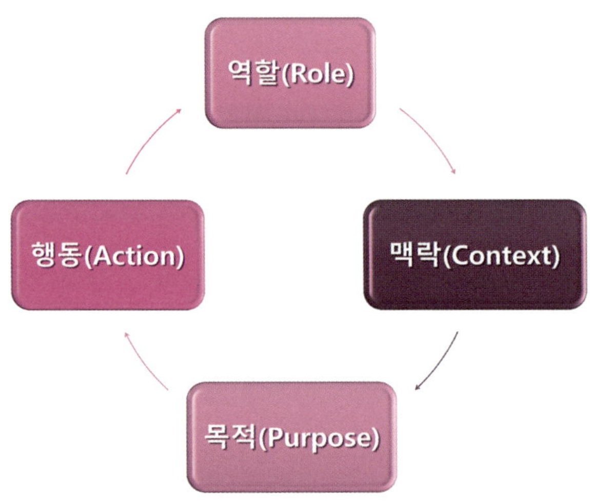

- **역할**_{Role} : AI에게 구체적인 정체성과 전문성을 부여하세요.
  - (×) "~에 대해 알려줘"
  - (○) "너는 20년 경력의 투자 전략가야.", "너는 노벨 문학상 후보에 오른 소설가야."
- **맥락**_{Context} : AI가 내가 처한 상황을 이해하도록 충분한 배경 정보를 주세요.
  - (×) "사업 아이디어 좀 내줘."
  - (○) "나는 1인 창업가이고, 초기 자본금은 1,000만 원이야. 온라인으로 판매 가능한 친환경 제품 사업 아이디어를 원해."

- **목적**Purpose : 이 프롬프트를 통해 궁극적으로 얻고 싶은 것이 무엇인지 명확히 하세요.

  (×) "이메일 초안 써줘."

  (○) "까다로운 고객 클레임에 정중히 대응하면서도, 우리 입장을 명확히 전달해 추가 논쟁을 막는 것을 목적으로 하는 이메일 초안을 써줘."

- **행동**Action : AI가 무엇을, 어떤 형식으로 수행해야 하는지 구체적으로 지시하세요.

  (×) "~에 대해 설명해 줘."

  (○) "~에 대한 내용을 서론, 본론, 결론 형식으로 나눠 줘. 본론은 3가지 핵심 주장으로 구성하고, 각 주장을 뒷받침하는 통계 데이터를 포함한 1,500자 분량의 블로그 포스팅 초고를 작성해 줘."

이 'R-C-P-A 모델'은 당신이 AI에게 말을 거는 방식을 완전히 바꿔 줄 것입니다. 이제 이 모델을 일상에서 훈련하는 몇 가지 구체적인 방법을 알아보겠습니다.

첫째, 당신의 공부나 업무를 '질문 설계'의 훈련장으로 삼으십시오. 리포트를 쓸 때, 단순히 주제를 던지고 '써줘'라고 하지 마십시오. 앞서 본 D학생처럼 과제를 여러 단계로 분해하고, 단계마다 AI에게 R-C-P-A 모델을 적용해 질문하는 연습을 하는 것입니다. 처음에는 시간이 더 걸리겠지만, 몇 번만 반복하면 훨씬 더 깊이 있는 결과물을 빨리 얻는 자신을 발견하게 될 것입니다.

둘째, 결과물이 마음에 들지 않을 때 포기하지 말고 '더 나은 질문'을 고민하십시오. AI가 엉뚱한 답변을 내놓았다면, AI가 멍청해서가 아니라 나의 프롬프트가 불분명했기 때문일 가능성이 높습니다. "왜 이것밖에 못 해?"라고 탓하는 대신 "내 질문에 어떤 정보가 부족했을까?", "어떤 단어가 오해를 샀을까?"라고 복기하며 질문을 수정하는 과정을 거쳐야 합니다. 이 과정 자체가 당신의 논리력을 비약적으로 향상하게 할 것입니다.

셋째, 다른 사람의 좋은 프롬프트를 적극적으로 배우고 모방하십시오. 이미 온라인에는 뛰어난 프롬프트 사례들이 많이 공유되고 있습니다. 마치 우리가 좋은 글을 필사하며 작문 실력을 키우듯, 다른 사람들의 프롬프트를 가져와 그대로 실행해 보고, 자신의 상황에 맞게 변형하고 응용하는 연습은 실력을 키우는 가장 빠른 길입니다.

기억해야 할 가장 중요한 사실은, 프롬프트 능력의 본질이 AI를 다루는 기술이 아니라 '생각을 다루는 기술'이라는 점입니다. 명확하게 생각할 수 있는 사람만이 명확하게 질문할 수 있습니다.

프롬프트를 설계하는 훈련은 곧 문제의 본질을 꿰뚫고, 복잡한 정보를 구조화하며, 목표를 향해 나아가는 논리적 사고의 과정 그 자체입니다.

미래의 부와 권력은 거창한 기술이나 막대한 자본에서 시작되지 않습니다. 그것은 지금 당신의 모니터 앞에서, 더 나은 질문을 던지기 위해 고민하는 그 작은 첫걸음에서 시작됩니다.

당신의 가장 강력한 자산, '질문'

우리는 짧은 여정을 통해 2026년의 새로운 권력이 어디에서 비롯되는지 살펴보았습니다. 우리 모두의 손에 쥐어진 'AI'라는 알라딘의 램프, 이 램프를 제대로 다루는 '프롬프트'라는 주문이 어떻게 새로운 지배 계급을 탄생시키고, 우리 사회에 '질문의 격차'라는 보이지 않는 장벽을 세우는지 목격했습니다. 그리고 그 거대한 변화 속에서 우리 각자가 미래의 주인공이 될 수 있는 첫걸음이 무엇인지도 이야기했습니다.

이제 모든 이야기는 단 하나의 결론으로 모아집니다. 2026년 이후의 세계에서 당신이 가질 수 있는 가장 강력하고 가치 있으며, 결코 AI가 대체할 수 없는 자산은 바로 '질문' 그 자체입니다.

우리는 너무나 오랫동안 '정답'을 찾는 데 익숙한 세상에서 살아왔습니다. 좋은 학교, 좋은 직장을 위해 정해진 질문에 정해진 답을 빠르고 정확하게 외워야 했습니다. 질문은 언제나 세상이 우리에게 던지는 것이었고, 우리는 그저 성실한 답변자이기만 하면 되었습니다.

하지만 AI 혁명은 이 모든 규칙을 뒤집어 버렸습니다. 세상의 거의 모든 '알려진 정답'을 AI가 갖게 된 순간, 정답의 가치는 폭락했습니다. 대신, 세상에 아직 존재하지 않는 가치를 만들어 내는 '세상에 없던 질문'의 가치가 폭등하기 시작했습니다.

"어떻게 하면 더 빨리 팔 수 있을까?"가 아니라, "우리 제품이 고객의 삶에 어떤 의미를 가질 때, 그들은 기꺼이 팬이 될까?"를 질문하는 능력.

"어떻게 하면 교통 체증을 줄일 수 있을까?"가 아니라,
"사람들이 자동차를 소유할 필요가 없는 도시는 어떤 모습일까?"
를 질문하는 능력.

"셰익스피어는 무엇을 말했는가?"가 아니라,
"만약 셰익스피어가 지금 살아 있다면, 이 분열된 사회를 보고 어떤 비극을 썼을까?"를 질문하는 능력.

이러한 질문들은 단순히 정보를 검색하는 것을 넘어, 우리의 관점을 바꾸고 상상력을 자극하며 존재하지 않던 가능성을 현실로 만드는 창조의 씨앗입니다.

이것이야말로 AI가 아무리 발전해도 스스로 할 수 없는, 오직 불완전하고 호기심 많고 꿈을 꾸는 인간만이 할 수 있는 고유의 영역입니다.

프롬프트를 설계하는 것은 AI를 조종하는 기술을 배우는 것이 아닙니다. 그것은 내 안에 잠들어 있던 질문 본능을 깨우는 과정입니다. 내 삶에서, 내 주변에서, 이 사회에서 진짜 중요한 문제가 무엇인지 발견하고, 그것을 명확한 언어로 정의하며, 해결을 향해 나아가는 여정입니다.

이제 선택의 시간입니다. 우리 손에 들린 이 요술 램프를 그저 남들이 만들어놓은 질문을 입력하며 살아가는 '소비자'로 남을 것인가? 아니면 내 삶과 세상의 주인이 되어, 아무도 던지지 못했던 위대한 질문을 통해 새로운 미래를 설계하는 '창조자'가 될 것인가?

램프는 이미 당신의 것입니다. 이제 그 램프를 가지고, 위대한 첫 번째 질문을 던질 시간입니다. 미래는 그 질문에 대한 대답으로 당신 앞에 펼쳐질 것입니다.

AI 규제의 확산과 사회적 갈등의 시작

: The Rise of AI Regulation and the Onset of Social Conflict

주식회사 와이매틱스 CEO/대표이사 **방준성**

AI 규제의 확산은 단순한 통제가 아니라 디지털 사회의 새로운 질서를 설계하는 시작점이다. 이제 한국의 아젠다는 명확하다. 안전·책임·증거 기반의 AI 규제 인프라를 국가 경쟁력으로 전환해 기술 신뢰와 혁신의 균형을 선도해야 한다.

2023년 샌프란시스코에서는 자율주행 로보택시 Robotaxi가 보행자를 들이받고 수 미터 끌고 가는 사고가 발생했다. 이 사건 이후 미국 규제기관은 자율주행 시스템을 대상으로 소프트웨어 업데이트와 로그 전체를 포괄적으로 검증하는 방향으로 감독 범위를 확대했다.[1] 2024년 캐나다에서는 항공사 챗봇이 장례 할인 운임 정보를 잘못 안내한 사건이 있었다. 항공사는 이에 대해 책임이 없다고 주장했지만, 법원은 챗봇의 발언 역시 기업의 법적 책임 범위에 포함된다고 판시했다.[2] 딥페이크 Deepfake 를 이용한 보이스피싱과 선거 개입 우려가 커지면서, 2024년 미국 연 방거래위원회 FTC: Federal Trade Commission 와 연방통신위원회 FCC: Federal Communications Commission 는 음성 클로닝 Voice Cloning 과 인공지능 AI: Artificial Intelligence 생성 통화에 대한 새로운 규제와 고지 의무를 추진 하고, AI를 활용한 사기·사칭 행위를 제한하기 위한 모방 금지 규칙 설계에 착수했다.[3] 이러한 사건들이 이어지는 가운데, 유럽연합 EU 은 2024년 8월 포괄적 AI 규범인 「EU AI Act」를 발효하고 단계적 적용 을 예고했다.[4] 한국 역시 「인공지능 발전과 신뢰 기반 조성 등에 관 한 기본법」약칭: 인공지능기본법 을 제정해 2026년 시행을 앞두고 있다.[5]

AI 기술의 급속한 발전에 대응해 각국이 규제 체계를 정비하면서, 국가 및 기관 간 규제 격차와 충돌은 오히려 심화되고 있다. 이러한 변화는 권리와 주권의 재편, 안전과 책임 구조의 재구성으로 이어질 것이며, 가까운 미래 글로벌 거버넌스 질서에 중대한 영향을 미칠 것 으로 전망된다. AI 규제가 전 세계적으로 확산되면서, 데이터·모델· 플랫폼·국가 주권이 재편되고, 그 과정에서 새로운 형태의 사회적 갈등이 막 시작되고 있다.

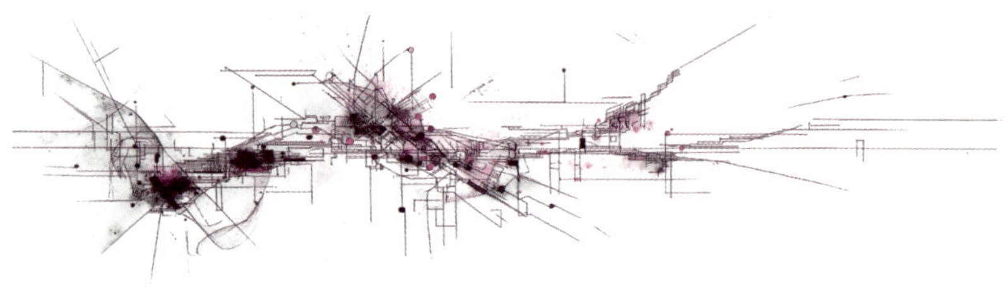

AI 규제의 필연성과 디지털 질서의 전환

인공지능 AI: Artificial Intelligence 기술이 일정한 성숙 단계에 이르면서, AI는 더 이상 연구실이나 일부 산업 시스템에 국한된 특수 기술이 아니라 사회 전반을 지탱하는 기반 인프라로 자리 잡고 있다. 기술이 고도화되면서 일상, 산업, 제도 영역이 하나의 연결망으로 통합되고, 이에 따라 AI 규제를 둘러싼 논의도 본격화되고 있다. AI 규제는 구조적 위험을 관리하고 사회적 신뢰를 유지하기 위한 불가피한 제도적 장치로서 그 중요성이 점점 커지고 있다.

개인의 일상에서 스마트폰은 이제 단순한 정보 단말기를 넘어, 이메일 요약, 메신저 대화 정리, 자동 번역, 실시간 질의응답 등을 수행하는 개인 비서 역할을 하고 있다. 거실의 AI 스피커는 사용자의 생활 패턴을 학습해 조명과 온도 등을 자동으로 조정하고, 차량 내 AI 시스템은 운전 습관과 도로 환경 데이터를 분석해 연비와 안전성을 동시에 향상시키고 있다. 직장에서는 마이크로소프트 Microsoft의 코파일럿 Copilot, 구글 Google의 제미나이 Gemini와 같은 AI 도구가 문서 작성, 코드 디버깅, 회의 요약 등의 업무를 자동화하며 사실상 협업 파트너로 활용되고 있고, 내부 행정·전산 시스템에도 다양한 AI 모듈이 점차 통합되고 있다. 산업 현장에서는 센서 데이터와 예측 모델을 결합한 AI가 설비의 이상 징후를 조기에 감지하고 고장 가능성을 추정해 정비 시점을 제안하며, 물류·모빌리티 영역에서는 수요, 날씨, 도로 상황 등을 통합 분석해 실시간으로 배송·운행 경로를 최적화하는 시스템이 이미 상용화되어 운용되고 있다. 과학·의학 연구 분야에서는 알파폴드AlphaFold와 같은 AI 모델이 단백질의 3차원 구조를 원자 수준에서 예측해 구조 규명 과정의 병목을 크게 줄였고, 생성형 AI를 활용해 설계된 항섬유화 약물 후보가 실제 인체 대상 임상 2상 단계까지 진입하는 등 신약 개발 방식에도 변화가 나타나고 있다. 이처럼 의사 결정 과정이 점점 더 AI의 분석과 제안을 활용하는 방향으로 재구성되면서, AI는 사회 운영을 떠받치는 핵심 인프라로 기능하기 시작했다. 그만큼 시스템 오류나 편향이 초래할 수 있는 실패와 왜곡의 영향력도 과거보다 훨씬 더 넓고 깊게 확산될 수 있는 구조가 되었다.

AI 기술의 발전과 함께 AI 윤리Ethics에 대한 논의도 꾸준히 이어져 왔지만, 규범적 원칙 수준에 머물던 '추상적 윤리 논의'가 '구체적 제도 설계' 단계로 전환되게 만든 직접적 계기는 결국 현실에서 발생한 각종 사고와 분쟁이었다. 그 대표적 사례로는 크루즈Cruise가 운영한 자율주행 로보택시의 보행자 충돌 사고,[6] 테슬라Tesla 오토파일럿 기능이 개입된 교통사고에서 제조사의 책임을 일부 인정한 판결,[7] 캐나다 항공사 에어캐나다의 고객 지원 챗봇이 잘못된 환불 규정을 안내해 법원이 회사 책임을 인정한 사건[8] 등을 들 수 있다. 세계경제포럼WEF : World Economic Forum은 최근 보고서에서 단기적 관점에서의 세계 10대 위험 요인 가운데 하나로 '잘못된 정보Misinformation와 허위 정보Disinformation'를 지목했다.[9] [10] 아울러 음성 합성·딥페이크 기술의 발전에 따른 보이스피싱, 영상·음성 위조 사기 피해가 급증함에 따라, 미국 연방거래위원회 FTC, 증권거래위원회 SEC, 연방통신위원회 FCC 등 여러 기관이 인공지능 오남용, 특히 딥페이크와 각종 사기 행위를 방지하기 위한 별도의 지침과 규제 가이드라인을 마련하기 시작했다.[11]

이 사례들이 공통으로 보여 주는 점은, 기존 법체계가 전제로 삼아 온 '도구를 사용하는 행위자와 그로 인한 피해를 입는 인간'이라는 구조만으로는 더 이상 현실을 설명하기 어렵다는 것이다. AI는 물리적으로 한 번 만들어지면 고정되는 전통적 도구와 달리, 스스로 판단 로직을 구성하고, 네트워크를 통해 대규모로 배포되며, 소프트웨어 업데이트를 거치며 사후적으로도 기능과 위험 프로파일이 계속 변하는 동적인 시스템이다. 이 때문에 기존의 제조물책임법, 개인정보보호법, 부정경쟁방지법 등 개별 법률만으로는 알고리즘 편향, 연쇄적인 소프트웨어 업데이트의 영향, 국경을 넘나드는 AI 서비스와 데이터 이동, 인간과 AI가 함께 의사 결정에 관여하는 하이브리드 구조 등을 충분히 설명하고 규율하기 어렵다는 지적이 꾸준히 제기되어 왔다. 이러한 규율의 사각지대, 이른바 '법적 공백 Legal Lacuna'이 자율주행, 생성형 AI, 플랫폼 알고리즘 등에서 나타난 구체적인 피해 사례와 맞물리면서, AI를 별도로 규율하는 기본법·특별법이나 포괄적 AI 규제체계를 마련해야 한다는 공감대가 형성되었다. 그 결과 경제협력개발기구 OECD와 유네스코 UNESCO의 AI 윤리 원칙 논의, 유럽연합 EU의 「EU AI Act」 제정, 각국의 AI 특별법·기본법 추진을 통해 이러한 흐름은 국제적으로 빠르게 확산되고 있다.

　　AI 규제의 필연성은 지난 5~6년 동안 전개된 국제 규범 형성의 흐름에서도 뚜렷하게 확인된다. 먼저 AI 윤리 원칙에 관한 논의가 본격적으로 전개되었다.[12] 2019년 OECD는 「인공지능에 관한 이사회 권고 OECD Council Recommendation on AI」이하 OECD AI Principles를 채택하면서, 포용적 성장과 지속가능성, 인간 중심 가치와 공정성, 투명성과 설명 가능성, 강건성·보안·안전성, 책임성에 기반한 '신뢰할 수 있는 AI Trustworthy AI'를 위한 다섯 가지 가치 원칙을 제시했다.[13] [14] 이는 최초의 정부 간 AI 원칙으로 평가된다.[15] 이어 2021년 UNESCO는 당시 193개 회원국 전원의 합의로 「인공지능 윤리에 관한 권고 Recommendation on the Ethics of Artificial Intelligence」를 채택하고, 인간의 존엄과 인권, 문화적·사회적 다양성, 환경·생태계의 지속가능성을 AI 거버넌스의 핵심 규범 가치로 명시했다.[16] 이와 같은 연속적인 국제 합의는 AI 기술의 발전이 일정 수준 이상의 윤리·인권·환경 기준을 전제로 해야 한다는 '규범적 하한선'을 이미 글로벌 차원에서 설정해 두었음을 보여 준다.

　　AI 윤리 원칙에 대한 국제적 논의와 합의가 일정 수준에 이르자, 이를 뒷받침할 구속력 있는 법제가 본격적으로 설계되기 시작했다. EU는 2024년 세계 최초의 포괄적 AI 규제 기본법으로 평가되는 「EU AI Act」를 최종 채택하여 같은 해 8월 1일 이를 발효했다.[17] [18] 이 법은 고위험 AI 시스템에 대한 인증·문서화 의무, 금지 행위, 범용 AI GPAI 모델에 대한 규율 등을 포함한다. 2025년부터 단계적으로 적용할 계획이었는데, 2025년 11월 현재, 기업들의 규제 부담과 표준 마련 지연에 대한 우려를 반영해 EU 집행위원회가 고위험 AI 규칙의 발효 시점을 최대 16개월까지 늦추는 방안을 제안한 상태이며, 이에 대한 최종 입법 절차가 진행 중이다.[19] AI 규제에 대한 법제의 집행은 이해관계가 복잡하여 지속적으로 그 상황을 지켜볼 필요가 있다. 한국은 2024년 「인공지능 발전과 신뢰 기반 조성 등에 관한 기본법」_{이하 AI 기본법}을 국회에서 통과시키고 2025년 1월 21일 공포했으며, 2026년 1월 22일 시행을 앞두고 있다.[20] 이 법은 인공지능 진흥 정책과 더불어 AI 안전연구기관, 국가 차원의 AI 윤리·신뢰 거버넌스 체계, 위험 기반 관리 프레임워크의 기본 골격을 규정한다.[21] 일본 또한 2025년 5월 「인공지능 관련 기술의 연구개발 및 활용 촉진에 관한 법률」_{이하 AI Promotion Act}을 제정하고 같은 해 9월 1일 시행에 들어갔다.[22] 이 법은 원칙 중심의 규율 방식을 통해 투명성, 설명 가능성, 안전성, 책임 있는 활용에 관한 사업자 지침을 제도화함으로써, EU와는 다른 AI 거버넌스 모델을 구축하고 있다.

OECD와 UNESCO 차원에서 마련된 AI 윤리 원칙이 각국 법제 설계의 레퍼런스로 광범위하게 인용되는 출발점이었다면, 이제 EU·한국·일본 등은 이를 토대로 법적 구속력을 갖춘 규제 체계를 구축하는 단계로 이행하고 있다.[23] EU의 「EU AI Act」와 한국의 「AI 기본법」은 규범의 강도와 집행 방식에서는 차이가 있지만, 위험 기반 관리, 데이터·모델 거버넌스, 설명 가능성, 사후 안전 모니터링이라는 핵심 축에서는 상호 영향을 주고받으며 점차 수렴하는 양상을 보인다.[24] 이러한 흐름은 AI 정책 논의의 초점을 이미 '규제를 할 것인가 말 것인가'에서 '어떤 철학과 설계 원리에 따라 규제할 것인가'로 이동시켰다. 이제 쟁점은 규제의 존재 여부가 아니라, 그 규범을 어떻게 설계하고 언제 도입하며 어느 정도의 예측 가능성을 담보하느냐가 향후 기술 혁신의 궤적과 사회적 신뢰의 방향을 가르는 데 중요한 변수로 작동하는 시대에 접어들었다는 점이다.

AI 규제를 입체적으로 이해하려면 '기술-위험-사회 사회적 신뢰'가 맞물린 삼각 구조로 살펴볼 필요가 있다. 기술 Technology 측면에서 고성능 언어·멀티모달 모델, 자율주행 시스템, 의료·금융 분야의 AI는 예측·판단·행동을 점점 더 자동화하고 있다. 코파일럿형 AI, 산업용 예측 모델, 과학 연구용 AI는 생산성과 효율성을 분명히 끌어올리는 한편, 한 번 오류가 발생하면 그 영향이 사회 전반으로 빠르게 확산될 수 있는 구조를 만들어 낸다. 위험 Risk 측면에서는 기술의 복잡성과 보급 속도가 높아질수록 사고, 편향, 남용, 보안 취약성이 동시에 증폭된다. 자율주행 로보택시 사고, 금융·채용 알고리즘의 차별, 보이스피싱과 딥페이크를 활용한 선거 조작 사례 등은 위험이 개별 기업의 실수 차원을 넘어 시스템 차원에서 구조적으로 축적되고 있음을 보여 준다. 사회적 신뢰 Social Trust 측면에서 시민과 이용자는 이제 AI의 성능만이 아니라, 문제가 발생했을 때 누가 어떤 책임을 지며, 어떤 절차를 통해 교정되는지를 보고 신뢰 여부를 판단한다. 이처럼 기술-위험-사회의 삼각 구조는 고정된 상태가 아니라 끊임없이 재조정되어야 하는 동적 균형 모델로 이해할 수 있다. 기술이 빠르게 고도화되는데 위험 관리 체계가 이를 따라가지 못하면, 사고와 불공정이 누적되며 사회적 신뢰가 급격히 붕괴한다. 반대로 위험을 과대평가해 비례성을 상실한 과도한 규제를 도입하면 혁신이 위축되고, '규제가 성장과 혁신을 가로막는다'는 정치·경제적 반발이 커질 수밖에 없다. 따라서 정부와 규제 기관은 사전 규제와 사후 구제 사이에서 적절한 균형점을 찾아야 하며, 이 균형이 무너질 경우 AI 혁신 전반에 대한 사회적 정당성 자체가 흔들릴 수 있다. 이런 관점에서 보면, AI 규제의 시작은 기술 발전을 일방적으로 제약하는 장벽이 아니라, 기술-위험-사회의 삼각 구조를 다시 균형 잡고, 피해와 책임의 분배 원칙을 명확히 하며, 권리와 주권, 글로벌 표준 경쟁이라는 새로운 갈등의 장을 관리하기 위한 사회적 인프라를 구축하는 과정으로 이해할 수 있다. 그러나 아이러니하게도, 바로 이 규제의 출범이 규제 격차, 권리 재편, 책임 공방, 새로운 사회계약 논쟁이라는 또 다른 갈등을 동시에 예고하기도 한다.

AI 기술은 이제 생활과 산업 전반에 깊숙이 스며들었다. AI 규제는 이러한 기술이 만들어 내는 위험과 사회적 신뢰 사이의 균형을 회복하기 위한 필연적인 대응이다. 이 과정을 시간의 축 위에 놓고 보면, 오늘날의 AI 규제는 단순한 행정 기법이 아니라 디지털 사회 질서를 재설계하는 구조적 전환의 일부임이 분명해진다. 이전에는 일반 정보보호 규정 GDPR: General Data Protection Regulation로 상징되는 데이터 보호 규제의 시대였다. EU GDPR[25]은 2016년에 채택되어 2018년 5월 25일부터 EU 전역에 직접 적용되었으며, 역외 기업까지 포괄하는 광범위한 적용 범위와 최대 2,000만 유로 또는 전 세계 매출의 4%에 이르는 과징금 상한을 통해, 데이터 규제가 글로벌 비즈니스 모델을 실질적으로 제약할 수 있는 규범적 영향력을 지녔다는 점을 보여 주었다.[26) 27)] 동시에 제22조는 전적으로 자동화된 의사 결정에 대해 '그 대상이 되지 않을 권리'를 명시함으로써, 단순한 개인정보 보호를 넘어 AI 시대의 자동화 의사 결정 통제를 제도권 의제로 끌어올렸다. 그 다음의 구조적 전환은 그 데이터 권리 체제 Regime of Data Rights를 기반으로 AI 자체를 겨냥한 위험 기반 규제가 구축되기 시작한 시점이다. 2024년 8월 1일 발효된 「EU AI Act」는 AI 시스템을 용납 불가, 고위험, 제한된 위험, 최소 위험의 네 단계로 분류하고 각 범주에 상응하는 데이터 거버넌스, 설명 가능성, 인간 감독 요건을 차등 부과하는 구조를 채택했다.[28)] 그 결과 EU 시장에 고위험 AI를 제공하려는 기업은 적합성 평가, 기술 문서, 위험 관리·인간 감독 체계를 갖추어야 하며, 이러한 요건이 AI 시스템에 대한 통관 절차이자 새로운 무역 장벽으로 기능하는 것으로 보는 관점도 있다.

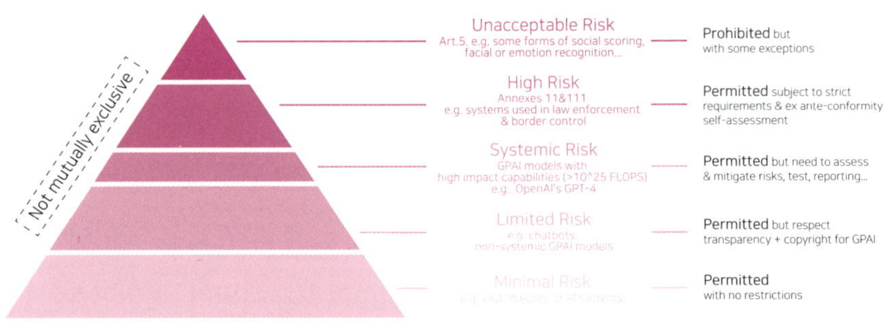

자료: ai-regulation.com[29)]

[그림 1] EU AI Act: 위험 Risk 기반 접근법

미국은 포괄적 AI 법률 대신 행정명령, 공공 조달 기준, 기술 프레임워크를 결합해 유사한 구조를 형성하고 있다. 바이든 행정부의 '행정명령 14110호'[30]와 백악관 관리예산실 OMB: Office of Management and Budget의 메모 Memoranda M-24-10[31]은 안전하고 신뢰할 수 있는 AI의 개발·활용을 위해 연방 기관의 거버넌스, 영향 평가, 투명성 확보를 의무화했고,[32] 국립표준기술연구소 NIST: National Institute of Standards and Technology의 「AI 위험관리 프레임워크 AI Risk Management Framework 1.0」은 조직 차원의 위험 관리와 신뢰성 제고를 위한 참조 모델을 제시했다.[33][34] 이어 트럼프 행정부의 '행정명령 14179호'[35]가 혁신·경쟁력 우선 기조를 강조했음에도, OMB 메모 M-25-21[36]은 공공 부문의 AI 활용을 가속화하는 대신 최소한의 거버넌스와 위험 관리 요구 수준을 유지하게 함으로써, 공공 조달-기관 거버넌스-민간 벤더 내부 규율이 연결된 다층적 규제·자율 규제 구조를 두고 있다.

EU와 미국의 이러한 흐름은 한국·일본·중국 등에서의 입법과 맞물려 글로벌 AI 규제 질서의 골격을 형성하고 있다. 한국의 「AI 기본법」은 고위험·고영향 인공지능에 대한 위험 기반 관리와 국가 차원의 신뢰·거버넌스 체계를 규정하고 있다. 일본의 「AI Promotion Act」는 직접적인 제재보다는 연구·데이터·지침 기반의 규율을 선택하고 있으며,[37] 중국은 생성형 AI 규제와 콘텐츠 검열, 국가 이데올로기 정합성 요구를 결합한 독자적 거버넌스 모델을 제도화하고 있다.[38][39] 이 흐름을 압축하면, AI 규제의 시작이 갖는 시대적 의미는 세 가지로 정리할 수 있다. 첫째, GDPR에서 AI Act로 이어지는 흐름

속에서 디지털 기술 규제는 개별 사건에 대한 사후 책임 추궁을 넘어, 권리와 위험 관리를 포괄하는 인프라 수준의 법제 구조로 승격되었다. 둘째, 미국의 행정명령과 OMB·NIST 가이드라인을 통해 AI 규제는 입법에만 의존하지 않고 공공 조달과 기술 표준을 매개로 시장의 기본 규칙을 형성하기도 한다. 셋째, 이러한 구조적 변화는 필연적으로 국가 간 규제 격차, 권리와 주권의 재편, 안전과 책임의 재구성, 새로운 사회계약에 관한 갈등으로 이어질 가능성이 높다는 점이 점점 더 분명해지고 있다.

AI 규제 격차와 디지털 무역 장벽, 생태계의 재편

AI 규제의 필연성과 그 역사적 의미에 대해 최소한의 합의가 형성되는 순간부터, 논의의 초점은 자연스럽게 '어디에서, 어떻게 규제 격차가 벌어지고, 그것이 어떤 방식으로 새로운 갈등을 만들어 내는가'로 이동하게 된다. 동일한 기술을 두고도 유럽, 미국, 중국·인도 등이 서로 다른 규범과 절차를 채택하기 시작하면, 규제는 더 이상 각국의 내부 문제에 머무르지 않고 곧바로 '초국경적 쟁점'이 된다. AI 모델과 데이터, 클라우드 인프라가 국경을 가로질러 이동하는 구조에서는 이러한 규제의 비동기적 진화와 불일치 자체가 점차 눈에 잘 보이지 않는 형태의 무역 장벽으로 응축될 수밖에 없다. 따라서 각국의 규제체계가 어떤 지점에서 어떻게 어긋나며, 그 어긋남이 어떤 메커니즘을 통해 AI 무역 장벽과 규범 갈등으로 전환되는지를 구조적으로 분석할 필요가 있다.

세계 AI 규제 지형을 구성하는 첫 번째 축은 유럽연합EU의 위험 기반Risk-based 규제 모델이다. EU의 GDPR이 개인정보 보호의 기준선을 세웠다면, 「EU AI Act」[40]는 '위험 관리-사전 적합성 평가-사후 감독'을 하나의 체계로 결합함으로써 고위험 AI에 대해 사실상 통관 절차에 준하는 적합성 체계를 설계하였는데,[41] 이것이 비관세 무역 장벽으로 작동할 여지가 있다. 이에 비해 미국은 포괄적 AI 기본법과 같은 방식 대신, 연방 정부의 사용·조달 규범을 정교화하는 방식으로 민간 벤더들에 대한 규제 구조를 쌓아 올리고 있다.[42] 중국은 EU나 미국과는 다른 방식이다. 2022년부터 시행된 데이터 국외 이전 보안 심사 제도와 2023년의 표준 계약 규정, 딥페이크를 겨냥한 심층 합성 규정, 2023년 생성형 AI 서비스에 대한 잠정 조치가 차례로 도입되면서, 알고리즘 등록 의무, 실명제, 합성 콘텐츠 라벨링, 국가안보 중심의 데이터 심사 체계를 결합한 국가 통제형 AI 거버넌스가 구축되었다.[43][44][45] 외적으로는 EU, 미국, 중국 모두 '책임 있는 AI'를 표방하지만, EU는 인권·기본권과 시장 내 공정 경쟁·상호운용성을, 미국은 혁신과 조달 효율성을 해치지 않는 범위의 공공 부문 위험 관리를, 중국은 국가안보와 사회 안정을 최우선 목표로 삼는다. 이처럼 목표와 적용 시기, 감독 수단이 서로 다른 시간표 위에서 비동기적으로 진화하기 때문에, 동일한 기술이라도 각 블록에서 상이한 규제 부담과 진입 장벽을 낳게 되고, 이것이 'AI 규제 격차'의 징후로 관찰된다.

AI 규제 격차가 무역 장벽으로 전환되는 첫 번째 경로는 '데이터 규칙의 이질화'다. AI 서비스의 초국경적 제공은 필연적으로 데이터의 국경 간 이전 규칙에 의해 제약을 받는다. 중국은 일정 기준 이상의 개인·중요 데이터를 해외로 이전할 경우 기업의 사전 자체 평가와 CAC 국가인터넷정보판공실의 보안 심사를 의무화했다.[46] [47] 이는 단순한 개인정보 보호 규칙을 넘어, 어떤 범주의 데이터를 어떤 AI 학습·추론 목적에 사용하기 위해 국외로 반출할 수 있는지를 국가가 사실상 '허가제'에 가깝게 관리하는 구조다. 반대로 EU는 GDPR과 더불어 2024년 발효된 「Data Act」를 통해 연결 제품·서비스에서 발생하는 데이터의 공유, 클라우드·데이터 처리 서비스 간 전환과 상호 운용성을 의무화함으로써 데이터 이동성과 이용자 권리를 강화하는 방향으로 규범을 설계했다.[48] [49] 표면적으로는 중국의 '안보 중심 통제'와 EU의 '개방·이동성 강화'가 대비되지만, 글로벌 기업 입장에서는 각 블록에서 요구되는 데이터 이전 절차, 문서, 심사 기준이 완전히 달라지는 것이 핵심이다. 동일한 AI 서비스를 제공하더라도 중국·EU·기타 지역별로 상이한 데이터 이전 시나리오와 컴플라이언스 포트폴리오를 별도로 설계해야 하고, 이 복잡성이 곧 고정 비용과 지연 비용으로 축적되면서 보이지 않는 무역 장벽으로 작동할 수 있다.

두 번째 경로는 'AI 인증·평가 체계의 분절'이다. EU의 「EU AI Act」는 고위험 AI 시스템에 대해 위험 관리, 데이터 거버넌스, 기술 문서·로깅, 투명성과 정보 제공, 인간 감독, 정확도·견고성·사이버 보안 요건을 조문 단위로 상세히 규정하고, 상당수 분야에서 제삼자 적합성 평가를 거친 이후에야 시장 출시를 허용한다. 반면, 미국·영국·캐나다 등은 아직 EU 수준의 포괄적 사전 적합성 평가 제도를 도입하지 않았고, OMB M-24-10,[50] ISO/IEC 42001[51]과 같은 관리 시스템·위험 관리 표준을 중심으로 '내부 거버넌스 + 자율적·부문별 가이드라인'을 결합하는 방식으로 규율을 정교화하고 있다. 문제는 이러한 제도들이 상호 인정되지 않을 때다. 이미 ISO/IEC 42001 수준의 AI 관리체계를 갖춘 기업이라도, EU 적합성 평가가 요구하는 형식의 기술 문서·로그·테스트 리포트를 별도로 작성하지 않으면 동일 모델을 다시 평가받아야 한다. 이중·삼중 평가를 위한 문서 재작성과 테스트 비용이 누적되면, 규제의 1차 목적이 안전성과 기본권 보호라 하더라도 결과적으로는 특정 시장 진입에 추가적인 고정비를 부과하는 기술 무역 장벽에 준하는 효과를 낳게 된다.

세 번째 경로는 클라우드·상호 운용 표준 '기준의 미정렬'이다. 「Data Act」는 제23조부터 제31조까지에서 데이터 처리 서비스 주로 클라우드·SaaS·PaaS·IaaS를 대상으로 이른바 클라우드 스위칭 규칙을 도입해, 계약·기술·수수료 측면의 전환 장애를 제거하고 API·데이터 포맷·메타 데이터의 상호 운용성을 단계적으로 의무화한다.[52] 역내에서는 벤더 락인 Lock-in 완화, 경쟁 촉진, 데이터 주권 강화를 노린 설계지만, 역외 사업자가 동일한 수준의 인터페이스 공개, 데이터 이식성 보장, 수수료 구조 조정을 제공하지 못할 경우에 규정상 전환 리스크가 큰 공급자로 분류되어 사실상 선택지에서 배제될 수 있다. 즉 이용자 전환권 보장을 위한 규칙이 그 자체로 특정 사업자·국가에 대한 시장 접근 요건으로 작동하며, 디지털 무역에서 비대칭적인 부담을 만들어 내는 셈이다.

국가별 데이터 규칙, AI 인증·평가 체계, 클라우드·상호 운용 표준이라는 세 층위에서 나타나는 미세한 엇갈림이 누적되면서, AI 규제 격차는 단순한 법 제도상의 차이를 넘어 AI 기술·서비스 교역에 구조적인 마찰 비용을 부과하는 새로운 무역 장벽으로 작동하게 될 것이다. 이러한 구조적 맥락은 한국의 AI 기본법이 고위험·고영향 인공지능 시스템, 데이터 국외 이전, 클라우드 전환권 등을 설계할 때 국내의 안전·권리 보호뿐 아니라 주요 규제 블록과의 상호 운용성과 무역 영향을 동시에 고려해야 함을 시사한다. 한국의 AI 기술 경쟁력 향상과 산업 보호를 위해 정책 입안자들의 깊은 고민이 필요한 이유이다.

이제 논의의 초점을 'AI 규제 격차' 문제에서, 그 규제가 누구를 혁신의 전면으로 밀어 올리고 누구를 밀어내는가 하는 행위자의 문제로 옮겨서 살펴볼 필요가 있다. 동일한 AI 기술이라도 규제 설계에 따라 혁신의 중심이 '빠르게 실험하는 스타트업'에 머무를 수도 있고, '준수 인프라와 법무·거버넌스 조직을 갖춘 빅테크·공공 플랫폼'으로 이동할 수도 있다. 규제는 단순한 제약 장치가 아니라, 어떤 유형의 조직이 살아남고 성장하는지를 결정하는 데 영향을 주는 보이지 않는 설계도로 기능한다.

여기에 영향을 주는 핵심 변수는 규제가 만들어 내는 고정비 성격의 준수Compliance 비용이다. AI 규제가 강화될수록 기업이 감당해야 하는 것은 단순한 모델 성능 개선을 넘어, 위험 평가, 데이터·모델 문서화, 로그 관리, 사고 보고, 내부 거버넌스 체계 구축과 같은 일련의 증거·통제 인프라 전반이다. 이러한 비용은 한 번 구축해 두면 규모가 커질수록 단가가 떨어지는 구조이기 때문에, 동일한 규제가 적용되더라도 글로벌 빅테크에는 '감당 가능한 관리비' 수준에 머무는 반면, 초기 스타트업에는 '사업의 존폐를 좌우할 수 있는 고정비'가 된다.[53] 실제로 GDPR 시행 이후 개인정보 보호 수준이 높아지는 동시에, 규정 준수 역량을 갖춘 중·대형 기업으로 데이터와 투자가 더 많이 집중되었다는 실증 연구들이 보고되어 왔다.[54][55] AI 규제에서도 유사한 패턴이 재현될 수 있다는 우려가 제기된다.

최근의 규제·표준 동향은 이러한 구조를 더욱 분명하게 보여 준다. 「EU AI Act」는 고위험·범용 AI에 대해 위험 관리, 데이터 품질, 기술 문서·로깅, 사고 보고 등 다층적인 의무를 부과하고,[56] ISO/IEC 42001:2023은 조직 차원의 AI 경영 시스템을 수립·운영·개선할 것을 요구한다.[57] 법무·보안·데이터 거버넌스 부서를 이미 갖춘 대기업과 글로벌 플랫폼은 이러한 규제를 비용·리스크 차원에서 관리할 수 있는 반면, 로컬 기업과 스타트업에게는 동일한 규제가 실질적인 진입 장벽으로 작용하게 된다. 그러나 AI 규제 강화가 빅테크에만 유리한 결과를 의미하는 것은 아니다. EU는 각 회원국에 최소 1개 이상의 AI 규제 샌드박스를 설치하고, 특히 중소기업과 스타트업에 우선적 접근 권과 비용 경감을 제공하도록 의무를 부과하고 있다.[58] [59] 이는 규제 기관이 표준 문서 템플릿, 리스크 레지스터, 테스트·레드팀 환경, 컴퓨팅 바우처 등을 공공 인프라로 제공할 경우, 동일한 규제 틀 안에서도 스타트업의 고정비를 낮추고 혁신의 무게 중심을 보다 분산된 생태계 쪽으로 이동시킬 수 있음을 보여 준다. 이 과정에서 '규제 친화적 스타트업' 또는 '컴플라이언스 네이티브 Compliance-native 기업'이 더욱 부상할 수 있다. 이들은 초거대 모델을 직접 개발하기보다는 검증된 오픈소스 모델을 의료·법률·제조 등 좁은 도메인에 특화하고 모델·데이터 추적 이력, 사고 보고 템플릿 등을 자동 생성하는 파이프라인을 내장함으로써, 기업의 규모는 작지만 각 도메인에서 대기업과 유사한 형식의 증거를 효과적으로 제시할 수 있는 구조를 구축할 것이다. 특히 규제가 강하게 적용되는 금융·의료·교육·공공 영역에서는 이러한 기업이 'AI 규제의 준수 위험 Compliance Risk이 낮은 파트너'로 인식되어, 공공조달과 전략적 제휴에서 선택받을 가능성이 커진다.

AI 규제의 설계가 AI 기술 혁신의 주체를 바꾸는 메커니즘은 규제의 강도 자체가 아니라, 그 규제가 만들어 내는 비용 구조와 공공 지원 인프라의 유무에 달려 있을 것이다. 규제가 예측 가능성과 표준화된 절차 없이 고정비 성격의 준수 비용만을 빠르게 끌어올리면, 혁신의 중심은 일반적으로 대형 빅테크와 글로벌 플랫폼으로 쏠릴 가능성이 크다. 이러한 우려가 현실이 되지 않도록, 규제가 공정하고 합리적으로 작동하도록 샌드박스·공용 컴플라이언스 키트·평가 인프라를 함께 설계한다면, 동일한 AI 규제가 스타트업과 로컬 기업에도 사회적 신뢰를 저비용으로 확보할 수 있는 기회를 열어 줄 수 있을 것이라 기대한다.

AI 규제가 촉발하는
권리·문화 갈등과 기술 불평등

앞에서 '누가 규칙을 만들고 어떻게 집행할 것인가'라는 거버넌스의 문제를 살펴보았다면, '그 규칙이 어떤 문화와 가치 체계를 전제로 하는가'에 대해서도 물을 필요가 있다. AI 규제가 기술·산업 정책을 넘어 권리, 주권, 정체성의 영역까지 확장되는 순간, 갈등의 축은 법·기술적 책임 분쟁을 넘어 문화·가치 갈등으로 이동하기 때문이다. 전 세계 규범 문서가 공통의 표어처럼 내세우는 '인간 중심Human-centric AI'는 한편으로는 인류 보편의 안전장치처럼 보이지만, 다른 한편으로는 특정 문명권의 가치가 '보편'이라는 이름으로 수출되는 위험을 동시에 품고 있다.

지금까지 형성된 AI 윤리·규범은 각 국가와 조직이 지향하는 목표와 특성을 반영하고 있다. UNESCO의「인공지능 윤리에 관한 권고」와 OECD AI 원칙은 인간의 존엄과 인권, 문화적·사회적 다양성, 비차별과 공정성, 투명성과 책임성을 핵심 가치로 삼으며, 신뢰할 수 있는 인간 중심 AI를 위한 규범적 하한선을 설정한다. 유럽평의회가 2024년에 채택한「인공지능, 인권, 민주주의 및 법치에 관한 프레임 워크 협약」,[60] [61] EU의「EU AI Act」, 각국의 AI 기본법·가이드라인은 이러한 가치들을 법적 구속력을 가진 조약과 국내법의 형태로 구체화해 가고 있다.

과거에는 기업 내부의 자율적 윤리 선언 수준에 머물던 원칙들이 인권·법치·비차별·투명성이라는 최소 기준으로 법제화되면서, 국가와 기업이 AI 시스템의 설계·운영 전 과정에서 준수해야 할 공통된 책임의 기준선이 마련되었다. 저소득 국가나 규범 역량이 약한 지역에도 이러한 국제 문서들은 최소한의 참조 프레임이자 외교적 협상의 지점을 제공한다. 그러나 다른 관점에서 보면, 이는 일종의 '가치 수출 장치'로도 작동한다. EU가 GDPR과 AI Act처럼 강한 규제를 도입하면, 글로벌 기업은 '어차피 맞춰야 할 기준이라면 전 세계에 동일한 규칙을 적용하는 것이 비용 최소화에 유리하다'는 전략을 택하기 쉽다. 그 결과 브뤼셀에서 설계한 위험 분류표, 금지 행위, 문서화 요건이 사실상의 글로벌 표준으로 굳어지는 이른바 브뤼셀 효과 Brussels Effect[62] [63]가 개인정보 보호에 이어 AI 영역에서도 전개될 가능성이 있다. 이때 문제는, 이러한 상위 규범이 유럽 이외 지역의 역사적 경험, 사회 구조, 정치 제도, 종교·관습적 가치 체계를 충분히 반영하지 못한 채 '보편'이라는 이름으로 각국의 규범 공간을 잠식할 수 있다는 점이다.

다른 한편의 극단에서는 서구적 보편주의가 아니라 국가 이데올로 기가 규제 기준에 직접 각인되는 사례도 나타날 수 있다. 중국의「생성형 인공지능 서비스 잠정관리 방법 生成式人工智能服务管理暂行办法」[64]은 생성형 AI 서비스가 사회주의 핵심가치관을 견지할 것을 전제로 하며, 국가 체제 전복 선동, 국가 이미지 훼손, 테러·극단주의 선전, 민족 간 증오 조장 등 정치·이념적 콘텐츠를 강하게 금지한다.[65] 여기에서도 '인간 중심'과 '사회 공공의 이익'이라는 보편적 언어가 사용되지만, 특정 정치 체제를 유지·강화하는 가치가 규제의 핵심 기준으로 삽입되어 있기도 하다. 동일한 인간 중심 슬로건 아래 유럽의 인권·민주주의 담론과 중국의 체제 유지 담론이 서로 다른 내용을 채워 넣고 있다는 사실 자체가, AI 규제가 문화·이념 갈등의 장으로 변모하고 있음을 상징적으로 보여 준다.

생성형 AI가 미국과 유럽 중심의 데이터·언어·문화를 바탕으로 학습되면서, 다른 지역의 역사·언어·지식은 주변화되거나 왜곡된 방식으로 재현될 위험이 있다.[66] '신뢰할 수 있는 AI'를 만들어 가는 과정에서 인간 중심·권리 기반 접근이 상정하는 그 '인간'의 이미지가, 서구 자유민주주의 사회의 시민을 사실상 기본 모델로 전제할 가능성이 높고, 다른 문화·종교·관습의 가치 체계는 부차적인 것으로 밀려나기 쉽다는 점을 간과해서는 안 된다. 이러한 문제의식 속에서 최근 말레이시아, 인도, UAE 등 여러 국가는 '소버린 AI Sovereign AI' 전략을 내세우며 자국의 언어·법제·윤리 기준을 반영한 모델과 데이터 인프라를 구축하려는 시도를 본격화하고 있다.

이러한 문화·가치 갈등은 국제 합의 프로세스 안에서도 동시에 조정되고 있다. 2024년 서울 AI 정상회의에서 채택된 '서울 선언 Seoul Declaration for Safe, Innovative and Inclusive AI'은 '인간 중심적이고, 신뢰할 수 있으며, 책임 있는 Human-centric, Trustworthy, Responsible AI'를 공동 목표로 제시하면서, 각국의 상이한 법·제도와 문화적 맥락을 전제로 한 상호 운용성과 안전 기준에 관한 국제 협력을 강조했다.[67]

AI 규제를 설계하는 과정에서는 '인간 중심'이라는 슬로건 자체보다, 이를 어떤 절차와 제도적 구조로 구현할 것인지에 대한 논의가 함께 이루어져야 한다. 인간 중심 AI 윤리가 특정 문화나 이데올로기를 강요하는 도구로 변질되지 않도록, 규범 설계를 이중 구조로 구성할 필요가 있다. UNESCO 권고와 유럽평의회 협약이 제시하듯, 인권·법치·차별 금지·투명성·책임과 같은 보편적 권리를 '국제적 하한선'으로 설정하되, 무엇을 금지·허용할지, 위험을 어떻게 정의하고 어떤 지표에 가중치를 둘지, 데이터 이전과 로컬라이제이션을 어떻게 조합할지와 같은 구체적인 실행 규칙은 각 지역의 역사·언어·종교·산업 구조에 맞게 설계할 수 있는 제도적 공간을 확보하는 것이 필요하다. 인간 중심 AI 규범을 다원적 세계 질서에 부합하도록 만들기 위해, 보편적 권리의 최소선과 지역 맞춤 실행 규칙이라는 구조를 실질화하기 위해, 다양한 문화·언어·소수자 집단의 실질적 참여를 보장하고 데이터셋과 평가 지표에 내재한 문화적 편향을 투명하게 공시하며 규제 당국 간 상호 인정·상호 운용 메커니즘을 구축하는 작업이 이루어져야 할 수 있다.

'인간 중심 AI'라는 표어에도 불구하고 서구 보편주의와 국가 이데올로기에 의해 문화·가치 갈등이 어떻게 발생하는지를 살펴보았다면, 이제 AI 규제가 권리와 주권의 지형뿐 아니라 기술의 분포 자체를 어떻게 갈라놓는지도 살펴볼 필요가 있다. 규제가 요구하는 권리·가치 설계가 결국 어떤 행위자에게 데이터·시장·인재를 더 많이 몰아 주는지에 따라, 규범의 상단에서 벌어지는 가치 갈등은 하위 수준에서는 '규제를 감당할 수 있는 자와 그렇지 못한 자' 사이의 기술 불평등으로 이어지기 때문이다.

AI 규제가 강화된다고 해서 자동으로 '공정한 AI'나 '포용적 혁신'이 따라오는 것은 아니다. 위험·영향 평가, 데이터·모델 계보 문서화, 로깅과 사고 보고, 내부 컴플라이언스 조직과 법무·보안 인력 확보는 전형적인 고정비 성격의 준수 비용이다. 이러한 체계는 한 번 구축해 두면 규모가 커질수록 단가가 떨어지기 때문에, 동일한 규제가 적용되더라도 글로벌 빅테크와 하이퍼스케일러 Hyperscaler에는 '흡수 가능한 필수 비용'에 그치는 반면, 자금 여력이 작은 스타트업·중소기업에는 사업 지속 여부를 좌우할 수 있는 수준의 부담이 되기 쉽다. 실제로 GDPR 시행 이후 약 70만 개 기업을 분석한 연구에서는 EU 시장을 겨냥한 기업의 이익이 평균 8%, 매출이 2% 감소했으며, 특히 중소기업이 이러한 부정적 영향을 더 크게 받은 반면 대형 빅테크 기업은 통계적으로 유의한 타격이 없었다고 보고한다.[68] 이 결과는 구조적 비대칭을 잘 보여 준다. AI 규제가 본격적으로 시행되면 고위험 AI 적합성 평가, 범용 모델 위험 관리, 알고리즘 감사, 설명·로깅 의무 등 한층 복잡한 층위에서 격차가 확장될 가능성이 크다.

각국 규제가 서로 다른 속도와 형식으로 도입되면서, 이러한 불평등은 단일 국가 내부를 넘어 관할권 간 격차로 증폭된다. 글로벌하게 AI 서비스를 제공하려는 기업은 EU에서는 AI Act, GDPR, Data Act와 각종 섹터별 지침을 조합해 적합성 평가와 데이터 이전 규칙을 충족해야 하고, 미국에서는 NIST AI RMF, OMB 가이드라인, 주州 단위 프라이버시 법령에 대응해야 한다.[69] 아시아·중동 지역에서는 한국의 AI 기본법, 일본·싱가포르의 가이드라인, 중국·인도의 데이터 규제에 각각 맞춰야 한다. 이러한 환경에서 전담 법무팀과 규제 대응 조직, 표준화된 내부 프로세스를 갖춘 대기업은 규제를 오히려 새로운 비즈니스 기회로 전환할 수 있지만, 많은 로컬 기업과 스타트업은 해석·적용 단계에서 발이 묶이거나 아예 시장 진입을 포기하게된다. 그 결과, 규제 자체가 기술 계급 구조를 형성하는 토대가 될 수있다. 따라서 AI 규제가 기술 불평등 확대로 곧장 귀결되지 않도록하려면, 규제 기관이 단순한 위반 처벌자에 머무르지 않고 시험 환경, 해석 지침, 법률 자문, 실증 테스트 공간을 제공하는 '파트너 기관'으로 기능해야 한다. 이러한 역할을 AI 규제기관이 충실히 수행할 때, 동일한 규제라도 스타트업과 중소기업에는 AI 산업 생태계 참여를 독려하는 신뢰의 신호로 작용할 수 있다.

AI 규제를 위한
안전·책임·증거 구조의 재구성

AI 규제와 관련해서 '사고가 났을 때 누가, 어느 정도까지 책임을 져야 하는가'라는 질문을 빼놓을 수 없다. 자율주행 차량이 보행자를 치거나, 의료 AI가 질병을 놓치고, 금융 알고리즘이 특정 집단을 체계적으로 배제했을 때, 책임을 개인 사용자에게만 돌리는 방식은 더 이상 설득력을 갖기 어렵다. 최근의 제도 개편은 공통적으로 책임의 출발점을 '마지막에 버튼을 누른 사람'이 아니라, 설계·개발·도입·운영 단계에서 권한을 행사한 조직과 개발자에게 두고 있다. 「EU AI Act」와 개정된 제품 책임 지침 PLD, AI 책임 지침 논의, 그리고 한국 AI 기본법의 고영향 AI 규율 방향 등에서 공급자–사업자–운영자–감독 기관에 이르는 연쇄적 책임 구조를 설정하고 있다.

이 기본 구도 위에서 AI 안전·책임 체계가 실제로 집행되는 과정에서는 세 가지 갈등 축이 드러난다. 첫째, 고위험 AI에 대한 사전 적합성 평가 의무는 안전 확보를 위한 필수 장치이지만, 이를 수행할 지정 인증 기관과 전문 인력이 충분히 확보되지 않으면 이른바 '인증 병목'을 초래해, 특히 자율주행·의료 분야에서 AI 시스템이나 서비스의 출시를 지연시키는 요인이 될 수 있다. 둘째, 사고 이후를 겨냥한 사후 감독 강화는 또 다른 비용과 관할 충돌을 낳는다. 「EU AI Act」는 고위험 시스템 제공자에게 중대한 사고 발생 시 신속한 보고와 로그 기록을 통한 원인 추적 가능성을 요구하고, 미국 도로교통안전국 NHTSA: National Highway Traffic Safety Administration 은 자율주행 시스템 ADS 및 고도 운전자 보조 시스템 사고에 대해 상시 보고를 의무화하고 있다.[70] [71] 이처럼 서로 다른 보고 기준과 증거 요구가 중첩되면서, 글로벌 서비스는 동일한 시스템에 대해 지역별로 상이한 로깅·설명 정책을 운영해야 하는 부담을 떠안게 된다. 셋째, 책임 기준이 '개별 운전자·의사·직원의 과실'에서 '각 단계에서 무엇을 통제했고, 어떤 증거를 남겼는가'로 이동하면서, 로그·버전 관리·테스트 리포트·위험 평가 문서를 중심으로 한 증거 인프라가 사실상의 책임 배분 장치로 기능하기 시작한다. 이 과정에서 책임 소재를 둘러싼 갈등과 더불어, 그러한 증거 인프라 자체에 대한 신뢰를 둘러싼 의심도 함께 제기될 수 있다.

이러한 변화는 여러 산업에서 유사한 패턴으로 나타난다. 자율주행 영역에서는 EU AI Act, 영국 Automated Vehicles Act 2024,[72] 미국 NHTSA의 집행 사례를 통해 차량 제조사·소프트웨어 개발사·운행 사업자·규제 기관이 역할별로 책임을 분담하되, 보고 의무 위반이나 사실 은폐가 있을 경우 기업과 경영진에게까지 형사·행정 상의 책임이 확대되는 구조가 형성되고 있다. 의료 분야에서는 AI·ML 기반 SaMD Software as a Medical Device 에 대해 총수명주기 TPLC 관리와 사전 변경 관리 계획 PCCP 등 업데이트까지 포괄하는 책임 구조가 요구되고 있다.[73] [74] 금융 분야에서는 신용평가·대출·보험 언더라이팅용 모델이 고위험 영역으로 분류되면서, 차별 방지·설명 가능성·로그 기록 의무를 충족하기 위한 내부 모델 리스크 관리 체계가 기관·국가별로 전면적으로 재편되고 있다. 명백한 경고를 무시한 고의·중과실의 책임은 사용자에게 있을 수 있지만, AI 시스템이나 서비스에서의 사전 경고의 부실은 개발사·운영자의 과실이기 때문에 AI 규제에 따른 UX·UI에 대한 연구도 필요하다.

이러한 흐름은 '공동/분담 책임 Shared/Co-responsibility 구조'로 개념화된다.[75] [76] [77] 설계·개발 단계의 기업은 데이터 품질, 위험 분석, 테스트·레드팀, 문서화 의무를 통해 1차 책임을 지고, 도입·운영 단계의 조직은 이상 징후 모니터링, 사고 보고, 운영 범위 준수 의무를 통해 2차 책임을 진다. 감독 단계에서는 규제 기관과 법원, 보험사가 반복적으로 축적되는 사고 데이터를 바탕으로 책임 기준과 입증 부담을 조정하고, 피해 구제 기금이나 책임 보험 제도를 설계한다. 중요한 점은, 책임이 더 이상 인간 개인의 직관적 과실 판단에만 기댄 구조가 아니라, '어떤 행위자가 어느 단계에서 무엇을 통제했으며, 그에 상응하는 증거를 남겼는가'라는 증거 구조를 중심으로 재편되고 있다는 것이다.

AI 규제를 설계하는 과정에서는 '규제가 혁신을 막느냐, 아니면 신뢰를 설계하느냐'라는 추상적 논쟁보다는, 이를 '사고 책임'을 둘러싼 구체적인 과제로 다루는 편이 훨씬 실질적이다. 인증 병목을 해소하지 못하면 고위험 AI는 규제의 문턱에서 멈춰 설 수밖에 없고, 사후 감독에 따른 비용과 관할 충돌을 조정하지 못하면 글로벌 서비스는 지역별로 파편화된 규제에 갇히게 된다. 따라서 책임 사슬과 증거 구조를 중심으로 제도를 재설계하여, AI 사고 발생 시 설계-배포-운영-감독 전 단계에서 각 행위자가 어떤 역할을 수행했고 어떤 증거를 남겨야 하는지 명확히 하고, 이를 바탕으로 공동의 노력을 통해 재발 방지 구조를 구축할 필요가 있다.

AI 사고 책임에 대한 이슈는 사고가 난 뒤에 법원·규제 기관·피해자·언론이 납득할 만큼 '누가, 무엇을, 어떻게 잘못했는지'를 재구성할 수 있는가가 중요하다. 2025년 이후 국제 논의의 초점은 더 이상 '알고리즘을 처벌할 수 있는가'가 아니라, 데이터 계보, 모델 버전·패치 이력, 인간 개입 로그, 권리-내장형 사용자 인터페이스, 사고 보고·보상 체계를 통해 책임을 역추적할 수 있도록 제도와 기술 구조를 어떻게 설계할 것인가로 옮겨가고 있다. 직관에 기대는 책임이 아니라, '증거로 보여 줄 수 있는 책임'을 만드는 방향이다.

이를 위해 AI 사고 책임을 규명하는 세 층의 증거 구조를 상정해 볼 수 있다. 맨 아래층에는 데이터·모델·운영 환경에 대한 세밀한 로그와 계보 정보가 존재한다. 그 위에는 공급자·배포자·운영자·감독 기관의 역할과 책임의 규정·문서화가 필요하며, 이를 기반으로 규제 기관에 제출하는 적합성 평가, 위험·사고 보고 등이 이루어져야 한다. 최상층에는 이용자에게 제공되는 통지·설명·이의 제기·인간 재심과 같은 권리 내장형 인터페이스가 자리한다. 물론 다른 형태의 증거 구조도 가능하다. 다만, AI 사고 책임과 관련된 증거 구조가 충분히 갖춰지지 않으면 사고 이후 책임 규명이 어려워지고, '누가 거짓말을 하고 있는가'를 둘러싼 공방만 반복될 위험이 크다.

조금 더 구체적으로 말하면, 첫 번째 층은 '기술적 추적 가능성'이다. 이는 EU AI Act에서는 고위험 AI에 대해 로그 보존, 데이터·모델 테스트 기록, 인간 감독 수단을 의무화한 조항을 통해 이미 제도화하고 있다.[78] 특정 시점에 입력과 알고리즘 상태, 어떤 형태의 인간 개입 하에서 출력이 생성되었는지를 사후에 복원하기 위한 최소 요건이다. 실제 자율주행 사고 사례에서도 쟁점은 'AI가 본질적으로 위험했는가'보다는 '회사가 무엇을 알고 있었으며, 그 사실을 어떻게 기록·보고했는가'로 이동하는 경향이 뚜렷하다. 로그 관리와 사고 보고 체계가 곧 책임을 가르는 핵심 증거 인프라가 되는 셈이다. 두 번째 층은 '역할 분담과 거버넌스의 체계화'이다. 「EU AI Act」, 제품 책임 지침 PLD 등은 고위험 AI를 포함한 제품·서비스에 대해 공급자·배포자·운영자·수입자/유통자라는 역할 체계를 설정하고, 각 단계에 상응하는 주의 의무, 요구 문서, 로그·계약 조건 등을 규정한다.[79] ISO/IEC 42001:2023과 같은 AI 경영 시스템 표준은 데이터 거버넌스, 리스크 관리, 내부 감사, 공급망 통제 등을 포함하는 구조를 조직의 경영 프로세스 안에 내장하도록 요구한다.[80] 핵심은 정책·계약·책임과 관련해 '누가 어떤 권한과 의무를 가졌는지'를 문서화해야 한다는 점이다. 그래야 사고 이후에 역할별 조치의 적정성을 논리적으로 따져볼 수 있다. 세 번째 층은 사용자와 시민의 권리를 구성하는 '권리-내장형 UX'이다. 사전 통지, 이해 가능한 요약 설명, 데이터 열람·정정 요청 기능, 이의 제기 및 인간 재심 등의 서비스 기능 제공 및 사용자 활용이 책임 배분을 가르는 기준이 될 수 있다. GDPR 및 관련 유럽 규범은 전적으로 자동화된 의사 결정에 대해 설명을 요구하고, 인간 개입과 이의 제기를 요청할 권리를 보장한다.[81] 어떤 AI가 어떤 데이터로, 어떤 목적과 감독 구조하에서 사용되는지를 공개함으로써 시민이 책임의 흔적을 추적할 수 있게 하는 방향으로 AI 시스템 개발이 이루어지고 있다.[82]

전체를 정리하면, AI 규제는 더 이상 '기술을 늦출 것인가, 촉진할 것인가'라는 단순한 선택의 문제가 아니다. AI 규제는 특정 사고나 스캔들에 대한 사후 대응을 넘어, 어떤 유형의 위험을 사회가 수용할 것인지, 어느 수준의 투명성과 설명 가능성을 최소 기준으로 둘 것인지에 대한 집단적 선택이다. 이 선택이 국가마다 다르게 구현되면서, 규제 격차와 무역 장벽, 브뤼셀 효과와 국가 이데올로기 기반 규제와 같은 형태로 글로벌 질서를 갈라놓는 이슈가 발생할 수 있다. 그 파급 효과는 단지 법 제도의 차이에 그치지 않고, 데이터 이동성, 문화·가치 갈등, 주권 구조, 기술 불평등의 양상으로까지 이어질 수 있다. 이러한 상황에서 AI 활용에 있어서의 안전과 책임을 어떻게 재구성할 것인가 하는 질문은 매우 중요하다. 단일 행위자의 과실 여부를 가리는 차원을 넘어, 설계-배포-운영-감독 전 단계에 걸쳐 역할에 따른 단계별 책임 구조를 어떻게 설계하고, 그 위에 '증거로 보이는 책임'을 어떻게 구현할 것인지가 앞으로의 핵심 과제가 될 것이다.

제목을 'AI 규제의 확산과 사회적 갈등의 시작'이라고 붙인 이유도 여기에 있다. 다가올 AI 거버넌스의 미래는 더 이상 단순한 기술 경쟁의 문제가 아니라, 어떤 규범을 기준선으로 삼고 그 기준 위에서 권한과 책임을 어떻게 배분하느냐의 문제이기 때문이다. 지금 우리가 어디에 기준선을 긋고, 어떤 행위자에게 얼마만큼의 권한과 책임을 부여하는지에 따라 AI 기술의 발전 방향과 도입 방식은 크게 달라질 것이다. 한국의 AI 기본법과 시행령을 논의하는 과정에서 수입된 규범을 수동적으로 따라가는 데 그칠 것인지, 아니면 글로벌 규제의 최소 기준선을 자국의 제도적·문화적 맥락과 산업 구조에 맞게 구현·보완함으로써 '글로벌 규범의 수용자'를 넘어 '글로벌 규범의 공동 설계자'가 될 것인지 스스로 결정해야 할 것이다.

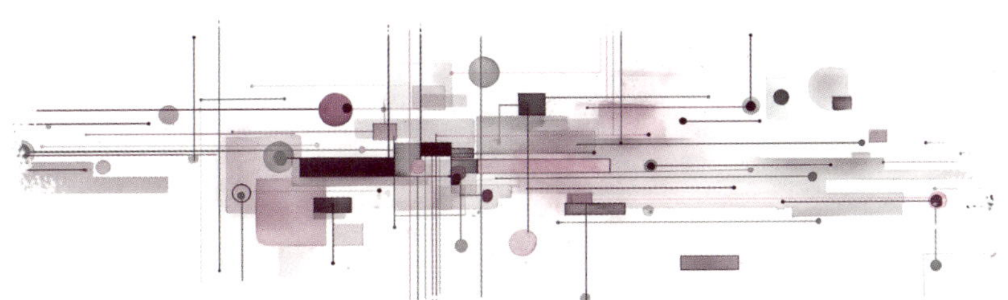

양자 혁명

: 미래를 새로 쓰는 기술

국가미래전략기술정책연구소(과학교육 박사) 김세미

미래 경쟁의 무대는 이제 양자 기술이 결정합니다. 양자컴퓨팅은 기존 계산의 한계를 넘어 산업과 국가의 구조를 다시 쓰는 힘입니다. 한국은 뒤늦은 추격이 아니라, 양자 인프라·인재·보안 체계를 통합한 '양자 주권 전략'을 구축해야 합니다. 지금이 미래를 선점할 결정적 창입니다.

왜 지금 양자 기술인가

오늘날 과학기술계는 새로운 양자 혁명의 문턱에 서 있습니다. 양자 역학은 20세기 초부터 물리학에 혁신을 가져왔지만, 이제 비로소 그 원리를 활용한 양자 기술이 본격적으로 산업과 사회를 바꿀 현실적 힘을 갖추게 되었습니다. 한때 이론과 실험실에 머물던 양자컴퓨팅,

양자 통신 기술이 최근 들어 세계 각국 정부와 기업의 집중 투자 속에 급속히 발전하고 있습니다. 왜 하필 지금일까요? 기술의 판이 바뀌는 이 결정적 시기에 우리가 양자 기술에 주목해야 하는 이유를 살펴보겠습니다.

우선, 기존 디지털 컴퓨팅의 한계가 명확해지고 있다는 점이 큰 배경입니다. 폭발적으로 증가하는 정보와 복잡한 문제들을 현재의 0과 1만으로 처리하는 고전 컴퓨터로는 감당하기 어려워지고 있습니다. 실제로 무어의 법칙으로 상징되던 반도체 집적도 향상이 둔화하면서, 기존 컴퓨팅 패러다임의 물리적 한계에 봉착하고 있습니다. 이러한 상황에서 양자컴퓨팅은 문제 해결 방식의 근본적 변화를 제시하는 새로운 패러다임으로 부상했습니다. 다시 말해, 양자 기술은 단순한 성능 향상이 아니라 정보 처리 방법 자체의 혁신을 가져올 것으로 기대됩니다.

양자 기술이 지금 주목받는 데에는 여러 가지 조건이 맞아떨어졌기 때문입니다. 오랫동안 학계 연구 주제였던 양자컴퓨팅은 여전히 기초 연구와 기술 검증 단계에 머물러 있으나, 최근 몇 년 사이 오류율을 낮추고 연산 신뢰도를 높이는 성과가 이어지면서 기술적 잠재력과 실용화 가능성을 동시에 보여 주고 있습니다. 또한, 2020년대에 들어 대규모의 민간 자본이 양자 기업에 유입되며 산업 생태계가 급격히 형성되고 있습니다. 매킨지 보고서에 따르면, 2024년 기준 전 세계 양자컴퓨팅 스타트업에 공공·민간 자금이 약 20억 달러 유입되었으며, 이는 전년 대비 50% 증가한 수치입니다[1]. 게다가 제약, 금융,

물류 등 다양한 분야에서 양자컴퓨터 활용에 대한 수요가 현실로 나타나고 있습니다. 예를 들어, 글로벌 제약사 로슈와 머크는 양자 시뮬레이션을 통해 신약 개발 시간을 단축하기 시작했고, 폭스바겐은 교통 흐름 예측과 물류 경로 최적화에 양자 알고리즘을 적용했습니다. JP모건과 골드만삭스도 파생상품 가격 예측과 위험 분석에 양자컴퓨팅을 도입하고 있습니다. 여기에 IBM, 아마존, MS 등이 클라우드 기반 양자컴퓨팅 서비스 QaaS를 제공하면서 연구자와 개발자의 진입 장벽을 낮추고 있고, 미국의 국가양자이니셔티브 NQI 법안과 EU, 중국, 한국 등 각국의 전폭적인 정책 지원까지 더해져 양자 기술 개발의 골든타임이 찾아왔습니다.

그 결과, 최근 몇 년간 양자 기술 분야에서는 의미 있는 이정표들이 속속 보고되고 있습니다. 2019년 구글 연구진은 53큐비트 양자컴퓨터로 기존 슈퍼컴퓨터로 1만 년 걸릴 계산을 3분 20초 만에 해내며 이른바 '양자 우위 quantum supremacy'를 시연했다고 발표했습니다. 이어 2023년에는 IBM이 약 100큐비트 규모에서 특정 문제에서 슈퍼컴퓨터를 앞서는 결과를 국제 학술지에 발표하면서, 학계가 예측했던 "1,000큐비트는 있어야 가능하다"라는 지배적 관측을 깨뜨리기도 했습니다. 이런 성과의 가시화는 양자 기술이 이제 공상이나 거창한 이론이 아니라, 실질적인 미래 변화의 열쇠임을 세상에 각인시켰습니다.

물론 현재의 양자컴퓨터는 여전히 초기 단계로, 실용화를 위해 넘어야 할 산들이 많습니다. 큐비트의 불안정성과 오류 문제를 제어하는 양자 오류 수정 기술을 완성하고 수백만 개 규모로 큐비트를 확장해야 진정한 양자 사회의 문이 열릴 것입니다. 하지만 기술 발전은 가속도가 붙으면 예상을 뛰어넘는 속도로 이루어지기도 하기에 지금이 바로 양자 기술에 집중해야 할 때입니다. 본 책에서는 이러한 양자 기술이 어떻게 우리의 미래를 바꾸고 있는지, 물리학적 원리에서부터 산업과 사회 전반에 걸친 파급력까지 차례로 살펴보고자 합니다. 이제 상식을 넘어서는 양자의 세계로 함께 발걸음을 내디뎌 보겠습니다.

양자의 세계
- 상식 너머의 물리학 -

우리의 상식으로 이해되는 물리 세계에서는 물체는 한자리에서 하나의 상태만 가집니다. 그러나 양자의 세계에서는 입자가 동시에 여러 상태에 있을 수도 있고, 멀리 떨어진 두 입자가 마치 한 몸처럼 연결되기도 합니다. 이러한 양자역학적 현상들은 우리의 직관을 완전히 뒤엎는 것이어서, 과거 아인슈타인조차 "유령 같은 원격 작용"이라 부르며 의문을 제기했지요. 그렇다면 구체적으로 어떤 모습일까요? 몇 가지 유명한 양자 현상을 통해 상식 너머 기묘한 양자의 세계를 들여다봅시다.

가장 먼저 소개할 개념은 파동-입자 이중성과 양자 중첩 현상입니다. 빛이나 전자 같은 미시 입자는 때로는 입자처럼 개별적으로 행동하고, 때로는 파동처럼 퍼져나가 간섭무늬를 형성합니다. 예컨대이중슬릿 실험에서 전자를 하나씩 쏘면 전자는 두 개의 슬릿을 통과한 뒤 스크린에 밝고 어두운 간섭무늬를 나타냅니다. 슬릿을 지날 때전자가 동시에 두 경로를 모두 지나간 것처럼 행동하기 때문에 여러개의 줄무늬 패턴이 나타나는 것이죠.

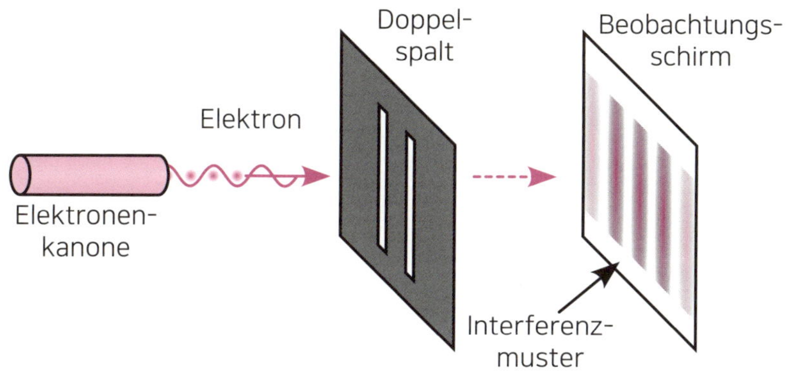

자료: 위키피디아[21]

[그림 1] 이중슬릿 실험

그런데 더 놀라운 사실은, 전자가 어느 슬릿으로 갔는지 관측하면이런 간섭무늬가 사라지고 슬릿 두 개에 대응하는 흔적만 남는다는점입니다. 관측 행위 자체가 양자 상태를 변화시켜 버리는 것입니다.이처럼 양자 중첩 상태에서는 한 입자가 동시에 여러 가지 가능성을모두 가지고 실제 존재하다가, 우리가 들여다보는 순간 한 가지로 결정됩니다. 마치 동전이 앞면과 뒷면 모두 위로 향한 채 빙글빙글 돌고 있다가, 손으로 덮는 순간 앞이나 뒤 한 면으로 결정되는 격입니다. 물질과 빛이 보여 주는 이러한 양자 중첩의 특성은 "0이면서 1"이라는 직관에 반하는 표현으로도 비유되며, 고전 물리학에서는 찾아볼 수 없는 양자만의 신비입니다.

양자의 기묘함을 말할 때 빼놓을 수 없는 또 하나의 현상이 바로 양자 얽힘 Entanglement 입니다. 얽힘 현상이란 한 쌍으로 생성된 두 입자가 거리가 아무리 멀리 떨어져 있어도 특별한 연결을 유지하며, 한쪽의 상태가 측정되면 다른 쪽의 상태도 순식간에 결정되는 현상을 말합니다. 예를 들어, 두 광자를 얽힌 상태로 만든 뒤 한 광자의 편광 방향을 측정하면, 멀리 떨어진 다른 광자의 편광도 즉각적으로 연관된 값을 갖게 되는 식입니다. 마치 두 입자가 한 몸처럼 움직이는 것이라, 얼핏 보면 정보가 빛보다 빠르게 전달되는 듯한 인상을 주지요 실제로 정보가 전달되는 것은 아니며, 단지 두 광자의 측정 결과가 서로 강하게 연관되어 있을 뿐입니다. 사실 얽힘은 아인슈타인 등이 끝까지 받아들이기 힘들어했던 개념으로, 양자역학의 비국소성을 보여 주는 극단적인 사례입니다. 놀랍게도 오늘날 과학자들은 이 현상을 실험적으로 입증하고 제어하는 데 성공했습니다. 2022년 노벨 물리학상은 얽힌 광자들의 상태가 국소 현실성을 벗어나 벨 부등식을 위반함을 실험으로 증명한 세 명의 과학자에게 돌아갔습니다. 이 업적은 "얽힘 현상이 세상에 실제 존재함"을 결정적으로 보여 준 것으로 평가받으며, 양자컴퓨터와 양자암호통신 등 양자 정보 기술의 기반을 마련한 것으로 인정되었습니다.

이미 중국 연구진은 위성을 통해 1,200km 떨어진 곳까지 얽힌 입자를 분배하는 데 성공하여 전 세계적으로 주목받은 바 있습니다. 기존에는 대략 100km 정도 거리까지 얽힘 유지가 실험되었는데, 이를 위성-지상 간 1,200km까지 확장한 것입니다. 이 실험을 주도한 과학자들은 이를 가리켜 "미래 양자 인터넷 시대로 진입하기 위한 결정적 순간"이라 표현했습니다. 얽힘을 활용하면 두 장소 사이에 도청 불가능한 양자 암호 비밀키를 분배할 수 있고, 장거리 양자 통신망 구축이 현실화됩니다. 즉 양자 세계의 괴이한 현상들이 이제는 단순히 호기심을 자아내는 수준을 넘어, 새로운 기술 혁신의 원천으로 자리 잡고 있다는 뜻입니다.

요약하면, 양자의 세계에서는 상식이 통하지 않는 물리 법칙들이 지배합니다. 입자는 여러 곳에 동시에 존재하고, 먼 곳의 입자가 떼려야 뗄 수 없는 운명 공동체처럼 얽혀 있습니다. 이러한 양자 현상들은 아직 우리 일상 경험과는 동떨어져 보이지만, 과학자들은 지난 수십 년간 이 기묘한 현상을 체계적으로 이해하고 다루는 법을 터득해 왔습니다. 그리고 이제는 양자 중첩과 얽힘의 마법을 응용하여 고전 기술의 한계를 뛰어넘는 양자 기술을 만들어 내고 있습니다. 다음 장에서는 양자 현상을 정보 처리에 활용한 큐비트_{Qubit}와 양자 컴퓨팅의 원리를 살펴보며, 어떻게 양자의 세계가 새로운 계산의 힘을 열어 주는지 알아보겠습니다.

큐비트의 힘

– 고전과 다른 계산의 방식 –

양자 컴퓨팅의 심장은 큐비트 qubit라는 정보의 단위입니다. 이는 기존 컴퓨터의 비트 bit에 대응하는 개념이지만, 작동 방식은 근본적으로 다릅니다. 우리가 익숙한 디지털 비트는 한순간에 0 또는 1 중 하나의 값만 가질 수 있습니다. 그러나 큐비트는 양자 중첩 특성 덕분에 0과 1 두 상태를 동시에 가지는 상태로 존재 가능합니다. 다시 말해, 하나의 큐비트는 0일 수도 1일 수도 있는 겹친 상태로 연산에 참여하며, 측정하기 전까지는 0과 1이 동시에 공존합니다. 이것이 양자 컴퓨팅의 첫 번째 힘입니다. 예를 들어, 2개의 비트는 00, 01, 10, 11 중 한 가지 조합만 표현할 수 있지만, 2개의 큐비트는 네 가지 경우를 모두 중첩해 한꺼번에 표현할 수 있습니다. 큐비트 수가 늘어날수록 이런 동시 병렬성은 기하급수적으로 커져서, n개의 큐비트는 2^n개의 상태를 한 번에 다룰 수 있게 됩니다.

이론적으로 300개 남짓한 큐비트만 있어도 2^{300}가지 10의 90승이 넘는 상태를 동시에 표현할 수 있는데, 이는 우주의 모든 원자를 넘어서는 숫자입니다. 현실의 양자컴퓨터는 아직 수백 큐비트 수준이지만 그 잠재력은 이미 일부 실험에서 드러났습니다. 앞서 언급했듯 구글의 53 큐비트 양자 프로세서 시카모어 Sycamore는 특정 계산을 3분여 만에 수행하며 양자 우위를 시사했습니다.[3] IBM의 127큐비트 이글Eagle 프로세서는 2^{127}개의 상태를 다룰 수 있는데, 이는 "온 우주의 별보다 많은 경우의 수"에 해당한다고 묘사되기도 합니다. 물론 모든 경우를 실제로 한꺼번에 살펴보는 것은 아니지만, 양자컴퓨터는 특정 알고리즘을 통해 이 지수적인 가능성 공간을 효율적으로 활용할 수 있습니다.

양자컴퓨팅의 두 번째 힘은 양자 얽힘과 간섭을 활용한다는 점입니다. 얽힌 큐비트들은 서로 밀접히 연결되어, 하나를 조작하면 다른 큐비트의 상태에도 영향을 주는 특별한 상태에 놓입니다. 양자 알고리즘은 이러한 얽힘을 이용해 정답에 해당하는 상태들 간의 양자 간섭을 강화하고, 오답에 해당하는 상태들은 소멸시키는 방식으로 계산 결과를 얻어냅니다. 쉽게 말해, 모든 가능한 답을 동시에 계산하면서 불필요한 가능성은 상쇄시키고 올바른 답만 부각되도록 확률 암시quantum interference를 일으키는 것입니다. 이로써 양자컴퓨터는 병렬성과 선택적 간섭이라는 두 가지 마법으로 고전 컴퓨터와는 완전히 다른 계산 능력을 발휘하게 됩니다.

그 차이를 조금 더 직관적으로 비교해 볼까요? 고전 컴퓨터에서는 어떤 복잡한 미로 속 보물을 찾는다고 하면, 경우의 수를 하나씩 차례로 탐색해야 합니다. 반면 양자컴퓨터는 모든 갈림길을 동시에 탐색에 들어간 후, 양자 간섭 효과로 잘못된 경로는 지워버리고 정답이 있는 경로만 남도록 연산을 전개할 수 있습니다. 이러한 원리를 활용한 대표적인 예가 바로 쇼어의 알고리즘입니다. 쇼어 알고리즘은 큰 수를 소인수분해 하는 문제를 고전 컴퓨터보다 지수적으로 빠르게 풀 수 있는 양자 알고리즘으로, 적절한 규모의 양자컴퓨터가 등장하면 RSA 암호를 비롯한 현재의 공개키 암호체계를 순식간에 무너뜨릴 수 있음을 이론적으로 보여 주었습니다. 이는 전 세계 정보 보안에 막대한 파장을 일으킬 전망이어서 이미 미국 NIST 등에서는 양자컴퓨터에 뚫리지 않을 양자내성암호 PQC 표준을 제정하기 시작했습니다.[4] 다시 양자컴퓨팅 자체 이야기로 돌아와서, 쇼어 알고리즘의 작동도 결국 큐비트 중첩으로 가능성 공간을 펼쳐 놓고, 얽힘과 간섭으로 정답에 대응되는 패턴만 추출해내는 과정이라고 볼 수 있습니다.

물론 모든 문제가 양자컴퓨팅으로 이렇게 혁신적으로 빨라지는 것은 아닙니다. 양자 알고리즘이 이점을 가지는 분야는 복잡한 최적화 문제, 거대한 데이터베이스 검색, 분자의 양자 시뮬레이션 등 일부 영역으로 한정되어 있습니다. 하지만 그 '일부'가 매우 중요합니다. 예를 들어, 수백 개 도시를 가장 효율적으로 도는 경로를 찾는 여행하는 세일즈맨 문제나, 거대한 비정형 데이터 속에서 특정 패턴을 찾는 문제 등은 고전적 방법으로는 사실상 불가능한 일이지만 양자컴퓨터로는 해법의 실마리를 찾을 수 있으리라 기대됩니다. 또한, 화학 반응과 물질의 양자 상태를 정확히 계산하는 일은 고전 컴퓨터로 매우 까다롭지만, 양자컴퓨터는 자연현상을 본질적으로 양자역학적 모사를 통해 이러한 시뮬레이션에 탁월한 능력을 보일 것으로 예상됩니다.

현재의 양자컴퓨터는 수십~수백 개 수준의 노이즈 많은 큐비트 NISQ로 구성되어 아직 완벽한 오류 보정이 되지 않은 상태입니다. 따라서 지나치게 복잡한 알고리즘을 실행하면 오류가 누적되어 신뢰할 수 있는 결과를 얻기 어렵습니다. 그럼에도 불구하고 양자 연구자들은 이러한 제약을 돌파하기 위해 오류 완화 기술 등을 시도해 초기지만 의미 있는 성과를 도출하고 있습니다. 무엇보다 주요 기술 기업과 연구팀들은 수년 내에 수천 개 이상의 오류 보정 큐비트를 갖춘 양자컴퓨터를 개발하겠다는 야심 찬 로드맵을 발표했습니다. IBM은 2025년까지 모듈화 및 양자 네트워킹 기술로 4,000큐비트 이상 규모의 시스템을 선보이겠다는 계획을 밝혔고[5], 구글 역시 2030년까지 실용적인 양자컴퓨터를 실현하겠다는 청사진을 가지고 있습니다[6]. 이처럼 큐비트의 힘을 온전히 길들이기 위한 경쟁은 앞으로 더욱 가속화될 전망입니다.

정리하면, 큐비트는 고전 비트와는 차원이 다른 정보 처리 단위입니다. 중첩을 통해 병렬 우주를 탐색하고, 얽힘과 간섭으로 정답의 실마리를 포착하여 기존 컴퓨터로는 풀리지 않던 문제들을 풀 단초를 제공합니다. 비록 초기 단계이지만, 우리는 이미 그 잠재력의 일부분을 엿보았습니다. 다음 장에서는 이러한 양자컴퓨터를 구현하기 위해 과학자들이 도전하고 있는 다양한 하드웨어 플랫폼과 각 접근 방식 간에 벌어지는 치열한 기술 경쟁에 대해 알아보겠습니다.

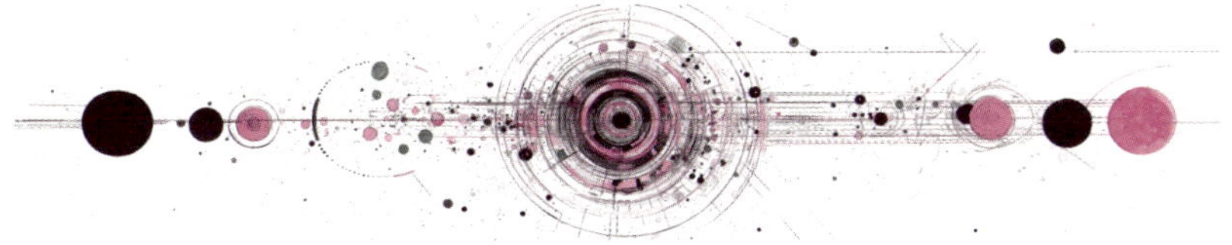

양자컴퓨터 전쟁

양자컴퓨터를 현실로 만들기 위해서는 어떤 물리체계를 큐비트로 삼을 것인가라는 도전이 뒤따릅니다. 현재까지 제안되고 개발된 양자컴퓨터 플랫폼에는 여러 가지가 있으며, 저마다 장단점이 뚜렷합니다. 양자컴퓨팅의 플랫폼 전쟁에 세계 유수의 연구팀과 기업들이 뛰어들어 패권 경쟁을 벌이고 있습니다. 이번 장에서는 양자컴퓨터를 구현하는 기술들과 그 특징을 살펴보겠습니다.

초전도 회로 기반 양자컴퓨터

현재까지 가장 앞서 나간 방식으로 평가받는 플랫폼은 초전도 큐비트입니다. 이는 절대온도 0도에 가까운 극저온 상태에서 전기 저항이 사라지는 초전도 회로를 이용해 큐비트를 구현하는 방법입니다. 초전도 회로에 미세전류나 조셉슨 접합 등을 통해 양자 상태0 상태와 1 상태에 대응되는 전류 방향 등를 부여하면, 그 회로 자체가 하나의 큐비트가 됩니다. 이 방식의 장점은 반도체 공정을 활용하여 집적화와 스케일업이 비교적 용이하고, 게이트 연산 속도가 매우 빠르다는 점입니다. 현재 IBM, 구글, 리게티 Rigetti 등 여러 기업이 초전도 큐비트 기술로 수십~수백 큐비트 규모 프로세서를 제작해 오고 있으며, 양자컴퓨터 구현의 선두에 서 있습니다. IBM은 2023년 433큐비트짜리 오스프리

칩을 공개했고, 2025년에는 모듈형 설계를 통해 수천 큐비트를 실현하겠다는 로드맵을 밝힌 상태입니다[7]. 하지만 초전도 방식은 큐비트를 극저온약 -273℃으로 냉각해야 하고 작은 진동이나 열잡음에도 민감하여, 복잡한 냉동 시스템과 차폐 장치가 필요하다는 단점이 있습니다. 이러한 시스템 유지 비용과 복잡성은 향후 대규모 상용화에 극복해야 할 과제로 남아 있습니다. 그럼에도 불구하고 현재 가장 "진보된" 양자컴퓨터 시제품들은 대부분 초전도 방식으로 구현되어 있고, 한국 또한 한국표준과학연구원KRISS을 필두로 2030년대 초까지 1,000큐비트급 초전도 양자컴퓨터 개발을 목표로 하고 있습니다[8].

이온 트랩 기반 양자컴퓨터

두 번째로 오랜 역사를 지닌 접근은 이온 트랩ion trap 방식입니다. 이는 전기장과 자기장을 이용해 진공 중에 개별 이온전하를 띤 원자들을 공중에 포획하고, 이 이온들의 내부 상태나 진동 모드를 큐비트로 삼는 방법입니다. 이온은 같은 종류라면 완전히 동일한 특성을 가지므로 균일한 큐비트를 얻기 좋고, 이온 간 얽힘 연산은 주로 레이저 빔을 통해 이루어집니다. 이온 트랩 방식의 장점은 큐비트의 안정성이 매우 높고 개별 큐비트의 정확한 제어가 가능하다는 것입니다. 현재까지 기록된 가장 긴 양자 결맞음 시간coherence time도 이온 트랩 시스템에서 달성되었습니다[9]. 또한, 수십 개 이온을 한 줄로 배열해 멀티 큐비트 연산을 시연한 경우도 있습니다.[10] 다만, 단점은 이온의 수를 많이 늘리기가 어려워 확장성에 제약이 있다는 점입니다. 이온

끼리 상호작용을 시키려면 일정 거리 이내에 두어야 하는데, 이 때문에 수백 개 이상 이온을 하나의 트랩에 가두는 것은 기술적으로 도전적입니다. 이를 극복하기 위해 다중 모듈의 이온 트랩을 광학적으로 연결하는 연구 등이 진행 중입니다. 이온 트랩 분야의 대표 기업으로는 아이온큐 IonQ와 퀀티넘 Quantinuum 등이 있고, 이들은 적은 큐비트라도 높은 정확도로 양자 연산을 실행함으로써 양자 오류 정정을 조기에 구현하는 데 집중하고 있습니다.

자료: Quantinuum

[그림 2] 퀀티넘의 이온 포획 방식 양자컴퓨터 칩 H2

중성 원자 기반 양자컴퓨터

　세 번째 접근법은 중성 원자Neutral Atom 방식으로 이는 전하를 띠지 않은 원자를 레이저 광으로 만든 옵티컬 트랩에 2차원 또는 3차원 격자로 다수 배열하여 각각을 큐비트로 활용하는 기술입니다. 대표적으로 루비듐이나 세슘 등의 원자를 매우 낮은 온도로 냉각시켜 레이저 빔으로 위치 고정 후, 특정 원자의 전자껍질을 들뜨게 하는 리드버그 상태Rydberg state를 0과 1 상태로 정의하는 방식입니다. 중성 원자 방식의 강점은 상온 또는 준상온에서 동작이 가능하고, 한 번에 수백~수천 개의 원자를 대규모 격자 형태로 배치할 수 있어 확장성 잠재력이 매우 크다는 점입니다. 또한, 원자 하나하나가 완전히 동일한 복제본이므로 시스템 균질성도 우수합니다. 이미 프랑스의 파스칼Pasqal사와 미국의 큐에라QuEra사 등 스타트업들은 100~200개 규모의 원자 큐비트를 제어할 수 있는 플랫폼을 선보이며 양자 시뮬레이션 분야에서 두각을 나타내고 있습니다. 다만, 현재는 제어할 수 있는 문게이트 연산의 종류가 제한적이고, 원자 간 얽힘 유지 시간이 짧아 아직 고난도 알고리즘을 수행하기에는 초기 단계라는 평가를 받습니다. 하지만 중성 원자 방식은 장기적으로 수만 개 큐비트 이상의 스케일업이 가능할 것으로 보여, 미래형 양자컴퓨터의 유력한 후보로 거론됩니다. 무엇보다 진공 챔버와 레이저만 있으면 되기에 초전도처럼 극저온 냉동이 필요 없고, 여러 격자를 병렬 구동하여 3차원 확장도 비교적 용이한 것으로 알려져 있습니다. 이는 향후 수백만 큐비트 시대를 열 수 있는 큰 강점입니다.

광자_{포토닉} 기반 양자컴퓨터

네 번째 경로는 물질 대신 빛_{광자}을 직접 큐비트로 사용하는 광자형 양자컴퓨팅입니다. 광자는 전기적 중성이고 상온에서도 잡음에 상대적으로 강한 매체입니다. 무엇보다 빛 자체가 빠르고 먼 거리 전송이 쉬워 양자통신 분야에서는 일찌감치 핵심으로 쓰여 왔지요. 광자 큐비트는 일반적으로 편광 상태나 위상 상태 등을 0/1로 삼아 정의합니다. 여러 광자를 얽힌 상태로 만들어 광학 소자_{거울, 빔스플리터, 광섬유 등}를 통해 연산을 구현하는데, 이러한 광학적 양자컴퓨터는 실온에서 구동 가능하며 장비를 소형화할 경우 향후 광집적 회로로 칩 위에 구현할 수도 있다는 장점을 가집니다. 이미 캐나다의 자나두_{Xanadu} 등이 광자 회로를 이용한 양자 프로세서를 개발 중이고, 2022년 자나두 팀은 광자 양자컴퓨터를 이용해 양자 우위를 달성했다는 결과를 발표하기도 했습니다[11]. 그러나 광자 방식은 광자들 사이의 직접적 상호작용이 없어 복잡한 얽힘 게이트를 만드는 것이 어렵고, 큐비트 하나하나 조작의 정밀도 확보에도 도전이 따릅니다. 수많은 광자를 일일이 통제하기보다 측정 기반 연산 등 특별한 프로토콜을 연구하는 등 광자 방식만의 길이 모색되고 있습니다. 그럼에도 불구하고 광자 큐비트는 통신선과 자연스럽게 연결되고, 향후 양자 네트워크의 노드로서 혹은 다른 양자 프로세서들을 연결하는 매개로서 중요한 역할을 할 것이기에 빼놓을 수 없는 플랫폼입니다.

반도체 스핀 및 기타 고체 결함 기반

다섯 번째로 소개할 분야는 반도체 내 전자스핀이나 결함center을 이용한 큐비트 구현입니다. 이는 기존 반도체 공정 및 재료를 최대한 활용하면서 양자컴퓨팅을 실현하려는 접근으로, 실리콘 양자점quantum dot, 다이아몬드의 질소-빈자리 결함NV center, 혹은 인공 원자로 불리는 결함 준위 등을 큐비트로 씁니다. 대표적으로 인텔 등이 연구 중인 실리콘 스핀 큐비트는 실리콘 칩에 한 개 전자를 가두어 그 스핀 방향상태 업/다운을 0과 1로 삼는 방식입니다. 이 방식은 기존 CMOS 공정과 호환할 수 있어 장기적으로 집적 scaling이 용이할 수 있고, 초전도보다 높은 온도수십 mK 수준에서도 동작이 가능하다는 장점이 있습니다. 최근 미국과 네덜란드 연구진이 10개 이상 연결된 실리콘 큐비트를 시연하는 성과를 내면서 진전을 보이고 있습니다.[12] 다이아몬드 NV센터 큐비트의 경우 전자스핀과 핵스핀을 함께 활용해 상온에서도 동작하는 양자 센서 및 소규모 양자 네트워크 응용에 이미 활용되고 있습니다. 이들 고체 스핀 계통의 공통 장점은 고체 내 국한된 상태라 개별 제어가 비교적 안정적이고 시스템을 소형화하기 유리하다는 점입니다. 단점으로는 주변 격자의 불완전성 등 환경 영향을 받아 코히런스 시간양자컴퓨팅에서 큐비트가 양자 상태중첩·얽힘 상태를 잃지 않고 유지할 수 있는 시간이 비교적 짧고, 서로 멀리 떨어진 스핀 큐비트 사이 상호작용 구현이 어려움이 꼽힙니다. 아직 큐비트 개수를 크게 늘린 시연도 드물어서 연구 단계라고 볼 수 있습니다.

한편, 마이크로소프트 등이 주도하는 위상 양자컴퓨팅 topological quantum 접근도 있는데, 이는 준입자 quasiparticle의 위상학적 상태를 이용해 자연적으로 오류에 강한 큐비트를 만들려는 시도로, 만약 성공하면 양자컴퓨팅 판도를 바꿀 수 있지만 현재까지 실현된 바는 없습니다. 위상 큐비트는 이론적으로 양자 오류가 발생하지 않는 안정성을 예측하지만, 아직 실험적으로 구현된 사례가 없어 당장은 주요 플랫폼으로 포함하기 어렵습니다.

[표 1] 다양한 양자컴퓨터 구현 플랫폼의 비교

구분	핵심 원리	장점	한계
초전도	극저온(절대온도 0도 근처)에서 초전도 회로의 전류 방향 등으로 큐비트 구현	빠른 연산 속도, 수십~수백 큐비트 프로세서 제작 완료	극저온 유지 필요, 진동·열잡음에 민감, 냉동·차폐 시스템 복잡
이온 트랩	전기장·자기장으로 진공 중 개별 이온을 포획하고, 내부 상태·진동 모드를 큐비트로 사용	안정성 높음, 결맞음 시간 매우 김(1시간 이상), 높은 정확도	이온 수 확장 어려움, 대규모 트랩 구현 도전적
중성원자	전하를 띠지 않은 원자를 레이저 광으로 만든 격자에 배열, 리드버그 상태를 0/1로 정의	상온 또는 준상온 작동, 수백~수천 원자 배열 가능, 균질성 우수	얽힘 유지 시간 짧음, 연산 게이트 종류 제한, 초기 단계
광자	빛 광자의 편광·위상 상태를 0/1로 정의하고 광학 소자로 연산 구현	상온 구동 가능, 통신 연계 용이	광자 간 상호작용 구현 어려움, 얽힘 게이트 정밀 제어 도전
반도체 스핀·결함 기반	반도체 내 전자스핀·결함(NV센터 등)을 큐비트로 활용	기존 반도체 재료 활용, 고체 기반으로 안정적 제어	결맞음 시간 짧음, 멀리 떨어진 스핀 간 상호작용 어려움, 연구 초기

초전도 큐비트는 빠른 연산과 높은 확장성으로 가장 앞서 있으나 극저온 유지가 필요하고, 이온 트랩은 안정성과 정밀도가 뛰어나지만 확장에 어려움이 있습니다. 광자 기반은 상온 작동과 통신 연계가 용이하나 상호작용 구현이 까다롭고, 중성원자 방식은 대규모 확장이 기대되나 아직 초기 단계입니다. 반도체 스핀/결함 큐비트는 기존 기술과 호환되며 실온 동작 가능성이 있지만 제어가 어려워 개발 초창기 단계에 머물러 있습니다. 이처럼 각 방식의 장단점과 기술 난이도가 달라, 연구팀들은 자기 플랫폼의 강점을 극대화하고 약점을 보완하는 방향으로 경쟁을 펼치고 있습니다.

이와 같이 어느 쪽이 승자가 될지는 아직 미지수입니다. 어쩌면 향후에 이들 기술을 혼합한 하이브리드 양자컴퓨터가 등장할 가능성도 있습니다. 현재로서는 초전도와 이온 트랩이 양강으로 앞서 나가고 있고, 중성원자와 광자, 반도체 스핀 진영이 맹추격하는 형국입니다. 국가들도 각자 강점을 살려 다른 전략을 취하는데, 이를테면 미국과 일본은 초전도와 이온 트랩에 주력하고, 유럽은 이온 트랩과 중성원자 연구가 활발하며, 중국은 광자와 중성원자 분야에서도 두각을 나타내는 등 분야별 기술 패권 경쟁이 뜨겁습니다. 거대 IT 기업들도 양자 플랫폼 경쟁에 가세했습니다. IBM과 구글은 초전도 양자 칩 경쟁을 이어가는 한편, 아마존은 여러 하드웨어를 클라우드로 묶는 서비스 전략을 취하고, 인텔은 자사 반도체 기술을 살려 실리콘 양자 칩을 개발 중입니다. 마이크로소프트는 앞서 언급한 위상 큐비트라는 승부수를 던져 느리지만 한 방을 노리고 있지요. 이러한 플랫폼 전쟁의 결과는 가까운 미래에 양자컴퓨팅의 표준 기술이 무엇으로 정립될지 결정할 것입니다. 승자 독식일 수도, 공존 체제일 수도 있습니다. 중요한 것은 모든 길이 지금 열심히 달리고 있다는 사실입니다. 결국 어느 방법이든 목표는 실용적인 양자컴퓨터를 가능한 한 빨리 구현하여, 다음 장에서 다룰 과학·산업 혁신의 열쇠로 쓰는 것이기 때문입니다.

과학과 산업의 지형이 다시 그려진다

양자 기술이 가져올 영향은 단순히 계산기 한 대가 빨라지는 수준을 넘어, 과학 연구와 산업 구조 전반에 커다란 지형 변화를 일으킬 전망입니다. 이 장에서는 양자컴퓨팅을 비롯한 양자 기술이 어떻게 과학의 난제를 풀고 산업계의 판도를 바꾸고 있는지 살펴보겠습니다.

먼저, 기초과학과 응용과학의 연구 지형이 양자컴퓨팅 등장으로 재편되고 있습니다. 양자컴퓨터는 복잡계 시뮬레이션에 탁월한 능력을 발휘할 것으로 기대됩니다. 화학 분야를 예로 들어보면, 약물 개발에 필요한 질환 메커니즘과 관련된 분자의 시뮬레이션 같은 복잡한 문제를 다루는 것은 현재 슈퍼컴퓨터로도 버거운 작업입니다. 이에 비해 양자컴퓨터는 정확한 시뮬레이션과 현재의 기술 수준보다 더 큰 분자를 대상으로 비교·분석을 진행할 수 있는 잠재력을 지니고 있어 신약 후보 물질의 효능과 부작용을 기존보다 훨씬 정확하게 예측할 수 있으리라 전망됩니다. 실제로 구글과 독일 제약사 베링거 인겔하임 등이 협력하여 AI 기반의 약물 발굴 플랫폼을 위해 공동연구 협약을 체결했고[13], 국내 제약업계도 양자컴퓨팅 기술을 활용한 신약 개발 플랫폼 모색에 나서고 있습니다. 신소재 개발에서도 마찬가지입니다. 내구성, 전도성, 내식성 금속이나 기타 재료가 녹슬거나 부식되지 않는 성질 소재를 찾기 위해서는 원자 단위에서 일어나는 현상을 이해해야 하는데, 양자컴퓨터는 이런 재료과학의 난제를 풀 실마리를 제공할 것으로 보입니다.

양자 기술은 또한 산업 경쟁의 판도를 바꾸어 놓고 있습니다. 현시점에도 IBM, 구글 같은 빅테크부터 수많은 스타트업까지 양자 산업 생태계가 급성장 중입니다. 맥킨지의 분석에 따르면, 전 세계 양자 기술 시장 규모는 2040년에 약 1,060억 달러 약 138조 원에 이를 것으로 전망됩니다.[14]

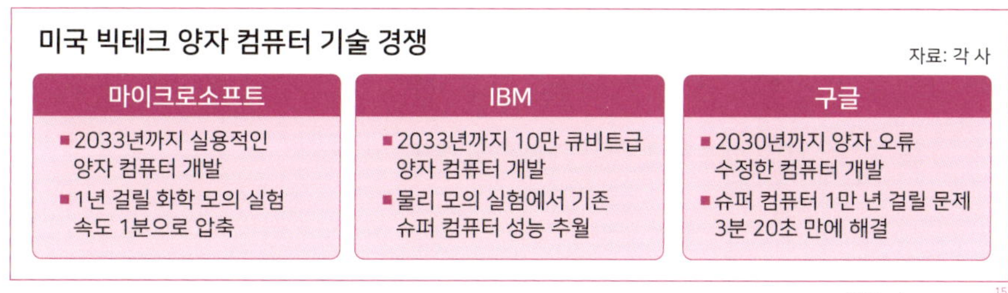

[그림 3] 미국 빅테크 양자컴퓨터 기술 경쟁

각국 정부도 미래 산업 주도권을 잡기 위해 천문학적 투자를 아끼지 않고 있습니다. 미국은 2018년 'NQI법 국가 양자이니셔티브법, National Quantum Initiative Act'을 공식 제정하여 향후 10년간 국가 차원에서 양자 연구에 집중한다는 의지를 표명했으며[16], EU도 대규모 장기 연구 이니셔티브인 '양자 플래그십' 프로젝트 2018~2027년를 추진 중입니다. 중국은 14차 5개년 규획 2021년~2025년 및 2035년 장기 목표에서 전략적으로 육성할 8대 분야 중 하나로 양자 정보를 제시해 꾸준히 국가 차원의 전략 프로그램을 가동 중입니다. 한국 역시 대한민국 양자과학기술 전략 발표 2023년 이후 양자 기술 선진국 도약을 목표로 정부 차원의 대규모 R&D 프로그램을 추진하고 있습니다. 이러한 투자와 관심은 양자 기술 상용화를 앞당기는 동력이 되고 있습니다.

구체적인 산업 분야에서 양자 기술이 미칠 변화를 살펴볼까요? 먼저 금융 산업에서는 양자컴퓨팅을 이용한 포트폴리오 최적화나 위험 분석이 게임체인저로 떠오르고 있습니다. 기존에는 자산 배분과 위험 관리를 위해 수천만 가지 시나리오를 시뮬레이션하는 데 긴 시간이 걸렸지만, 양자컴퓨터는 병렬 연산을 통해 이를 대폭 단축할 수 있습니다. 이미 JP모건, HSBC 등은 전담 팀을 꾸려 양자 알고리즘을 금융 모델에 적용하는 시험을 하고 있습니다.[17]

물류·교통 분야도 양자컴퓨팅의 수혜를 입을 것입니다. 차량 경로 최적화, 항공 스케줄링 등은 도시 규모가 커질수록 경우의 수가 폭증하는 문제인데, 양자 알고리즘을 활용하면 더 나은 해결책을 찾을 수 있습니다. 실제로 독일 폭스바겐은 2019년 자동차 회사 중 최초로 양자컴퓨팅을 활용한 교통 관리 기술을 도입하는 파일럿 프로젝트를 소개한 바 있습니다.[18]

보안 산업에서는 양자 기술이 양날의 검입니다. 한편으로 양자컴퓨터는 현행 공개키 암호를 풀 잠재력이 있어, 금융·국방·인터넷 보안 인프라 전체에 위협이 될 수 있습니다. 미국 국가안보국NSA은 미래에 대비해 현 시점부터 중요 데이터를 수집해 두었다가 나중에 양자컴퓨터로 해독harvest now, decrypt later하려는 공격에 주의해야 함을 경고했습니다.[19] 또한, 미국 국립표준기술연구소NIST는 2016년부터 양자내성암호 표준화 프로젝트를 진행해 2022년 7월 5일에 NIST가 PQC 표준화 과정에서 첫 번째 알고리즘 후보군 및 표준화 대상 알고리즘을 발표했습니다.[20] 한국도 관련 연구와 시범 사업을 추진 중입니다.

한편, 양자 기술은 새로운 보안 수단도 제공합니다. 양자암호통신QKD은 양자 얽힘이나 단일 광자를 이용해 통신키를 공유하는 기술로, 도청과 중간자 공격이 원천적으로 불가능하다는 이론적 보안성을 지닙니다. 중국의 묵자호墨子号는 세계 최초 양자 통신 위성으로, 2017년 약 1,200km 거리에서 양자 얽힘 기반 실험에 성공하는 등 장거리 양자 통신 기술을 선도했습니다.[21] 우리나라도 SK텔레콤이 2020년 세계 최초로 양자난수생성QRNG 칩을 탑재한 5G 스마트폰 갤럭시 퀀텀을 출시하여 화제가 되었습니다. 이 스마트폰에는 가로세로 2.5mm 크기의 초소형 QRNG 칩이 들어가 매 순간 예측 불가능한 순수 난수를 생성함으로써 모바일 앱의 암호키를 더욱 안전하게 만드는 기능을 합니다.[22]

기술 경쟁 측면에서 양자컴퓨팅은 향후 산업 패권에도 영향을 미칠 것입니다. AI와 빅데이터 시대에 가장 중요한 자원은 계산 능력인데, 양자컴퓨터는 특화된 문제에서 경쟁자의 슈퍼컴퓨터를 압도하는 능력을 보여 줄 수 있습니다. 이는 국가 안보와 첨단 산업 경쟁력과 직결된 사안이라 '양자 패권 경쟁'이라는 표현이 나올 정도입니다. 예를 들어, 양자컴퓨터로 첨단 무기 개발에 필요한 신물질을 먼저 합성하거나, 금융시장을 남보다 빨리 예측하는 시나리오를 생각해 볼 수 있습니다. 국제 외교에서도 양자 기술 동맹이나 수출 통제가 논의되고 있습니다. 미국은 일본, EU 등과 함께 양자 기술 협력체를 만들고 있고 중국을 견제하고 있으며, 중국은 반대로 독자 기술로 맞서며 양자 위성, 양자 통신망에서 선도적 위치를 차지하려 하고 있습니다. 이러한 움직임들은 양자 기술이 단순한 과학 프로젝트를 넘어 국가 전략 자산으로 부상했음을 보여 줍니다.

마지막으로, 양자 기술이 몰고 올 변화는 고용과 인력 양성 측면에서도 중요합니다. 새로운 산업에는 새로운 전문 인력이 필요하기 마련입니다. 벌써부터 양자공학자, 양자 소프트웨어 개발자, 양자 알고리즘 전문가 등에 대한 수요가 늘고 있습니다. 한 보고서에 따르면 영국에서만 양자 기술 관련 기업들이 2만 명 이상의 일자리를 창출하고 있다고 합니다.[23] 한국도 양자 기술 인재 확보 경쟁이 본격화되고 있습니다. 대학원에 양자정보학과 신설을 추진하는 등 양자컴퓨팅 연구 인프라와 인력 양성 기반을 강화하고 있습니다.

이는 국내 대학이 글로벌 수준의 양자 정보 인재 확보 및 교육체계 구축에 착수한 대표적 사례로 평가됩니다. 양자 기술 인력은 물리학뿐 아니라 수학, 컴퓨터공학, 전기공학 등 융합 역량이 요구되어 준비에 상당한 시간이 걸리기 때문에, 지금부터 젊은 인재들의 참여를 장려하고 교육 커리큘럼을 정비하는 것이 중요합니다. 향후 10~20년 이내에 양자 기술 혁신이 현실화되면 이에 대응할 인재 풀을 갖춘 나라와 기업이 앞서 나갈 것입니다.

결국 양자 기술은 과학, 산업, 사회 모든 측면에 큰 파급력을 지닙니다. '양자역학'이 한 세기 전 물리학의 혁명을 일으켰다면, 이제 '양자 기술'이 21세기 산업혁명과 정보혁명의 다음 막을 열고 있습니다. 이러한 변화 속에서 누구보다 먼저 준비하고 적응한 자가 새로운 부가가치와 영향력을 거머쥐게 될 것입니다.

일상생활과 사회 시스템의 변화

양자 기술의 발전은 우리의 일상생활과 사회 시스템에도 서서히 변화를 가져올 것입니다. 비록 지금 당장은 양자컴퓨터를 가정이나 사무실에서 직접 보게 되는 일은 없겠지만, 보이지 않는 인프라 영역에서 양자 기술이 점진적으로 도입되며 사회 전반의 효율성과 안전성이 향상될 가능성이 있습니다.

우선 통신과 금융 거래의 안전성 측면에서 변화를 예상할 수 있습니다. 현재 우리는 인터넷 뱅킹이나 이메일 전송 시 RSA 등 공개키 암호에 의존하고 있는데, 대규모 양자컴퓨터가 실현될 경우 이러한 기존 암호체계는 취약해질 수 있습니다. 이는 전자상거래, 전력망 제어, 국가 기밀 통신 등 사회의 핵심 안전망이 위협받을 가능성을 의미합니다.

이에 대응하기 위해 양자내성암호 PQC와 양자키 분배 QKD 기술이 차세대 보안 대안으로 개발·표준화되고 있습니다. 예를 들어, 은행 간 데이터 송신이나 공공 통신망 등에서 QKD 장비가 시범 적용되고 있으며, 장기적으로는 도청이 불가능한 환경을 구축할 수 있을 것으로 기대됩니다.

일반 소비자 대상 서비스에서도 변화가 시작되고 있습니다. 2020년 출시된 양자난수생성 QRNG 스마트폰이 대표적인 사례이며, 향후 모바일 결제나 인증 서비스에서 양자 난수를 활용한 보안 기술이 확산될 가능성이 높습니다. 또한, 양자 인증서 기반의 로그인 시스템이나 양자 암호화 클라우드 서비스가 등장할 가능성도 제기되고 있습니다.

의료와 건강 분야에서도 양자 기술의 간접적 영향이 확대될 것입니다. 제약회사가 양자컴퓨팅을 이용해 분자 구조를 시뮬레이션하면 신약 후보 물질을 보다 효율적으로 탐색할 수 있으며, 의료 데이터 분석에 양자 알고리즘이 적용될 경우 정밀 의료 Precision Medicine의 발전이 가속화될 수 있습니다.

한편, 양자 센서 기술은 자기장이나 중력장 등 미세한 변화를 감지하는 데 탁월하여, 차세대 MRI·MEG 장비, 조기 지진 예측, 자율주행 위치 검출 등에서 응용이 연구되고 있습니다. 특히 위성 신호가 없어도 작동 가능한 양자 기반 관성센서 기술은 향후 자율주행차나 항공·우주 분야에서 실용화 가능성이 큽니다. 이러한 양자 센서와

양자 측정 기술은 일반 소비자에게 직접 보이진 않더라도 보다 정밀
하고 안전한 사회 인프라 구축에 기여할 것입니다.

양자 기술은 사회 시스템과 정책 측면에서도 새로운 논의를 불러
일으키고 있습니다. 양자컴퓨터가 기존 암호체계를 무력화할 경우,
개인정보 보호와 보안 관련 법·제도의 재정비가 필요합니다.

또한, 양자 기술이 군사·안보 분야에 활용될 가능성도 있어, 이중
용도dual-use 기술에 대한 국제 공조와 관리가 중요해지고 있습니다.

경제 측면에서는 양자 기술 경쟁력이 산업 우위와 국가 경쟁력으
로 직결되기 때문에, 국가 간 기술 격차가 경제 격차로 이어질 수 있
다는 우려도 존재합니다. 이에 따라 미국은 양자컴퓨팅 관련 일부 장
비와 소프트웨어를 수출 통제 품목에 포함시켰고, 중국은 자국 내
양자 인재의 해외 유출을 제한하는 등 기술 주권 강화 움직임을 보
이고 있습니다. 우리의 교육 시스템도 변화를 맞이하고 있습니다.

양자역학이 과거에는 대학 전공자에게도 어려운 분야였지만, 이제
는 양자정보과학이 미래 핵심 기초 소양으로 부상하고 있습니다. 일
부 선진 대학에서는 학부 과정에 양자컴퓨팅 개론 과목을 개설하고
있으며, 고교 교육과정에도 양자 개념을 접목하려는 시도가 나타나
고 있습니다. 국내에서도 대학·연구기관을 중심으로 양자 정보 관련
전공 신설과 융합 교육 과정이 확대되고 있습니다. 이는 마치 1980년

대 이후 세대가 컴퓨터와 인터넷을 일상적 도구로 받아들였던 것처럼, 미래 세대가 양자 기술을 자연스러운 혁신 도구로 활용하게 될 기반을 마련하는 과정입니다.

마지막으로, 양자 기술이 사회 전반에 새로운 윤리적·철학적 쟁점을 제기할 가능성이 있습니다. 예컨대 양자컴퓨터의 보급으로 암호 해독이 용이해지면 프라이버시와 정보 주권의 개념이 재정의될 수 있으며, 양자 무작위성을 활용한 인공지능 의사 결정 시스템이 등장할 경우 책임과 투명성 문제도 함께 제기될 수 있습니다. 또한, 양자 얽힘과 같은 개념은 시간과 공간에 대한 기존 인식에 철학적 변화를 일으키며, 과학이 세계관에 미치는 영향을 다시 생각하게 합니다.

결론적으로, 양자 기술은 사회 전반의 안전성·효율성·지속가능성을 높일 수 있는 핵심 혁신 기술입니다. 일반 대중이 변화를 체감하기까지는 시간이 걸리겠지만, 기술 인프라의 점진적 혁신을 통해 삶의 질 향상이 이루어질 것입니다. 따라서 양자 기술의 발전을 윤리적이고 공정하게 관리하며, 사회적 수용성을 높이는 전략적 접근이 필요합니다.

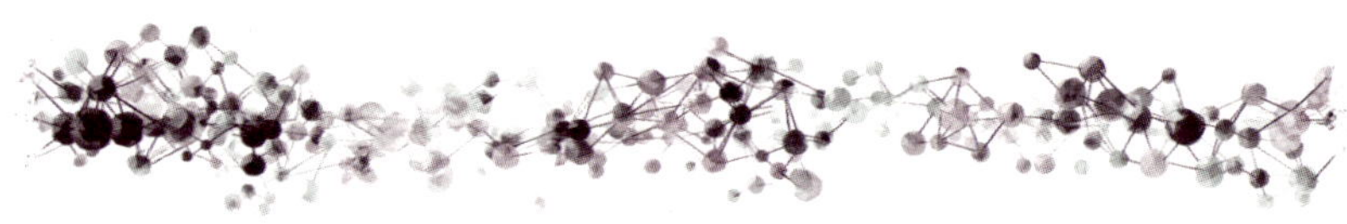

양자 사회로 가는 문턱 위에서

우리는 지금 양자 기술이 산업과 사회를 근본적으로 재편하는 전환점에 서 있습니다. 20세기 컴퓨터 혁명이 정보화 시대를 열었듯, 21세기 양자 혁명은 보안·산업·과학 전반을 바꾸는 새로운 패러다임이 될 것입니다. 양자 기술은 과학 기술의 지평을 넓히고 산업 경쟁력을 재편하며, 사회 인프라의 안전성과 효율성을 향상할 잠재력을 지니고 있습니다.

물론 아직은 양자 오류 정정, 확장성, 장거리 전송 등 해결해야 할 기술적 과제가 남아 있습니다. 그러나 전 세계의 주요 연구기관과 기업이 이 문제 해결에 집중하고 있어, 기술적 임계점을 넘는 시점이 빠르게 다가오고 있습니다. 이러한 변화의 문턱에서 우리는 선제적 학습과 전략적 투자가 필요합니다.

기업은 장기적 관점에서 양자 기술 도입과 인재 확보를 추진하고, 정부는 연구개발 투자와 규제 완화를 병행하여 산업 생태계를 지원해야 합니다. 대학은 커리큘럼을 개편하여 양자역학적 사고와 문제 해결 능력을 지닌 인재를 양성할 필요가 있습니다. 무엇보다 사회 전반의 인식 제고와 대중 소통이 중요합니다. 양자 기술을 두려움이 아닌 기회로 인식하도록 정확한 정보와 교육 콘텐츠를 확산해야 합니다.

또한, 국제 협력과 경쟁의 균형이 중요합니다. 양자 기술은 인류 공동의 도약을 위한 기술이지만, 동시에 국가 간 기술 패권 경쟁의 새로운 축이 되고 있습니다. 우리나라도 글로벌 표준화와 거버넌스 논의에 적극 참여하여 기술 주도권을 확보하고, 개방적이면서도 평화적인 기술 이용 원칙을 견지해야 합니다.

궁극적으로 양자 사회는 절대 보안, 초정밀 센싱, 초고속 연산이 일상화된 사회를 의미합니다. 이 시대에는 신뢰·투명성·창의성이 새로운 핵심 가치로 부상할 것입니다. 양자 기술의 발전은 인류의 삶을 풍요롭게 만들 수 있는 거대한 기회이며, 그 힘을 미래 세대의 번영과 글로벌 난제 해결에 활용하는 것이 우리의 과제입니다.

지금이 바로 양자 기술에 대한 이해와 참여를 확대할 최적의 시점입니다. '아직 이르다'가 아니라 '지금이 시작점이다'라는 인식 전환이 필요합니다. 양자 기술은 두려움의 대상이 아니라 우리의 미래를 밝히는 혁신의 도구가 될 것입니다.

다가오는 다영역 도시 시대

: 우리는 무엇을 준비해야 하는가?

합참 전작권전환추진단 연합검증평가TF장 (도시계획학 박사) **강경일**

미래 도시는 지상·해상·우주·사이버가 겹치는 다영역 공간이 된다. 한국의 과제는 도시를 에너지·데이터·안보가 자립된 전략 플랫폼으로 재설계하는 일이다. 도시는 이제 문명의 산물이 아니라 국가 생존 기술이다.

도시는 인류 문명의 정수라 불린다. 도시가 형성된 이래 그것은 단순한 거주 공간을 넘어 정치적 권력의 상징이자, 경제·문화·기술과 부富의 중심지로 기능해 왔다. 그러나 오늘날의 도시는 과거의 도시와는 다른 차원의 변화를 맞이하고 있다. 인구 집중, 4차 산업혁명 기술, 기후 위기, 자원 고갈, 그리고 새로운 안보 위협이 복합적으로 작용하면서 도시는 그 자체로 사회·기술·군사·환경이 교차하는 다영역 Multi-Domain 공간으로 진화하고 있다.

다영역 Multi-Domain은 지상, 해상, 공중, 우주 등 꼭 물리적인 것만을 의미하지는 않는다. 사이버, 데이터 등 비물리적 분야도 포함한다. 미래 다영역 도시는 기존의 도시가 지상, 해상 등의 분야에서 일정한 역할을 해오던 것을 넘어 새로운 영역으로 진화하는 것을 의미한다. 즉 앞으로 등장할 다영역 도시들은 기존 도시의 물리적 한계를 뛰어넘고, 인류가 새로운 삶의 영역으로 도시를 확장하는 기반이 될 것이다. 그러나 이러한 발전은 심각한 우려를 동반할 수 있으며, 우리의 대응 역량에 따라 미래 다영역 도시에 기회이자 위협으로 작용할 것이다.

이러한 것을 살펴보기 위해 우선 도시 생성의 역사적 맥락을 고전적 도시 의미와 기능의 변화로부터 고찰하고, 미래 도시의 변화 요인을 조망하였다. 이어 미래에 등장할 다영역 도시의 특성과 문제점을 살펴보고, 이에 대응하고자 하는 우리의 준비 방향을 제시하였다.

<h1 style="text-align:center">도시 생성의 역사적 맥락과
도시 유형에 대한 해석</h1>

도시의 정의와 기능의 변화

도시는 본질적으로 사람과 자원의 집중을 통해 형성된 공간이다. 그러나 그 정의와 기능은 시대별 정치 질서, 경제 구조, 기술 발전, 문화적 가치에 따라 달리 규정되어 왔다.

서양에서 도시는 정치·철학적 차원에서 출발하였다. 고대 그리스의 폴리스polis는 시민 공동체이자 직접 민주정의 실천 공간이었으며, 광장아고라은 정치·경제·문화 활동의 중심지였다. 로마 시대에 이르러 도시는 도로망, 상하수도, 법체계가 정비되면서 행정과 군사 통치의 핵심 거점으로 발전하였다.[1]

반면, 동양의 도시는 왕권과 중앙집권적 질서를 구현하는 상징적·정치적 공간의 성격이 강하게 출발했다. 고대 중국 장안長安 도성은 궁궐과 성곽, 축선軸線 배치, 풍수적 요소를 반영하여 계획되었다.[2] 연구자들에 따르면 **한국의 도시도** 역시 왕권과 중앙집권적 질서를 구현하는 상징적·정치적 공간의 성격이 강했다. 즉 서양 도시는 시민 자치와 공공성의 공간으로, 동양 도시는 주로 권위와 질서 구현의 **공간 위주로 출발하여 발전하는 경향이** 있었다.

산업혁명 시점부터 도시는 다시 정의되기 시작했다. 생산력이 가내에서 공장으로 이동하고 직업이 분화되면서 인구가 밀집하였고, 주거·교통·상하수도 등 새로운 인프라 수요가 폭증하였다. 이에 따라 도시를 관리하기 위한 행정 체계와 인구·자원 기반의 도시 경계 설정이 제도화되었다.[3]

현대에 이르러 도시는 행정·상업 중심지를 넘어 금융·문화·기술 혁신의 허브로 기능하며, 글로벌 네트워크 속 핵심 노드로 자리매김하였다. 사스키아 사센 Saskia Sassen 의 글로벌 시티 Global City, 이론과 데이비드 하비 David Harvey 의 사회정의론은 현대 도시가 단순 공간이 아니라 권력·불평등·네트워크가 교차하는 다차원적 공간임을 보여 준다. 또한, UN-Habitat 2022 는 기후 위기·팬데믹·사이버 위협에 대응할 수 있는 회복력 resilience 과 지속가능성 sustainability 을 도시 정의의 필수 요소로 제시한다.

정리하면 도시는 단순히 인구와 자원의 집적지가 아니라, 역사적 맥락 속에서 정치, 경제, 문화, 기술적 의미가 중첩되어 그 시대의 부 富 를 집중시키는 복합적 공간으로 변화해 왔다. 이러한 복합성은 곧 미래 우리에게 다가올 다영역 도시의 출현을 이해하는 출발점이다.

복합적 분류와 대표적 도시 유형

도시의 유형은 시대와 사회적 맥락에 따라 변화해 왔다. 기존 연구들은 도시 분류의 여러 관점을 제시해 왔는데, 예컨대 Lupala 2002 는 도시화 과정에서의 주거·상업 기능 중심으로 도시 유형을 구분하였고[4], Fleischmann et al. 2021 은 공간 구조, 거리망, 건물 밀도 등 물리적 형태에 기초한 분류 체계를 제안하였다.[5]

다영역 도시 논의의 토대를 마련하기 위해 종합적 관점에서 도시 유형을 제안한다. 기존 연구들의 기능적·형태적 접근을 확장하여, 역사적 권위·군사·상징적 질서까지 포함하여 시대적 맥락에서 종합적인 관점에서 유형화한다면 도시는 단순한 인구 집중지를 넘어 정치적 질서, 기술 혁신, 국제 교역, 권위와 상징 등 다영역 차원에서 이해할 수 있기 때문이다. 우리에게 익숙하게 알려진 도시들을 일단 행정, 수도, 상업, 기술, 항구, 군사, 금융, 상징적 권위_{왕권·신권}로 분류해 본다.

행정·수도 도시의 예로는 고대의 바빌론과 로마, 중국의 장안 등을 들 수 있다. 이들 도시는 각 시대의 정치·행정 중심지로서 기능했으며, 그 존망은 왕권의 붕괴나 국가의 흥망과 직결되었던 적이 많았다. 기술 산업 도시는 산업혁명기 영국의 맨체스터와 현대의 미국 디트로이트가 대표적이다. 증기기관의 발명으로 촉발된 산업혁명은 맨체스터에서 시작되었지만, 내연기관의 대중화와 자동차 산업의 발전은 디트로이트에서 본격화되었다. 항구 도시는 베네치아와 싱가포르처럼 국제 교역의 중심지로 번성하였다. 우리나라의 부산과 인천도 이와 같은 유형에 속한다. 근세에 항해술이 발달하고 동서 교역이 활발해지면서 국가 단위의 무역이 급속히 확산된 결과이다. 군사 도시는 베를린을 예로 들 수 있다. 베를린은 비스마르크에 의한 프로이센 제국의 통일 과정에서 군사 정책의 중심지로 기능했었다. 금융 분야는 제네바가 대표적인 도시이다. 제네바는 독일·프랑스·오스트리아 등 강대국들 사이에서 중립국 의지를 표명했던 스위스가 당시 유럽 전역 전쟁으로부터 비교적 안전할 수 있는 연방제 구조를 만들었고, 이것이 국내외 자본에 신뢰할 수 있는 금융 환경이라는 인상을 주었다. 여기에 지정학적으로 유럽의 중심지라는 이유가 더해짐에 따라 국제기구들이 위치하게 되고, 이러한 이유로 제네바는 금융 기능 도시가 되었다. 상징적 의미의 도시로는 역사적으로 왕권과 신권의 중심이었던 예루살렘, 교황청, 우리나라에서는 고대 신라의 경주, 그리고 서울이 상징성으로 대표성을 가지고 기능했다고 본다.

종합하면 도시는 한 가지 기능만으로 존재하지는 않았다. 복합적 기능의 중첩 속에서 시대적 맥락에서 일정한 중심 기능_{예를 들면 행정, 군사, 왕권 등}이 특정 시기와 문명의 성격을 규정했다. 따라서 기존 도시 유형화 연구를 통해 확인되는 것은 "도시가 하나의 고정된 기능을 수행하는 공간이 아니라, 시대적 필요와 문명적 맥락에 따라 다영역적 성격을 띠는 복합체로 발전해 왔다"는 사실이다. 최근 UN-Habitat₂₀₂₂의 World Cities Report도 현대 도시의 개념을 금융·기술 혁신·문화 교류 등 복합적 기능 수행으로 해석하고 있다.[6]

미래 도시의 변화 요인 조망

미래 다영역 도시를 조망하고자 도시의 변화 요인을 5가지_{사회·경제, 기술, 자원·환경, 안보·군사, 신영역 확장}로 대별하였고 이에 접근하기 위한 개념적 정의를 작성해 보았다. "(사회·경제) 미래 도시는 무엇이 주요한 변

동 요인으로써 수요를 창출하고, (기술) 무엇이 이와 같은 변동 요인, 수요를 해결하고자 수단으로써 동원될 수 있으며, (자원·환경) 그러한 시도 가운데 불가피하게 봉착할 수밖에 없는 한계는 무엇이고, (안보·군사) 어떤 분야의 위험에 노출될 수 있어 대비해야 할 것이 무엇이며, (신영역 확장) 미래 도시가 과연 선택할 수 있는 것은 어디까지 확장될 수 있는가?"이다. 이 수준에서 개념적으로 미래 다영역 도시를 그려볼 수 있다고 판단하였기에 이를 바탕으로 미래 도시의 변화 요인을 살펴보았다.

사회·경제 동인: 도시 집중화 및 인구 증가_{고령화}

유엔 경제사회국_{UN DESA}에 따르면 세계 인구의 약 55%가 현재_{2018~2022년 기준} 도시 지역에 거주하고 있으며, 2050년에는 이 비율이 약 68%에 이를 것으로 전망된다_{UN DESA, 2018}. 도시화는 초대형 도시의 확산과 동시에 소규모 도시의 성장이라는 이중적 양상으로 전개된다. 보고서에 따르면 2030년까지 인구 1천만 명 이상을 수용하는 메가시티가 43곳으로 늘어날 것으로 예상되며, 이 중 상당수는 아시아와 아프리카 등 개발도상 지역에 위치한다. 그러나 가장 빠른 성장을 보이는 도시는 인구 100만 명 미만의 중소도시들로, 도시 체계의 다층화가 진행되고 있다. 현재 전 세계적으로 도시민 8명 중 1명은 33개의 메가시티에 거주하지만, 도시 거주자의 약 절반은 인구 50만 명 미만의 소규모 정착지에 살고 있다_{UN DESA, 2018}.

도시 집중화와 더불어 도시민의 평균 연령이 증가할 것이다. 인류의 평균 수명은 생명과학 기술의 발전으로 지속 연장될 것이므로 인구 구성 비율에서 65세 이상 고령층의 비율 상승이 예상된다. 고령화에 따라 이들 인구 계층은 도시에서 주거 이동의 변화를 제한할 것이다. 그뿐만 아니라 건강한 고령층에 의한 노동시장 참여는 과거와는 다르게 상대적으로 젊은 층의 일자리 수요 부족을 초래할 것이나 고령층에 대한 복지 부담은 더해질 것이다. 결국 초고령사회 65세 인구가 20% 이상로 접어드는 도시나 국가는 고령층에 대한 복지 지원 부담이 가중될 것이다.

더하여 미래 도시는 지식 기반 산업과 플랫폼 경제, 즉 기존에 없던 비물리적인 여건들이 기존 도시 시스템에 대비하여 이와 같은 불평등을 주도할 가능성이 높다. 도시 경제를 지탱하던 기존의 화폐를 대신하여 비트코인, 스테이블코인 등 가상자산의 사용이 보편화될 가능성이 높다.

이 과정에서 상대적으로 소수인 고급 인력들은 네트워크 기술의 발달로 사회경제적 활동이 특정 지역에 구속되지 않지만, 오히려 상대적으로 새로운 환경에 적응하지 못한 계층, 특히 경제적으로 취약한 고령층은 도시민을 구성하는 비율은 높아질 것이고, 이들이 비록 주거 이동을 원하지 않을지라도 기존 거주 도시의 외곽 또는 새로운 지역으로 이주를 강제당할 가능성이 지금보다 높아질 수 있다.

이러한 이주 현상은 도시 내를 넘어 도시 간 이동으로 옮겨질 수도 있다. 과거 인류가 정치적, 종교적, 자연재해로 인해 대규모로 이주하였다면 미래에는 사회·경제적 요인이 이러한 변동을 촉발할 수 있다.

미래 도시 인구 집중화 및 인구 증가_{고령화}에 따른 사회·경제 동인은 산업 구조 전환과 새로운 사회 계층 형성, 집단적 이동성의 확대를 포괄하는 복합적 요인으로 바라보아야 한다.

기술 요인: AI, 로봇, 사물인터넷, 양자 기술, 생명공학 등

미래 도시는 4차 산업혁명 기술의 확산에 의해 근본적으로 재편될 것이다. 앞서 논의한 산업 구조 변화와 사회적 격차 재편은 인공지능 AI, 로봇, 사물인터넷 IoT, 양자 기술, 생명공학과 같은 신기술의 도입과 밀접하게 연계된다.

먼저 인공지능 AI은 교통 체계, 보안, 에너지 관리의 자동화를 통해 도시 운영의 효율성을 크게 향상시킬 것이다. 기계·알고리즘과 인간의 상호작용이 도시 운영의 핵심이 될 것으로 기대한다.[71] 로봇 기술은 물류, 돌봄, 건설 분야에서 인간 노동을 대체하거나 보완하면서 생산성과 서비스 수준을 제고할 것이다. 사물인터넷 IoT은 도시 전반의 데이터 흐름을 실시간으로 연결하여 스마트 시티 구현을 가능하게 한다. 교통 체증 완화, 치안 관리 효율화, 에너지 절감 효과가 기대된다. 양자 기술은 초고속 통신과 보안 체계를 제공함으로써 도시 인프라의 안정성과 연결성을 획기적으로 강화할 것이다. 생명공학은 의료 서비스 혁신과 평균 수명 연장을 통해 고령화·초고령사회 문제를 일정 부분 완화할 수 있으나 생명공학적 혜택이 모든 계층에 균등하게 분배되지 않을 경우, 건강 불평등과 세대 간 격차가 새로운 사회 문제로 부각될 가능성이 크다.

종합하면 미래 도시에서의 4차 산업혁명 기술은 도시의 효율성과 회복력을 강화하는 동시에, 계층 간 불평등과 사회적 갈등을 재구조화할 수 있는 이중적 성격을 지닌다. Weizi Li 2022의 연구도 도시를 사회 기술적 체계 socio-technical system로 규정하면서, 기술 도입이 자율성과 이동성의 새로운 불균형을 초래할 수 있음을 지적하고 있다.

자원·환경 요인: 토지·에너지·원자재 고갈, 기후 변화로 인한 도시 생존 위기

미래 도시에서 자원·환경 요인은 인류가 직면할 가장 심각한 도전 중 하나이다. 기후 변화와 이상기후 현상은 이미 전 세계 도시의 생존 가능성을 위협하고 있으며, 이러한 위기는 앞으로 더 심화할 것으로 전망된다. IPCC 제6차 평가보고서 AR6, 2021[8]에 따르면, 지구 평균 기온 상승은 폭염·폭우·해수면 상승 등 극한 기후 사건의 빈도와 강도를 높이고 있으며, 일부 해안 도시와 저지대 지역은 향후 수십 년 내 거주 불가능 지역 uninhabitable zones으로 전환될 가능성이 높다.

이와 동시에, 지진·화산 폭발과 같은 자연재해와 더불어 원전 사고·대규모 테러·핵심 인프라 파괴와 같은 인적 재해가 도시에 미치는 파괴력은 점차 증대되고 있다. 이러한 복합 재난은 도시의 생존과 회복 능력 resilience을 시험하는 결정적 요인이 될 것이다.

또한, 토지와 자원은 본질적으로 유한하다. 인구 증가와 도시 확장은 활용 가능한 토지를 압박하며, 에너지 특히 화석연료, 희귀 금속, 수자원과 같은 핵심 자원은 이미 공급 불균형이 심화하고 있다. 국제에너지기구 IEA, 2021는 재생에너지 전환에 필수적인 리튬, 코발트, 희토류 수요가 향후 20년간 최대 7배로 증가할 것으로 전망하였다.[9] 이러한 자원 경쟁은 경제적 불안정뿐만 아니라, 미·중 전략 경쟁에서 확인되듯이 지정학적 갈등으로 확대되고 있다.

이와 같은 상황에서 재생에너지 개발, 순환 경제 circular economy, 자원 절약형 도시 설계는 선택이 아니라 필수적 대응이 되었다. 전기차 보급 확대, 탄소중립 net zero 전략, 분산형 에너지 자립 시스템은 도시의 회복력과 지속가능성을 높이는 핵심 전략으로 자리 잡고 있다. UN-Habitat 2022 역시 《World Cities Report》에서 도시의 회복력 resilience과 지속가능성 sustainability을 21세기 도시 정책의 중심 가치로 규정하였다.

결과적으로 미래 도시에서 자원·환경 요인은 단순한 관리 과제가 아니라, 생존을 결정짓는 구조적 변수가 될 수 있다. 지속가능성과 회복력을 동시에 추구하는 발전 전략이 없는 도시나 국가는 자원 고갈과 기후 위기의 충격을 벗어나지 못할 것이다.

안보·군사 요인: 드론 공격, 사이버 테러, 우주 자산 파괴 등 도시가 전장의 중심

안보·군사적 위협은 미래 다영역 도시 변화의 핵심 동인으로 작동할 것이다. 러시아-우크라이나 전쟁에서 확인되듯, 군집 스웜 드론의 대규모 운용은 전장의 게임 체인저로 부상했으며, 장거리·정밀 타격 능력을 결합한 무인기 공격은 도시의 핵심 기반 시설과 민간 지역을 직접적으로 위협하고 있다. 이러한 기술은 이미 상용화·탈중앙화되는 경향을 보이므로, 국가의 상비군뿐만 아니라 비국가 행위자_{테러 조직·사이버군 등}도 도시 기반 시설을 상대적 저비용으로 표적화할 수 있는 역량을 확보할 가능성이 커졌다.

나아가 사이버 공격은 평시에도 도시의 교통·금융·통신 네트워크를 마비시켜 2·3차 피해를 유발할 수 있다. 지난 몇 년간 주요 도시 및 교통기관을 겨냥한 랜섬웨어·서비스 마비 사례들이 반복하여 발생되었으며, 이로 인해 대중교통 운영·응급 서비스·정부 행정은 심각하게 위협받은 바 있다.[10]

동시에 우주 기반 자산_{통신·항법·관측 위성 등}에 대한 위협은 도시 운영의 핵심 정보·통신 체계를 직접 약화시킬 수 있다. 위성의 물리적 파괴·사이버 교란 가능성은 단순한 군사 문제를 넘어 민간 인프라_{전력망, 금융 시스템, 교통 관리 등}의 기능 상실로 직결될 수 있다. 이를 인지한 미국과 동맹국은 우주 자산의 방호와 억지력 강화를 정책 우선순위로 설정하고[11] 사이버 방어 역량 강화 및 우주 안보 전략을 도시의 핵심 기능 유지와 직결되며 나아가 해당 국가의 안보 사안으로 통합하고 있다.[12]

현대전이라 볼 수 있는 2차 세계대전까지도 도시는 국가가 정치적 목적을 달성하기 위한 수단으로 군사적 관점에서 단기 속결의 전쟁 수행을 위해 회피해야 할 대상으로 판단하는 경향이 있었다. 그러나 위와 같은 전략 환경의 변화로 인하여 도시는 더 이상 '전장의 배경'

이 아니다. 도시 자체가 전쟁의 전략적 목표로 전환되었다. 미래 도시 계획과 이에 관련된 사이버 보안 그리고 위기 시 비상 대응은 국가와 이를 속하는 미래 핵심 도시들의 생존과 불가분하게 결합된다.

신영역 확장: 해저, 우주, 사이버 공간으로의 도시 실험

미래 도시의 또 다른 변화 동인은 지리적·물리적 경계를 넘어서는 신영역의 확장이다. 인류는 이미 해저, 우주, 사이버 공간에서의 도시화를 실험하고 있으며, 이는 도시 개념을 전례 없는 수준으로 확장시키고 있다.

우선 해저 도시 구상은 기후 변화로 인한 해수면 상승, 토지 부족 문제에 대한 대응책으로 제시되고 있다. 일본 시미즈건설 Shimizu Corp 은 지난 2014년 해저 4km까지 지름 500m의 구 모양 구조물을 나선 형으로 연결하여 5천 명의 인구를 수용한다는 'Ocean Spiral' 프로젝트[13]를 발표한 바 있다. UAE는 2004년 하이드로 폴리스 Hydropolis 라는 해저 구조물 프로젝트를 두바이에서 진행한 바 있으며, 2023년 부터는 더 플로팅 베니스 The Floating Venice 라는 수상 호텔을 건설 중인 것으로 열려진다.

우주 도시는 NASA, Space-X, Blue Origin 등이 추진 중인 장기 프로젝트로, 화성 거주지와 달 기지 건설 계획이 구체화하고 있다. 이는 지구의 자원 한계를 넘어 새로운 정주지를 탐색하려는 시도로, 20세기 후반부터 논의된 '우주 식민도시 space colonization' 개념이 실제 기술 로드맵 단계로 진입했음을 보여 준다.[14]

사이버 도시는 메타버스 Metaverse와 블록체인 기반 가상 경제의 성장으로 실체화되고 있다. 메타 플랫폼 Meta, 마이크로소프트, 엔비디아 등의 기업들은 가상공간에서의 교육, 경제, 사회 활동이 실제 도시의 대체적 기능을 수행할 수 있음을 입증하고 있다.[15] 스테이블 코인과 같은 가상화폐는 이들 가상 도시의 경제 기반을 강화하며, '사이버-물리적 융합 도시 Cyber-Physical City'라는 새로운 범주를 형성할 것이다.

이러한 흐름은 도시 개념이 지리적·물리적 한계에 머물지 않고 초공간적 영역으로 확장되고 있음을 의미한다. 즉 미래 도시는 토지, 에너지 그리고 자원의 한계를 회피하거나 대체하기 위해 해저·우주·사이버 공간을 새로운 정주지이자 경제·정치적 경쟁의 장소로 포함하게 된다. 미·중·러 간의 우주 탐사 경쟁, 메타버스 및 가상 경제 성장, 그리고 해양 자원 확보 전략은 모두 도시의 물리적 경계가 확장되는 정치·경제·군사적 함의를 지닌다.

따라서 신영역으로의 도시 확장은 단순한 기술적 상상력의 결과물이 아니라, 도시의 본질적 정의와 기능 자체를 재구성하는 새로운 전환점이라고 할 수 있다.

앞서 설명한 다섯 가지 동인은 현실에서 독립적으로 작동하지 않고 상호 교차한다. 사회 및 경제의 요인은 기술 혁신과 자원 부족과 맞물려 새로운 사회적 갈등을 유발하고 기술 발전은 안보 위협을 심화시키는 동시에 대응 수단을 제공한다. 지구가 가진 자원과 환경의 제약은 인류에게 신영역으로 확장을 촉진한다. 따라서 미래의 도시는 한두 가지 요인으로 이해할 수 없고 다양한 요인들과 그 상호작용을 종합적으로 분석해야 한다. 미래 다영역 도시의 출현은 다양한 요인들의 교차점에서 서로 영향을 주고받아 만들어 내는 일련의 결과물이자 종합 시스템으로써 접근해 볼 수 있다.

다영역 도시의 특성과 예상되는 문제점

다영역 도시의 특성

앞서 논의된 다영역 도시 변화 요인을 종합하면 이 글은 크게 네 가지로 다영역 도시의 특성을 구분해 볼 수 있다고 보았다.

먼저 다영역 도시는 전통적 도시 개념인 물리적·행정적 경계를 뛰어넘어, 보이지 않는 기능과 네트워크의 결절점으로서 작동하는 것이 가장 두드러진 특징일 것이다. 과거의 도시는 물리적 건축물, 행정 권역, 산업 기반 시설이 주요한 정의 요소였다면, 오늘날 도시도 그 위상은 금융 네트워크, 소프트웨어 기술, 데이터 플랫폼과 같은 비물질적 요소에서 결정된다. 즉 미래 다영역 도시는 더 이상 가시적 인프라에 의해 정의되지 않고, 눈에 보이지 않는 흐름과 네트워크 속에서 그 존재 이유와 힘을 찾을 것이다. 뉴욕·런던·싱가포르와 같이 글로벌 허브 역할을 하는 도시는 이미 실물 자산보다 금융·데이터 흐름에서 경쟁력을 확보하고 있다. 이는 현재에도 물리적 공간보다 연결성에서 도시의 위상이 규정되고 있음을 잘 보여 준다. 더하여 다영역 도시는 미·중 전략 경쟁하에서 권위주의 국가와 자유민주주의 국가 간 연결과 상호작용 속에서 새로운 정치적 성격을 보일 가능성이 있다. 새로운 유통 수단으로 공식화될 수 있는 가상화폐는 동맹국 간 협력 의제로 등장할 것이며, 금융·데이터 흐름에서 세계 경제 패권 확보하는 데 핵심 분야가 될 것이다. 결국 미래 다영역 도시는 단순히 한 국가의 행정 단위를 넘어, 경쟁 정치 체제 간 상호작용이 집중되는 전략적 대도시권 Mega City Region으로 발전하게 될 것이다.

둘째, 다영역 도시는 에너지·통신·데이터·안보와 같은 핵심 노드들의 상호 연결과 자립 구조를 특징으로 한다. 산업혁명 이후 도시들은 특정 자원이나 운송망이 끊기면 기능이 마비되는 위험을 내포해 왔다. 미래 다영역 도시에서는 이 위험이 훨씬 더 복합적 형태로 확대될 것이다.

지난 2025년 9월, 대전의 **국가정보자원관리원** 국정자원 전산실에서 발생한 UPS 무정전전원장치 배터리 화재 사건은 이 구조적 연결성과 취약성을 극명하게 드러내었다. 이 사건은 단일 도시에 있는 핵심 전산 노드가 마비되었을

국가정보자원관리원 UPS 화재
해당 화재로 인해 정부의 핵심 전산 시스템 약 647개가 마비되었고, 정부 24·모바일 신분증·우체국 금융·우편 서비스 등 국가 행정 기반 서비스들이 전면 중단되는 사태가 벌어졌다.

때, 다른 지역 서울, 대구, 부산 등의 행정·서비스 기능에도 곧바로 파급될 수 있음을 보여 준다. 즉 대전의 전산 시스템 단절이 단순히 그 지역만의 문제가 아니라 국가 행정망 전체의 연쇄 붕괴 가능성을 시사한 것이다. 이는 다영역 도시가 물리적 거리에 기반한 연결을 넘어, 노드 간

상관관계가 도시 운영의 동맥처럼 작동한다는 점을 보여 준다.

따라서 이상적인 다영역 도시는 초연결성_{모든 노드가 유기적으로 연결되는 구조}뿐 아니라, 자립성을 갖춘 분산적·다중 중복 구조를 필수적으로 갖춰야 하며, 핵심 노드의 마비는 지역적 장애를 넘어 전국적 혼란을 야기할 수 있다는 점이 다영역 도시의 구조적 특징이다.

셋째, 다영역 도시는 인간과 로봇의 공존 및 자동화된 관리 체계를 전제로 한다. 이미 물류, 교통, 보안 등 다양한 영역에서 인공지능과 로봇의 도입이 가속화되고 있으며, 이는 도시 운영 효율성을 높이는 동시에 인간의 역할을 재정의하고 있다.

특히 여러 연구자와 기술 리더들은 범용 인공지능_{AGI}의 출현이 멀지 않았다고 강조한다. 예컨대 OpenAI의 샘 알트먼은 2026년에는 시스템이 스스로 새로운 통찰을 도출할 수 있을 것이라고 예측하였고, 2030년 전에 AI가 인간 지능을 앞지를 수 있다고 예측한 바 있다. AGI가 현실화되면 인공지능은 인간과 동등한 수준의 의사 결정을 수행할 수 있고, 더 나아가 초지능_{ASI}으로 진화할 경우 인간이 인공지능의 의사 결정 자체를 이해하지 못할 수도 있다. 이때 문제는 단순히 인간의 노동이 대체되는 차원을 넘어 "인공지능이 인간과 로봇의 공존 방식을 어떻게 조정할 것인가?"라는 근본적 질문으로 확장된다. 교통, 의료, 치안 분야에서 AI가 제시하는 최적의 해법이 반드시 인간의 윤리나 정서와 일치하지 않을 수 있기 때문이다. 따라서 미래 다영역 도시는 인공지능이 도시 운영의 주체로 부상하는 새로운 거버넌스의 실험장이 될 가능성이 크다.

넷째, 다영역 도시는 민족·국가 정체성의 유지와 그 영향력 약화라는 이중성을 내포한다. 과거에는 단일 민족과 고유 언어가 국가 정체성의 근간을 이루었지만, 국가 간 교류가 확장되면서 오늘날 사실상 '순수한 단일 민족 국가'는 존재하지 않는다. 현재도 국민의 대다수가 하나의 민족으로 구성된 사례는 한국, 일본, 아이슬란드, 폴란드 등 일부 국가에 불과하며, 이마저도 세계 190개국 중 대략 20개국 이내로 추산된다. 현대 국가들은 민족보다는 사용하는 언어를 중심으로 정체성을 유지하는 경향이 강하며, 다민족 사회에서도 공용어를 통해 국민 간 최소한의 의사소통과 사회 통합을 확보하고 있다.

그러나 다영역 도시의 출현은 이러한 정체성 기반을 더욱 약화시킬 것이다. 다영역 도시는 행정적으로 특정 국가에 속해 있더라도, 실제 물리적·비물리적 활동은 국경과 전통적 도시 영역을 넘어 전개된다. 금융·데이터·사이버 공간에서 국제적으로 국가의 통제를 넘어선 교류가 도시의 실질적 동력으로 작동하는 상황에서, 민족·국가·언어라는 전통적 정체성 요소는 더 이상 절대적 구속력이 되지 못한다. 경우에 따라 일부 국제 도시는 가상 통화 등의 분야에서 국가보다 앞서 국제 규범을 주도하거나, 초국가적 협력의 중심 주체로 기능할 가능성이 있다. **일부 연구자**들은 미국이 이러한 흐름을 조기에 제어하고자 달러 스테이블코인을 거래 수단으로 상용화하는 것을 추진 중이라고 판단한다.[16] 아쉽지만 한국 원화에 등장하는 세종대왕과 신사임당의 의미가 달러 스테이블코인에 묻힐 가능성도 있다.

다영역 도시가 직면할 문제점

미래 다영역 도시는 인류 문명이 직면한 기술·사회·군사·환경적 진보의 집약체일 것인바, 그 잠재적 가능성과 함께 새로운 위험 또한 내포하고 있다. 특히 다음과 같은 다섯 가지 문제점은 도시의 지속가능성과 인류 사회의 존속에 심대한 도전을 제기할 것이다. 본 장에서는 사회적 불평등 → 인간성 위기 → 국가 기능 약화 → 환경 위기 → 군사적 취약성이라는 흐름으로 살펴본다.

빈부 격차의 심화에 따른 사회적 불평등

다영역 도시는 초연결성과 첨단 기술을 기반으로 기능하지만, 이러한 자원과 기술에 접근할 수 있는 계층과 그렇지 못한 계층 간 격차는 더 확대될 것이다. 금융·데이터 중심의 도시 구조는 고급 기술 인력과 자본을 보유한 집단에게 기회를 집중시키는 반면, 저소득층과 기술 적응력이 부족한 계층은 점차 주변부로 밀려나거나 범죄의 대상이 될 가능성이 높다.

역사적으로 로마 제국에서도 시민권자는 곡물 배급과 연금 혜택을 누렸지만, 노예 계층은 극심한 불평등 속에 놓였다. 미래 다영역 도시에서도 유사한 구조가 나타날 수 있다. 인공지능과 로봇이 과거 노예의 역할을 대신하면서 '노동시장조차 참여할 수 없는 새로운 최극빈

층'이 등장할 가능성이 크다. 이는 단순한 경제적 격차를 넘어 사회 구조 자체의 분화를 심화시키며, 도시와 국가 간 격차를 증폭시켜 정치적 불안정으로 이어질 수 있다. 고급 기술을 보유한 악의를 가진 집단에게 일부 계층은 취약성을 노출하며 이용당할 것이고 캄보디아와 같이 사회 통제력이 약한 국가의 도시는 금융이나 사이버 범죄의 온상이 되며, 지역 내에서 빈부의 격차를 더 부추길 가능성이 높다.

인간성 약화와 기술 종속적인 사회의 도래

다영역 도시는 자동화·AI 기반 운영을 전제로 하므로 인간의 역할과 정체성은 구조적으로 재편될 것이다. 초연결 인프라 속에서 AI는 일상적 의사 결정과 시스템 최적화를 수행하게 되고, AGI와 ASI 수준으로 발전할 경우 인간이 그 판단의 근거를 이해하거나 통제하기 어려운 상황이 발생할 수 있다. 즉 기술적 전환은 인간성의 약화와 기술적 종속을 촉발할 수 있다.

예를 들면, 의사 결정이 위임될 수 있다. 교통·에너지·의료·치안 등 핵심 영역에서 사람 대신 AI가 규범이나 우선순위를 설정하면 인간의 판단 능력과 책임성은 약화된다. 2023년 샌프란시스코에서 자율주행 택시가 응급 차량의 통행을 가로막아 환자 이송이 지연된 사례는, AI가 효율적 판단을 내리더라도 인간의 생명과 긴급성을 고려하지 못할 수 있음을 보여 준다.

더하여 감시와 규율이 내재화될 것이다. 센서·데이터 분석·예측 알고리즘을 통한 상시 감시 체계는 개인의 사생활과 행위의 자유를 제약하며, 개인은 알고리즘 권고에 순응하도록 사회화된다. 이미 중국 일부 도시는 안면 인식과 데이터 기반 알고리즘으로 주민의 일상적 이동을 추적한다. 이는 시민들이 '자발적으로' 알고리즘 권고에 순응하도록 사회화시키며 인간의 자유와 창의성을 제약한다.

인류의 사회적 역량도 침식될 것이다. 원격근무, 가상현실 기반 교육과 돌봄 로봇이 확산되며 인간 사이에 상호작용이 줄어드는 현상은 공감과 비판적 사고 같은 고유 역량을 약화시킬 위험이 있다.

결국 다영역 도시의 모습은 인간이 기술에 의존하고 종속되는 사회로의 전환으로 보일 수 있으며, 이는 인류에게 상호 정치적 갈등과 사회적 불신을 증폭시키는 요인으로 작용할 수 있다.

기본적인 국가 기능의 약화와 법 집행력 저하

미래 다영역 도시는 물리적으로 일정 국가의 영토에 속해 있지만, 도시 내부에서 이루어지는 금융·데이터·사이버 활동은 초국가적 차원에서 전개될 것이다. 이로 인해 국가는 규범 적용의 주도권을 상실하고 법 집행에도 근본적 한계에 직면할 수 있다.

예컨대 이미 페이스북이나 구글과 같은 초국적 플랫폼에 접속하는 개인과 집단은 이들이 설정한 규칙을 준수해야 하며, 이러한 규칙은 각국의 현행 법체계와 충돌을 일으키고 있다. 이들 플랫폼의 개인 위치 정보와 행동 데이터의 추적과 활용 문제에서, 플랫폼 기업의 데이터 수집과 활용 규칙은 종종 각국의 군사 시설 보호법, 개인정보 보호법이나 사생활 보호 규범과 정면으로 배치될 가능성이 높다. 국가는 법적 권한을 보유하고 있음에도 불구하고 집행 과정에서 실질적 제약을 받을 수밖에 없다.

실제 사례로, 2021년 미국 콜로니얼 파이프라인 해킹 사건은 사이버 범죄 집단이 국가 기반 에너지망을 마비시킬 수 있음을 보여 주었다. 미국 정부는 범죄 조직 다크사이드DarkSide의 일부 연루자를 검거하고 약 230만 달러의 가상화폐를 회수했지만, 조직의 핵심 인물과 배후는 끝내 규명하지 못했다. 이 사건은 일부는 해결되었지만 전체적으로는 미제로 남은 대표적 사이버 위협 사례로 기록되었으며, 초국경적 사이버 범죄에 대한 국가 법 집행의 한계를 드러냈다.

이와 더불어 디지털 신분증, 전자 결제, 물류 시스템 등 핵심 행정 기능은 일부 민간 플랫폼이 국가보다 더 정교한 서비스를 제공하고 있다. 결국 국가는 이들 기능을 민간에 위탁할 수밖에 없으며, 이는 곧 국가의 통제력 약화와 공익성 보장의 취약성을 초래할 수 있다. 주요한 국가의 기능이었던 자국 통화에 대한 환율 통제도 가상화폐의 등장에 따라 축소 또는 제한될 것이며, 화폐의 유통 간에 부과될 수 있었던 국가의 세금 징수도 제한될 것이다.

이러한 변화 속에서 다영역 도시가 직면하는 범죄, 불법 자금 흐름, 사이버 위협의 관리 난이도는 더욱 높아질 것이다. 이로써 기존에 도시를 통제해 왔던 국가의 정당성legitimacy과 사회적 신뢰는 근본적으로 흔들릴 위험이 크다.

전 지구적 환경 위기와 인류 생존의 불안정성

미래 다영역 도시는 전 지구적 환경 위기를 집중적으로 체감하는 공간이며, 특히 미·중 전략 경쟁이라는 국제 정세는 환경 위기 대응을 더 어렵게 만들 수 있다. 환경 문제 자체가 국경을 초월해 확산하는 한편, 현대의 전략 경쟁은 에너지와 핵심 자원 critical minerals을 매개로 한 패권 경쟁의 성격을 띤다. 이 점은 미래 다영역 도시가 직면할 위기 구조는 한층 더 복합화될 수 있다.

우선 에너지·자원과 첨단 기술의 상관성을 주목해 볼 수 있다. 인공지능의 대규모 학습과 운영, 초연결 네트워크, 대규모 로봇·자동화 시스템 등은 막대한 전력과 연산 자원 데이터센터 및 과부하 된 시스템의 냉각 능력을 요구한다. 동시에 첨단 기술의 제조와 배포는 코발트, 리튬 등 특정 광물 자원에 의존한다. 따라서 '기술 경쟁'은 이미 '에너지·자원 확보 경쟁'으로 연결되고 있으며, 이는 단순한 경제적 경쟁을 넘어 전략적 패권 확보의 수단이 되었다.

이에 따라 미·중 전략 행태의 분화는 이러한 경쟁의 구체적 양상을 보이는 듯하다. 대체로 미국 진영은 첨단 반도체, 소프트웨어, AI 기술의 통제를 통해 우위를 유지하려 하고, 중국은 제조 역량과 공급망·자원 확보를 통해 전략적 자립성을 모색한다. 그러나 이 경쟁은 에너지와 자원에 대한 수요 및 통제와 직결되어 있다. 에너지와 자원을 확보하려는 압력은 국제무대에서의 투자. 건설 및 채굴 경쟁으로 이어지고, 종종 규제와 환경 기준이 느슨한 지역으로 이동한다.

이러한 자원 확보 과정이 초래하는 환경 및 사회적 손해는 저개발국 또는 개발도상국에 불균형적으로 집중된다. 코발트 채굴의 상당 부분이 이뤄지는 지역에서는 무분별한 채굴로 생태계 파괴, 수자원 오염, 주민 생계 위협이 발생해 사회 불안정을 촉발할 수 있다. 리튬 염호 개발은 물 부족 지역의 수자원 경쟁을 가속화하며, 희토류 채굴과 정제는 토양 및 수질 오염을 유발하는 경우가 많다. 이러한 피해는 해당 지역의 재난 대응 능력을 약화시키고, 이로 인한 이주, 식량 불안과 질병 발생 등은 국경을 넘어 선진국 도시권에도 역풍으로 작용할 것이다.

결국 다영역 도시의 연결성은 위의 모든 과정을 증폭시킬 수 있다. 초연결 공급망과 실시간 데이터와 금융 네트워크는 한 지역의 자원과 에너지 충격을 순식간에 전 세계로 전파한다. 동시에 대형 데이터센터와 산업단지의 에너지 수요 증가는 지역적 환경 부담을 가중시키며, 그 자체가 다시 기후 변화 가속의 일원으로 작동한다. 즉 미래 다영역 도시는 에너지 및 자원 수요 증가가 자원 확보 경쟁으로 이어지고 이것이 곧 환경 파괴 및 전 지구적 피해 확산의 악순환을 강화하는 구조적 위치에 인류를 노출시킬 수 있다.

군사적 취약성과 신안보 위협의 현실화

전통적으로 군사력은 국가 기능의 최후 보루로 여겨져 왔다. 그러나 다영역 도시가 출현하는 환경에서는 군사적 대응이 그 역할을 온전히 수행하기 어려운 역설적 상황이 빈번히 발생할 것이다. 특히 자유민주주의 체제에서는 문민 통제 civilian control 와 법적·절차적 제약이 필수적 안전장치이지만, 이로 인해 신속한 대응이 요구되는 **신안보 위협**에는 뒤처질 가능성이 크다.

신안보 위협

국가에 있어 전통적으로 위협은 주로 군사적 분야였다. 신안보 위협은 비전통적인 영역에서 발생하는 것으로 사이버, 데이터 등이 해당된다.

민군 통제와 절차의 제약은 신속성의 한계를 초래한다. 군사적 조치는 민주적 정당성·법적 근거·정책 심의를 필요로 하므로, 긴박한 드론 공격·사이버 작전·위성 교란 같은 비대칭 위협에 즉각 투입되기 어렵다. 이 간격은 공격자가 의도적으로 '속도'를 무기로 삼는 경우 도시 피해를 증폭시키는 요인이 된다. 여기에 침해 또는 공격자의 식별과 책임 규명 문제는 대응을 지연시킨다. 상용 드론을 활용하거나 사이버·우주 영역에 대하여 공격하는 것은 그 주체가 군사적 차원인지 신속히 규명하기 어렵고, 국적 불명 또는 위장 상태에서 발생하는 경우도 많다. 공격의 출처가 불명확하면 적시적 응징이나 국제적 제재가 곤란하고, 그 사이 군사 분야와 민간 분야 모두 피해가 확대될 수 있다. 이때 핵심 인프라의 민간 운영과 지휘 계선의 분절은 방호를 복잡하게 만들 수 있다.

다영역 도시는 통신, 클라우드, 전력, 물류, 금융 등 핵심 기능을 다수의 민간 업체가 운영한다. 이들 주체는 군의 전통적 지휘 계선 밖에 있어 군이 일방적으로 인프라를 통제 또는 방호하기 어렵다. 민·관 간 정보 공유, 권한 및 책임 배분의 불명확성은 대응 공백을 낳는다. 여기에 더하여 국제법과 관련 규범의 공백은 억지력 약화를 초래할 수 있다. 사이버·우주 영역 등 신영역에서는 행위 규범과 집단적 대응 규칙이 충분히 정비되지 않아, 국제적 합의에 기반하여 공격 주체를 신속히 제재할 수 없다. 이는 공격 주체의 이른바 '행동 비용'을 낮추는 악순환의 결과로 이어질 수 있다.

지난 시절 발생한 SKT나 롯데 카드 등의 해킹 사건이 단순한 사고가 아니라 적대 국가의 군軍 정보 요원의 의도적 공격 행위였다 해도, 우리 군의 즉각적인 군사적 대응은 곤란했을 것이다. 우리나라의 현행 통합방위법 체계는 갑종·을종·병종 사태 발령을 전제로 군사력이 동원되지만, 이와 같은 해킹 또는 정보통신 기반 시설 침해 상황으로 통합방위법 발령은 쉽지 않다. 정보통신 기반 시설 차원에서 군이 사용하는 통신은 부분적으로 상용 통신망을 활용하므로 어떤 측면에서는 분명히 군사적 위협의 전조 현상일 수 있음을 인지하더라도 군은 즉각 대응할 수 없는 회색지대 상황에 직면하게 된다. 유사한 사례는 이미 미국에서도 발생한 바 있다. 미국은 2021년 콜로니얼 파이프라인 해킹 사건에서 군_{주방위군} 투입을 검토되지 않았으며, 피해 복구는 민간 업체와 연방정부의 사후적 대응에 의존하였었다. 국토안보법에 따라 군_{주방위군}을 동원할 수 있었지만, 발생한 상황이 재해나 폭탄 테러 등이 아니었으므로 즉 사이버·통신 기반 공격에는 즉각적 군사적 대응이 곤란하였다.

종합하면 다영역 도시는 신안보 위협에 지속하여 노출될 것이다. 적대 세력이나 국가의 군사적 주체에 의한 다양한 우주, 사이버 분야 등의 공격은 신속하고 교묘하게 이루어지지만, 군사적 대응은 법적, 제도적, 절차적 한계에 묶여 뒤따르기만 하며, 대응 조치는 이미 광범위하게 발생한 뒤라는 것이다.

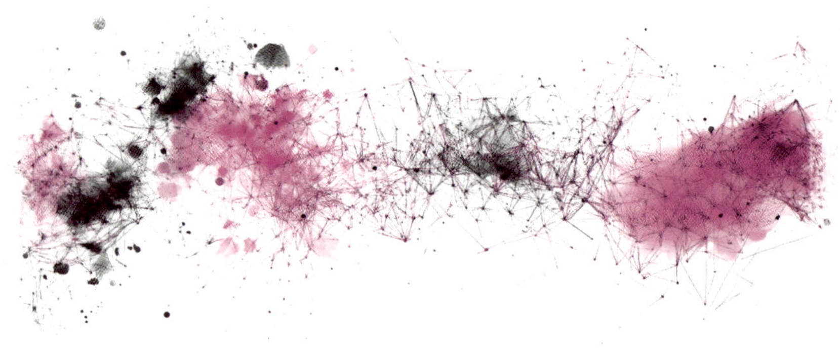

우리의 준비 방향

앞선 논의를 요약하면, 미래 다영역 도시는 사회·경제, 기술, 자원·환경, 안보·군사라는 변화 동인이 서로 교차하면서 초연결 복합체로 진화할 것으로 전망된다. 이 과정에서 불평등, 기술 종속, 국가 기능 약화, 환경 위기, 신안보 위협이 동시에 나타날 수 있으며, 따라서 효율성과 안전성을 보장하면서 거버넌스의 정당성을 확보할 수 있는 통합적 접근이 필수적이다. 이를 위해 본 연구는 DOTMLPF의 틀을 적용하여 준비 방향을 제시한다.

기준 또는 교리 측면에서 미래 다영역 도시는 단순한 공간이 아닌 국가 안보 체계의 연장선으로 인식해야 한다. 첨단 기술이 금융, 통화, 데이터, 통신 등 국가의 통제를 넘어선 영역에 적용되면서 국가의 전통적 통제권—특히 화폐 발행, 환율 조정, 세수 확보—이 약화되는 현실에 대응하기 위한 일련의 국가적 기준이 필요할 것이다. 예를 들어, 디지털 화폐와 달러 스테이블코인의 확산 속에서도 우리나라의 통화 주권을 유지하기 위한 중앙은행 디지털화폐CBDC와 공공 결제망의 도입을 포함하며, 원화 스테이블코인의 발행도 서둘러 검토해 볼 수 있다. 이때에는 인공지능·데이터 기반의 통화 감시 체계를 병행하여 단순한 금융 기술의 국가적 대응을 넘어, 디지털 환경에서의 국가 주권 개념을 재정립하는 새로운 안보 패러다임으로 작동해야 한다.

더불어 드론, 사이버, EMP 등 신안보 위협에 대한 신속 대응 규범을 통합방위법에 포함하여 법적·제도적 근거로 정립하고, 국내 차원을 넘어 국제 공조와 다국적 제재 절차를 교리화하는 노력이 요구된다.

조직적 측면에서는 초연결성으로 인한 시스템 취약성과 위기 대응 지연을 극복하기 위해 국가 다영역 통합 안보 체계National Multi-domain Security System를 구축해야 한다. 이 체계는 중앙정부, 지방정부, 군, 경찰, 민간이 기능적으로 연동되는 다계층 구조를 갖추되, 위기 상황에서는 단계적 권한 전환을 자동화하는 방식으로 운영되어야 한다. 이를 통해 사회의 핵심 인프라를 공격하는 비군사적 위협사이버, 에너지, 금융, 데이터 교란에 대해 실시간 대응이 가능해지며, 기존의 관료적 분절성의 해소도 기대해 볼 수 있을 것이다. 금융·통화·데이터 분야에서는 국가 기능 약화 문제에 대한 실질적 대응을 위해 민간과 협력을 강화하고 초국가 수준까지 이를 수 있는 새로운 형태의 국제 거버넌스 설립을 우리가 준비하여 주도할 필요도 있다.

훈련적 측면에서는 미래 기술의 자동화가 인간의 판단을 대체하지 않도록 인간 중심의 조직을 훈련시키는 데 초점을 두어야 한다. AI와 자동 제어 시스템이 사회 전반을 지배하는 시대에 인간은 기술을 이해하고 통제하는 필수 감시자Human-in-the-Loop로서 역할을 해야 한다. 이때 발생 가능한 복합 재난, 드론 공격, 사이버 위협, 금융 불안 등 다양한 시나리오를 실전형 가상훈련VR/AR Simulation으로 정례화하고, 인간의 판단이 시스템 의사 결정에 반영되는 연습을 해야 한다.

이러한 훈련을 지속한다면 미래에 우려되는 기술 종속의 위험을 완화하고, 인간의 도덕적·전략적 판단력을 도시 운영의 핵심 요소로 복원시키는 기회가 될 것이다.

기술과 장비 측면에서는 단순한 첨단화가 아니라 다영역 분야에서 도시 기능의 지속성과 복원력 확보를 목표로 해야 한다. 에너지와 통신, 데이터, 금융망은 부분 손상에도 전체 기능은 유지될 수 있는 분산형 복원 구조 Distributed Resilient Architecture로 전환되어야 한다. 이를 위해 마이크로그리드, UPS 이중화, 위성 백업 통신망, 제로 트러스트 보안, EMP 방호 체계, 드론 탐지 및 방어 기술을 통합하는 것이 필요하다. 또한, 디지털 경제 속에서 환율과 화폐 가치의 급변에 대응하기 위한 실시간 데이터 기반 금융 안정 시스템을 구축하는 것은 우리나라가 국가로서 경제적 대응 능력을 기술적으로 뒷받침하는 최소한의 기준이 될 것이라 본다.

리더십 측면에서는 합법성과 신속성을 담보로 하는 위기 대응 거버넌스를 구축하는 데 중점을 둬야 한다. 미래 다영역 도시의 위기 발생 시 그 대응은 현재의 전통적 관료 구조로는 한계가 있을 것이다. 현재의 제도적 합법성과 위기 시 피해를 최소화할 수 있는 신속 대응을 동시에 충족시키는 탄력적 리더십이 필요할 것이다. 이러한 형태의 리더십은 평시 민주적 통제를 유지하되, 위기 시에는 민·군·관의 의사 결정 속도를 극대화할 수 있는 권한 체계의 전환을 제도화하는 것을 의미한다. 특히 미래 어느 시점에 환율의 급격한 변동, 금융 마비 또는 패닉, 사이버 공격 등과 같은 상황이 발생한다면 대응의 기준은 첨단 기술 기반하에 이뤄져야 하며 이를 뒷받침할 수 있는 새로운 형태의 리더십 모델의 개발이 필요하다. 이러한 리더십은 미래 다영역 도시의 위기 대응 시 일정 부분 국가 기능의 복원과 이와 연계된 사회적 신뢰의 재구축에도 필수적일 것이다.

인력 측면에서 급속한 고령화와 인구 감소 속에서 도시 기능을 유지할 수 있는 지속 가능한 전문 인력 육성 및 관리는 중요성이 더해진다. 노년층과 은퇴 세대를 단순한 복지 수혜자가 아닌 기술 적응형 시민Techno-senior으로 재편하고, 이들을 사이버 방어, 재난 대응, 데이터 감시, 금융 안정 관리 등 고위험 영역의 보조적 전략 인력풀로 활용해야 한다. 이와 같은 인력 구축 및 활용 구조는 고령화로 인한 국가 생산력 저하를 완화하고, 동시에 사회적 연대와 기술 적응력을 강화하는 복합적 효과를 가져올 수 있을 것이다. 동시에 청년층을 미래 인공지능과 국방 기술을 아우르는 복합 안보 전문 인력으로 양성될 수 있게 함으로써 국가와 핵심 도시가 인구 구조 변화에 적응할 수 있게 세대 간 연속성을 확보해야 한다.

시설은 DOTMLPF교리·조직·훈련·기술·리더십·인력의 모든 요소를 통합적으로 구현하는 물리적 기반이다. 이러한 DOTMLPF 요소가 유기적으로 작동할 수 있도록 설계된 통합 운영 플랫폼형 시설 Integrated Operational Facility의 구현이 필요하다. 따라서 미래 다영역 도시에 존재하게 될 지하화된 안전한 대피소, 위성통신 연계 센터, 마이크로그리드 기반 전력 시설, AI 모니터링 시스템, 위기 대응 훈련설 등은 개별적으로 존재하는 것이 아니라 상호 보완적 네트워크로 구성되어야 한다. 이러한 구조를 통해 도시의 일부분이 마비되어도 전체 체계는 기능을 유지할 수 있으며, 기술적 회복력과 거버넌스 복원력을 동시에 보장할 수 있다. 즉 시설은 국가 기능과 인간 중심 도시 운영의 물리적 집약체로 자리 잡아야 한다.

현대 국제 질서는 미·중 전략 경쟁이라는 문명적 구조 속에서 재편되고 있으며, 그 핵심은 군사·경제를 넘어 기술·데이터·화폐·도시 인프라를 둘러싼 체제 경쟁이다. 우리나라가 추구할 미래 다영역 도시는 이 경쟁의 구조 속에서 더 이상 단순한 기술 수용체가 아니라, 국가 전략의 핵심 행위자로 자리 잡을 것이다. 국가는 반도체, AI, 데이터 보안, 디지털 화폐 등 핵심 기술의 자립화를 추진할 것인 바 이를 담아낼 미래 다영역 도시는 국가 생존 전략의 플랫폼으로 재정의되어야 한다. 이를 통해 우리는 다영역 도시의 출현 시대에 맞는 국가 주권의 디지털 복원, 국가 기능의 회복, 그리고 문명 경쟁 속에서의 자율적 생존력을 확보할 수 있을 것이다. 결과적으로 미래 다영역 도시의 궁극적 지향은 '첨단 기술의 집합체'가 아니라, 국가 주권과 인간의 주체성을 지키는 '회복력 중심 도시 문명 Resilient Urban Civilization'의 구축에 있을 것이다.

참고 자료 및 출처

* 중복된 참조 번호는 중복된 참조의 시작에 병기하였습니다.

01. 트럼프의 재등장, 미중갈등의 전면화와 한국의 전략적 자율성:
국가경쟁력 강화와 평화공존의 길찾기

1) 그람시, 《그람시의 옥중수고1: 정치편》, 거름출판사, 2006.
2) 트럼프의 2016년 미국공화당 대선후보 수락 연설
   https://abcnews.go.com/Politics/full-text-donald-trumps-2016-republican-national-convention/story?id=40786529&utm
3) http://nevadanewsandviews.com/wp-content/uploads/2017/06/a-20.jpg
4) https://www.mfa.gov.cn/eng/zy/gb/202405/t20240531_11367483.html?utm
5) https://kr.people.com.cn/n3/2025/1101/c203278-20385092.html
6) 미국 여론조사기관 퓨리서치센터, 2023.7.27
7) https://www.gov.cn/yaowen/liebiao/202510/content_7045444.htm
8) https://www.hani.co.kr/arti/international/international_general/590989.html
9) Stephen Miran(2024), A User's Guide to Restructuring the Global Trading System.
10) 미국 OSTP(2023), DARPA(2024), NIST(2023), 중국 국무원(2023), 과학기술부(2024) 자료를 종합 정리
11) https://www.ft.com/content/d11fa816-0c8f-4c79-abb0-8523dd2ecfe4
12) 차정미, 〈2050년, 우리는 어떤 국제 질서를 원하는가?: 세계 질서 대전환의 7대 트렌드와 세계의 선호 미래, 국가미래전략 Insight 68호〉(국회미래연구원, 2023).
13) https://www.yna.co.kr/view/AKR20251031169751009#
14) Suzana Anghel, Beatrix Immenkamp, Elena Lazarou, Jerôme Leon Saulnier, Alex Benjamin Wilson,On the path to 'strategic autonomy'. The EU in an evolving geopolitical environment, EPRS/European Parliamentary Research Service, September 2020.

- 국립외교원(2024), 「복합위기 시대의 국제정세와 한국의 외교 전략」.
- 레이 달리오(2022), 「변화하는 세계 질서」, 한빛비즈.
- 정재관 (2024), 「미·중 AI 전략 비교와 기술패권 경쟁」, 『국제정치논총』 제64권 2호.
- 조영남 (2023), 「중국의 대외전략과 체제 안정의 관계」, 『중국연구』 제81권.
- 차정미, "2050년, 우리는 어떤 국제 질서를 원하는가? : 세계 질서 대전환의 7대 트렌드와 세계의 선호 미래"[국가미래전략 Insight 68호](국회미래연구원, 2023).
- Brookings Institution (2025), *Navigating U.S.-China Competition in East Asia: The Case of Korea*.
- Cho, H. (2023). "Technology Hegemony and Strategic Competition in East Asia," Journal of International Relations and Security Studies.
- Kim, Y. (2024). "Complex Security and the U.S.–China Rivalry in Northeast Asia," Asian Studies Review.
- Nordea Markets (2024), "Toward a New Plaza? Rebalancing the Dollar."
- Nye, J. S. (2021), *Do Morals Matter? Presidents and Foreign Policy from FDR to Trump*, Oxford University Press.
- Ray Dalio(2021), *Principles for Dealing with the Changing World Order*, Avid Reader Press.
- State Council of the PRC (2017), *New Generation Artificial Intelligence Development Plan*.
- Stephen Miran (2024). *A User's Guide to Restructuring the Global Trading System*.

• Suzana Anghel, Beatrix Immenkamp, Elena Lazarou, Jerôme Leon Saulnier, Alex Benjamin Wilson, *On the path to 'strategic autonomy'. The EU in an evolving geopolitical environment*, EPRS/European Parliamentary Research Service, September 2020.
• Xi Jinping, *Report to the 20th National Congress of the Communist Party of China*, 2022.
• 中共中央国务院 (2021),《关于加快构建全国一体化大数据体系的指导意见》.
• 2025.10.23. "Communique of the Fourth Plenary Session of the 20th Central Committee of the Communist Party of China" ("中国共产党第二十届中央委员会第四次全体会议公报")
• https://www.whitehouse.gov/wp-content/uploads/2025/12/2025-National-Security-Strategy.pdf

02. 테크늄의 의지, 강군의 조건:

대한민국 국방의 미래를 위한 기술 전략

1) 이강구(2025). "북한 대응을 위한 2025년 국방분야 예산의 특징과 시사점".『KDI 북한경제리뷰』(2025년 3월호). p.45.
2) Kateryna Bondar. (2025, March 6). Ukraine's Future Vision and Current Capabilities for Waging AI-Enabled Autonomous Warfare. CSIS.
https://www.csis.org/analysis/ukraines-future-vision-and-current-capabilities-waging-ai-enabled-autonomous-warfare? (검색일: 2025.10.7.)
3) Masao Dahlgren and Lachlan MacKenzie. (2025, June 4). Ukraine's Drone Swarms Are Destroying Russian Nuclear Bombers. What Happens Now?. CSIS.
https://www.csis.org/analysis/ukraines-drone-swarms-are-destroying-russian-nuclear-bombers-what-happens-now (검색일: 2025.10.7.)
4) Ivan Khomenko. (2025, Sep 24). "Zelenskyy Warns World: AI Drones Will Soon Kill Without Human Command". UNITED24 MEDIA.
https://united24media.com/latest-news/zelenskyy-warns-world-ai-drones-will-soon-kill-without-human-command-11933 (검색일: 2025.9.26.)
5) 이지현(2025). "미국 군수·민간 드론 수요 증가, 한국 기업의 기회는?".『Kotra 해외시장뉴스』. 2025년 3월 7일.
https://dream.kotra.or.kr/kotranews/cms/news/actionKotraBoardDetail.do?SITE_NO=3&MENU_ID=180&CONTENTS_NO=1&bbsGbn=243&bbsSn=243&pNttSn=226494 (검색일: 2025.9.26.)
6) Defense Innovation Unit. Replicator. diu.mil.
https://www.diu.mil/replicator (검색일: 2025.9.26.)
7) U.S. Department of Defense(Fact sheet, August 2024), Structuring Change to Last: An Update on Innovation at the Department of Defense.
https://media.defense.gov/2024/Aug/07/2003519333/-1/-1/0/dod-innovation-fact-sheet-august-2024.pdf?utm_source=chatgpt.com (검색일: 2025.9.26.)
8) Provence, J. (2025, January 19). Anduril Industries to build $2.1B defense manufacturing facility in Ohio. Salt Creative.
https://www.sltcreative.com/anduril-industries-to-build--2-1b-defense-manufacturing-facility-in-ohio?utm_source=chatgpt.com (검색일: 2025.9.26.)
9) Wakeman, N. (2025, August 1). Palantir signs $10B enterprise agreement with Army. Washington Technology.
https://www.washingtontechnology.com/contracts/2025/08/palantir-signs-10b-enterprise-agreement-army/407153/ (검색일: 2025.9.26.)
10) Welch, C. (2025, August 1). Army consolidates dozens of Palantir software contracts into one deal worth up to $10 billion. Breaking Defense.
https://breakingdefense.com/2025/08/army-consolidates-dozens-of-palantir-software-contracts-into-one-deal-worth-up-to-10-billion/ (검색일: 2025.9.25.)

11) Defense Innovation Unit. Home. diu.mil. https://www.diu.mil/ (검색일: 2025.9.25.)

12) Anduril Industries. In Wikipedia.
https://en.wikipedia.org/wiki/Anduril_Industries (검색일: 2025.9.25.)

13) 이재구(2025). "[우크라 드론산업 리포트] ④ 세계적 드론 강국 급부상 3대 비결". 『tech42』. 2025년 10월 7일.
https://www.tech42.co.kr/%ec%9a%b0ed%81%ac%eb%9d%bc-%eb%93%9c%eb%a1%a0%ec%82%b0%
ec%97%85-%eb%a6%ac%ed%8f%ac%ed%8a%b8-%e2%91%a3ec%84%b8ea%b3%84%ec%a0%81-
%eb%93%9c%eb%a1%a0-%ea%b0%95ea%b5%ad-%ea%b8%89%eb%b6%80ec%83%81-3/ (검색일:
2025.10.7.)

14) 김지원, 양종민. (2025). 인공지능의 군사적 활용- 글로벌 트렌드가 한국에 주는 함의. 정보통신정책연구원(KISDI). 2025년 2월호.

15) Palantir Technologies. Defense solutions | U.S. Army.
https://www.palantir.com/offerings/defense/army/ (검색일: 2025.10.7.)

16) 국방부. (2023). 『국방혁신 4.0 기본계획』.

03. 미래 전쟁과 희토류

1) 9) 10) 박세라, "희토류: 희토오류겐," Issue Report, 대신증권 Research Center, 2023. 9. p. 9.

2) By Kevnmh - Own work, CC BY-SA 4.0, https://commons.wikimedia.org/w/index.php?curid=73569975,
73569975

3) U.S. Geological Survey, Mineral Commodity Summaries 2025, USGS, 2025, p. 145.

4) https://militaeraktuell.at/en/usa-boeing-builds-the-f-47-ngad/

5) https://www.chosun.com/international/international_general/2025/06/10/H455NSPF4RDSBPO23NOSO2UBGM/

6) Patrick Tucker, "China's rare-earth mineral squeeze will hit the Pentagon hard," Defense One, Apr. 23, 2025.
https://www.defenseone.com/threats/2025/04/chinas-rare-earth-mineral-squeeze-will-hit-pentagon-
hard/404776/ 검색일('25. 10. 13.)

7) 한국무역협회, "中관영지 '희토류 통제, 수출금지 아냐...공급중단 우려 불필요'," 무역뉴스, 2025. 10. 10. https://www.kita.
net/board/totalTradeNews/totalTradeNewsDetail.do;JSESSIONID_KITA=3BD965D9CCF88748B9C7E8452CA64
6D8.Hyper?no=95714&siteId=2 (검색일: '25. 10. 13.)

8) Homeland Security, "THREAT OF LIMITED U.S. ACCESS TO CRITICAL RAW MINERALS," 2024 PUBLIC-PRIVATE
ANALYTIC EXCHANGE PROGRAM, p. 2.

11) Infantry wins battles, logistics wins wars.

12) 김인한, 조성준, "2040년 한국군 27만 vs 북한군 113만… 인구 절벽에 무너지는 병력," 머니투데이, 2025. 9. 21.

13) U.S. Geological Survey, 앞의 글.

14) 15) Homeland Security, "THREAT OF LIMITED U.S. ACCESS TO CRITICAL RAW MINERALS," 2024 PUBLIC-PRIVATE
ANALYTIC EXCHANGE PROGRAM, p. 2.

04. 지능의 미래:

Homo Deus, Homo Moros, Homo Sophos

1) Forster, E. M. (1909). The machine stops. *The eternal moment and other stories*, 1-61.

2) Turing, A. M. (2007). Computing machinery and intelligence. *In Parsing the Turing test: Philosophical and
methodological issues in the quest for the thinking computer*(pp. 23-65). Dordrecht: Springer Netherlands.

3) Clark, A., & Chalmers, D. (1998). The extended mind. *analysis*, 58(1), 7-19.

4) 윤기영. (2023.11). 신바벨 시대가 온다. In B. B. 이규연(Ed.). 시그널 코리아 2024. 광문각출판미디어

5) Market Growth Report. (2025). 언어 학습 시장 규모, 점유율, 성장 및 산업 분석, 유형 (영어, 스페인어, 중국어, 프랑스어, 독일어, 일본어, 한국), 응용 프로그램 (직접 개인지도, 디지털지도), 지역 통찰력 및 2033 년 예측. https://www.marketgrowthreports.com/ko/market-reports/language-learning-market-114898

6) Abu-Mostafa, Y. S. (1988). *Complexity in information theory*. New York, NY, USA: Springer.

7) Shannon, C. E., & Weaver, W. (1998). *The mathematical theory of communication.* University of Illinois press.

8) Luhmann, N. (1995). *Social systems*. stanford university Press

9) Tainter, J. (1988). *The collapse of complex societies*. Cambridge university press

10) McLuhan, M. (1964). Understanding media: The extensions of man. McGraw-Hill.

11) Toffler, A. (1980). *The third wave*. Morrow.

12) McLuhan Galaxy. (N.D.). "We shape our tools and thereafter our tools shape us". https://mcluhangalaxy.wordpress.com/2013/04/01/we-shape-our-tools-and-thereafter-our-tools-shape-us/

13) Morrison, A. B., & Richmond, L. L. (2020). Offloading items from memory: Individual differences in cognitive offloading in a short-term memory task. *Cognitive Research: Principles and Implications*, 5(1), 1.

14) Luriia, A. R. (1976). *Cognitive development*: Its cultural and social foundations. Harvard university press.

15) Pietschnig, J., & Voracek, M. (2015). One century of global IQ gains: A formal meta-analysis of the Flynn effect (1909–2013). *Perspectives on Psychological Science*, 10(3), 282-306.

16) Dell'Acqua, F., Ayoubi, C., Lifshitz, H., Sadun, R., Mollick, E., Mollick, L., ... & Lakhani, K. (2025). *The cybernetic teammate: A field experiment on generative AI reshaping teamwork and expertise* (No. w33641). National Bureau of Economic Research

17) Leung, S. C. (2025). The cognitive impacts of large language model interactions on problem solving and decision making using EEG analysis. *Frontiers in Computational Neuroscience*, 19, 1556483.

18) Mollick, E. (2024). *Co-intelligence*: Living and working with AI. Penguin.

19) Liu, B., Li, X., Zhang, J., Wang, J., He, T., Hong, S., ... & Wu, C. (2025). Advances and challenges in foundation agents: From brain-inspired intelligence to evolutionary, collaborative, and safe systems. *arXiv preprint arXiv:2504.01990*.

20) BBC News. (2022.10.11). Lab-grown brain cells play video game Pong. https://www.bbc.com/news/science-environment-63208698

21) McLuhan, 상게서

22) Forbes. (2023.04.13). Against pausing AI research. With Pedro Domingos. https://www.forbes.com/sites/forbestechcouncil/2023/04/13/against-pausing-ai-research-with-pedro-domingos/

23) Kosmyna, N., Hauptmann, E., Yuan, Y. T., Situ, J., Liao, X. H., Beresnitzky, A. V., ... & Maes, P. (2025). Your brain on chatgpt: Accumulation of cognitive debt when using an ai assistant for essay writing task. *arXiv preprint arXiv:2506.08872*.

24) Lee, H. P., Sarkar, A., Tankelevitch, L., Drosos, I., Rintel, S., Banks, R., & Wilson, N. (2025.04). The impact of generative AI on critical thinking: Self-reported reductions in cognitive effort and confidence effects from a survey of knowledge workers. *In Proceedings of the 2025 CHI conference on human factors in computing systems* (pp. 1-22).

25) Woodley, M. A., Te Nijenhuis, J., & Murphy, R. (2013). Were the Victorians cleverer than us? The decline in general intelligence estimated from a meta-analysis of the slowing of simple reaction time. *Intelligence*, 41(6), 843-850.

26) Jerrim, J. (2024). Has Peak PISA passed? An investigation of interest in International Large-Scale Assessments across countries and over time. *European Educational Research Journal*, 23(3), 450-476

27) Ackoff, R. L. (1999). *Ackoff's Best. New York*: John Wiley & Sons.

28) Sharma, N. (2008). The origin of data information knowledge wisdom (DIKW) hierarchy. *Preuzeto*, 25, 2021.

29) Center for Practical Wisdom, Chicago Univ.,
https://wisdomcenter.uchicago.edu/

30) Baltes, P. B., & Staudinger, U. M. (2000). Wisdom: A metaheuristic (pragmatic) to orchestrate mind and virtue toward excellence. *American psychologist*, 55(1), 122.

31) Sternberg, R. J. (1998). A balance theory of wisdom. Review of general psychology, 2(4), 347.

32) Ardelt, M. (2003). Empirical assessment of a three-dimensional wisdom scale. Research on Aging, 25(3), 275-324. Univ. of Florida. (N.D.). The Three-Dimensional Wisdom Scale (3D-WS). https://people.clas.ufl.edu/ardelt/home/the-three-dimensional-wisdom-scale-3d-ws/

33) 윤기영. (2025). 지혜에 관하여. 미래경영학 강의자료

34) Arbesman, S. (2013). *The half-life of facts*: why everything we know has an expiration date. Penguin.

35) Huber, M. (2013). Knowledge, parks and cultures: transcultural exchange of knowledge in protected areas; case studies from Austria and Nepal.

36) Meadows, D. (2008). *Thinking in systems*: International bestseller. chelsea green publishing.

37) Munger, C. T. (2005). *Poor Charlie's Almanack*: The Wit and Wisdom of Charles T. Munger. Donning Company.

38) Inayatullah, S. (2004). The causal layered analysis (CLA) reader. *Theory and case studies of an integrative and transformative methodology*, 1, 1-52.

39) Wilber, K. (2001). A theory of everything: An integral vision for business, politics, science and spirituality. Shambhala publications.

40) Meadows, D. (2001). Dancing with systems. *Whole Earth*, 106(3), 58-63.

41) Howe, N. (2023). *The fourth turning is here*: What the seasons of history tell us about how and when this crisis will end. Simon and Schuster.

42) Arendt, H. (2006). *Eichmann in Jerusalem*: A report on the banality of evil. Penguin.

43) Nussbaum, M. C. (2013). *Political emotions*. Harvard University Press.

44) 윤기영. (2024). 미래 일자리를 어떻게 준비해야 할까? In B. B. 이규연(Ed.). 시그널 코리아 2025. 광문각출판미디어

45) Watkins, A., & Silver, M. (2025). *Reinventing Education*: Beyond the Knowledge Economy. Routledge.

05. 미래세대를 위한 세대 간 정의

· 김명식(2024), 「웰에이징과 세대 간 윤리」, 『초등도덕교육』, 제88호.

· 김현준(2022), 「환경법에서의 세대 간 정의 ― 세대 간 정의의 환경법 규범화 서설 ―」, 『환경법연구』, 제44권 3호.

· 손철성(2022), 「미래 세대에 대한 책임과 정의로운 저축의 수준 ― 롤스의 계약론적 입장을 중심으로 ―」, 『도덕윤리과교육』, 제77집.

· 최복희(2024), 「생명체에 대한 도덕적 의무와 세대 간 정의에 대한 성리학적 탐구」, 『동양철학연구』, 제117집.

· 한민지(2017), 「독일에서 세대 간 정의(Generationengerechtigkeit)의 기본법 도입 논의」, 『세계헌법재판 조사연구 ― 독일통신원 보고서』, 헌법재판연구원.

· 홍일선(2010), 「세대간 정의와 평등 ― 고령사회를 대비한 세대간 분배의 불균형문제를 중심으로 ―」, 『헌법학연구』, 제16권 2호.

· 전수경(2022), 『세대간 정의 실현을 위한 재정법제 연구』, 고려대학교 대학원 법학과 박사학위논문.

· 전수경(2024), 『세대간 정의 실현을 위한 재정법제 연구』, 서울: 삼일인포마인(고려대학교 조세법센터, 「조세·재정 연구총서 2」).

· 서용석(2014), 『'세대간 정의' 실현을 위한 미래세대의 정치적 대표성 제도화 방안』, 세종: 한국행정연구원.

· OECD(2020), Governance for Youth, Trust and Intergenerational Justice: Fit for All Generations?, Paris: OECD Publishing.

· Rawls, J. (1999), A Theory of Justice, Revised Edition, Cambridge, MA: Harvard University Press.

· Jonas, H. (1984), The Imperative of Responsibility: In Search of an Ethics for the Technological Age, Chicago:

University of Chicago Press.
· Parfit, D. (1984), Reasons and Persons, Oxford: Clarendon Press.
· Gosseries, A. & Meyer, L. H. (eds.)(2009), Intergenerational Justice, Oxford: Oxford University Press.
· Gardiner, S. M. (2011), A Perfect Moral Storm: The Ethical Tragedy of Climate Change, Oxford: Oxford University Press.
· Seo, Y. (2015), "Reformulating the Party-List Proportional Representatives to Proportional Future Generations Representatives: The Korean Case", Journal of Futures Studies, Vol. 19, No. 4.
· Seo, Y. (2017), "Democracy in the Ageing Society: Quest for Political Equilibrium between Generations", Futures, Vol. 85.
· United Nations Development Programme (UNDP)(2023), UNDP Signals Spotlight 2023: Insights from UNDP's Futures Network, New York: UNDP.
· United Nations Secretary-General(2013), Intergenerational Solidarity and the Needs of Future Generations: Report of the Secretary-General (A/68/322), New York: United Nations.
· United Nations System Chief Executives Board for Coordination(2023), United Nations System Common Principles on Future Generations, New York: United Nations.
· World Commission on Environment and Development(WCED)(1987), Our Common Future, Oxford: Oxford University Press.
· UNESCO(1997), Declaration on the Responsibilities of the Present Generations towards Future Generations, Paris: UNESCO.

06. 숙련 기술 패권전쟁:

AI 시대 백엔드의 역습

· Nonaka, I., & Takeuchi, H. (1995). The knowledge-creating company: How Japanese companies create the dynamics of innovation. Oxford: Oxford University Press.
· Polanyi, M. (1966). The tacit dimension. Chicago: University of Chicago Press.
· Research4Lab. (2025, 9월 11일). 한국 초고압 변압기 시장의 주요 동향과 미래 전략. https://research4lab.tistory.com
· 서울경제. (2025, 1월 20일). 훈풍 부는 조선·방산… 美 MRO 공략 본격화. https://www.sedaily.com/NewsView/2GNRNI8JMX
· 아이뉴스24. (2025, 9월 8일). "美 해군 함정 부족 심화·중국과 격차도 확대…韓, 핵심 파트너". https://www.inews24.com/view/1885287
· 에너지경제연구원. (2025). 중국의 전력망 투자 확대와 초고압 송전망(UHV) 구축 동향. 에너지경제연구원 인사이트 보고서.
· 에이투뉴스. (2024, 8월 18일). 현장선 이탈, 전공자도 급감…'원전 인력 6년 뒤 4500명+α'. https://v.daum.net/v/20240819050019920
· 이투데이. (2025년 6월 17일). "북미 전력 공급량 급증"…전력 기기 시장도 활황. Retrieved from https://www.etoday.co.kr/news/view/2479125
· 조선일보. (2025, 8월 18일). K방산, 수주 잔고 100조 "4~5년치 일감 확보한 셈". https://www.chosun.com
· 중앙일보. (2024, 10월 7일). 세계 최강 美항모 치명적 결함, 알고 보니 용접 불량. https://www.joongang.co.kr/article/25282435
· 중앙일보. (2025년 6월 16일). 다이소에만 40m 줄섰다…조선은 호황, 도시는 불황 왜. https://www.joongang.co.kr/article/25344004

• 테크브루. (2025, 7월 23일). 전력망 병목이 불러온 글로벌 에너지 위기: AI 시대 전력 인프라 확보 전략.
  https://techbrew.co.kr/ittrend/?bmode=view&idx=167003859
• 한겨레신문. (2024, 11월29일), 세계 로봇 밀도 7년새 2배 '껑충'…한국, 변함없는 1위,
  https://www.hani.co.kr/arti/science/technology/1168844.html
• 한국경제. (2025a, 1월 18일). HD현대일렉 美 변압기 슈퍼호황 10년 간다…선제 투자로 생산 역량 확대.
  https://www.hankyung.com/article/2025011957041
• 한국경제. (2025b, 8월 28일). 한국전력기술, 원전 수출 팀 코리아에서 설계 전담…한국형 원전 설계기술 개발 주도.
  https://www.hankyung.com/article/2025082866461
• 한국로봇산업진흥원·한국로봇산업협회. (2024). 2023년 로봇산업 실태조사 결과보고서. 서울: 산업통상자원부.
• 효성중공업. (2023). 초고압변압기 - 전력설비 | 전력솔루션. 효성중공업.
  https://www.hyosungheavyindustries.com/kr/business/power-products/P010101

07. 소버린 AI와 글로벌 빅테크 AI 세력의 충돌:

AI 기반 경제로의 전환과 함께 기술의 주도권과 주권을 둘러싼 대립은 어떻게 될 것인가?

1) Sovereign AI: What it is, country playbooks & data centre strategy (2025) (STL Partners)
   https://stlpartners.com/articles/data-centres/sovereign-ai/
2) Sovereign Tech, Fragmented World (Bain & Company, 2025.09.23)
   https://www.bain.com/insights/sovereign-tech-fragmented-world-technology-report-2025/0
• The 2025 AI Index Report (Stanford HAI, 2025)
  https://hai.stanford.edu/ai-index/2025-ai-index-report)
• Unpacking the UK's AI Action Plan (Clifford Chance, 2025.01.17)
  https://www.cliffordchance.com/insights/resources/blogs/talking-tech/en/articles/2025/01/unpacking-the-uk-
  ai-action-plan.html
• Governments are spending billions on their own 'sovereign' AI technologies – is it a big waste of money? (The
  Guardian, 2025.10.09)
  https://www.theguardian.com/technology/2025/oct/09/governments-spending-billions-sovereign-ai-technology)
• The UAE's Stargate and AI's role as national infrastructure (World Economic Forum, 2025.06)
  https://www.weforum.org/stories/2025/06/stargate-uae-ai-national-infrastructure/
• Cloud Market Share Trends to Watch in 2025
  https://www.emma.ms/blog/cloud-market-share-trends
• Will AI Disrupt Tech's Most Valuable Companies?
  https://www.bain.com/insights/will-ai-disrupt-techs-most-valuable-companies-technology-report-2025/
• LLM statistics 2025: Comprehensive insights into market trends and integration
  https://www.hostinger.com/tutorials/llm-statistics

08. 차세대 휴민트(HUMINT): Physical AI 로봇

1) https://ciaday.wordpress.com/2020/05/13/major-humint-organizations-a-list-of-intelligence-agencies/
2) https://geospatialworld.net/prime/case-study/national-mapping/virtual-singapore-building-a-3d-
   empowered-smart-nation/

3) https://www.siemens.com/global/en/products/automation/industrial-communication/network-security/zero-trust/whitepaper.html

4) https://www.twz.com/multiple-russian-fuel-depots-hit-by-suspected-drone-attacks-tempo-increasing

5) https://militarnyi.com/en/news/the-largest-oil-refinery-in-southern-russia-is-shut-down-due-to-a-drone-attack/

6) https://besacenter.org/the-cyber-domain-in-the-russo-ukrainian-war/

7) https://www.twz.com/news-features/green-berets-hijacked-wifi-to-control-home-security-system-then-vanish-in-mock-raid

8) https://www.enea.com/business/government-regulators/national-critical-infrastructure/

9) https://www.bloomberg.com/news/features/2018-10-04/the-big-hack-how-china-used-a-tiny-chip-to-infiltrate-america-s-top-companies

10) https://www.bbc.com/news/articles/c0e1wpr0q44o

11) https://www.impactive-ai.com/insight/physical-ai-will-transform-the-future-of-manufacturing

12) https://www.iotworldtoday.com/robotics/humanoid-robots-work-collaboratively-at-auto-factory

13) https://market.us/report/humanoid-robot-market/

14) https://www.dailymail.co.uk/sciencetech/article-6239745/Russian-GRU-hackers-used-budget-mobile-phones-high-grade-Wi-Fi-equipment.html

09. 권력의 이동:
프롬프트를 지배하는 자, 미래의 부와 권력을 설계한다

1) Malik, Y. (2025, May 4). Promptocracy: When Power Belongs to the Best Prompters. Medium.

2) 컴퓨터월드, 2025.07.31.

3) The Coca-Cola Company. (2023, March 20). Coca-Cola invites digital artists to 'Create Real Magic' using new AI platform. https://www.coca-colacompany.com/media-center/coca-cola-invites-digital-artists-to-create-real-magic-using-new-ai-platform

4) World Economic Forum. (2025). Future of Jobs Report 2025. https://www.weforum.org/reports/the-future-of-jobs-report-2025/

10. AI 규제의 확산과 사회적 갈등의 시작

1) "General Motors Recalls All Cruise Robotaxis After One Dragged a Pedestrian", Los Angeles Times, Nov. 8, 2023. https://www.latimes.com/business/story/2023-11-08/general-motors-cruise-recalls-robotaxis-software-update-after-dragging-a-pedestrian

2) "What Air Canada Lost In 'Remarkable' Lying AI Chatbot Case", Forbes, Feb. 19, 2024. https://www.forbes.com/sites/marisagarcia/2024/02/19/what-air-canada-lost-in-remarkable-lying-ai-chatbot-case/

3) "Approaches to Address AI-enabled Voice Cloning", Federal Trade Commission, April 8, 2024. https://www.ftc.gov/policy/advocacy-research/tech-at-ftc/2024/04/approaches-address-ai-enabled-voice-cloning

4) "The EU AI Act", Nemko Digital. https://digital.nemko.com/regulations/eu-ai-act

5) 20) 「인공지능 발전과 신뢰 기반 조성 등에 관한 기본법」(약칭: 인공지능기본법). [시행 2026.1.22.] [법률 제20676호, 2025.1.21., 제정]. https://www.law.go.kr/법령/인공지능발전과신뢰기반조성등에관한기본법/(20676,20250121)

6) P. Koopman, "Lessons From the Cruise Robotaxi Pedestrian Dragging Mishap", IEEE Reliability Magazine, Vol. 1, No. 3, pp. 54-61, Sep. 2024. DOI: 10.1109/MRL.2024.3412874

7) "Jury Finds Tesla Partly Responsible for Deadly Autopilot Crash Case", Le Monde, Aug. 1, 2025.
https://www.lemonde.fr/en/international/article/2025/08/01/jury-finds-tesla-partly-responsible-for-deadly-autopilot-crash-case_6743992_4.html

8) "Air Canada Ordered to Pay Customer Who Was Misled by Airline's Chatbot", Guardian, Feb. 16, 2024.
https://www.theguardian.com/world/2024/feb/16/air-canada-chatbot-lawsuit

9) "Global Risks 2024: Disinformation Tops Global Risks 2024 as Environmental Threats Intensify", World Economic Forum, Jan. 10, 2024.
https://www.weforum.org/press/2024/01/global-risks-report-2024-press-release/

10) "Global Risks Report 2025: Conflict, Environment and Disinformation Top Threats", World Economic Forum, Jan. 15, 2025.
https://www.weforum.org/press/2025/01/global-risks-report-2025-conflict-environment-and-disinformation-top-threats/

11) "A Guide to Deepfake Scams and AI Voice Spoofing", McAfee.
https://www.mcafee.com/learn/a-guide-to-deepfake-scams-and-ai-voice-spoofing/

12) 방준성 외, "안전하고 신뢰할 수 있는 AI 활용 국방가이드라인", 연구보고서, 11-1290000-000985-01, 국방부, 2024년 12월.

13) OECD AI Principles Overview. https://oecd.ai/en/ai-principles

14) OECD, Tools for Trustworthy AI.
https://www.oecd.org/en/publications/tools-for-trustworthy-ai_008232ec-en.html

15) 김병우, 강하연, "한국 AI 정책 현황 및 발전 방안: OECD AI 원칙을 중심으로", 정보통신정책연구원, KISDI Perspectives, No. 2, Sep. 29, 2025.

16) "Recommendation on the Ethics of Artificial Intelligence", UNESCO, SHS/BIO/PI/2021/1, 2022.
https://www.unesco.org/en/artificial-intelligence/recommendation-ethics

17) "Artificial Intelligence Act", Wikipedia.
https://en.wikipedia.org/wiki/Artificial_Intelligence_Act

18) "EU AI Act: First Regulation on Artificial Intelligence", European Parliament, Aug. 6, 2023.
https://www.europarl.europa.eu/topics/en/article/20230601STO93804/eu-ai-act-first-regulation-on-artificial-intelligence

19) "Simpler EU Digital Rules and New Digital Wallets to Save Billions for Businesses and Boost Innovation", European Commission, Nov. 19, 2025.
https://ec.europa.eu/commission/presscorner/detail/en/ip_25_2718

21) "인공지능 발전과 신뢰 기반 조성 등에 관한 기본법 시행령 제정안 입법예고", 과학기술정보통신부공고제2025-0970호, 법제처, 2025년 11월 12일.
https://www.moleg.go.kr/lawinfo/makingInfo.mo?lawCd=0&lawSeq=84360&lawType=TYPE5&mid=a10104010000

22) "How Japan is Regulating AI: Inside the AI Promotion Act", Nemko Digital.
https://digital.nemko.com/regulations/ai-regulation-japan

23) "Global Approaches to Artificial Intelligence Regulation", University of Washington, Jul. 10, 2025.
https://jsis.washington.edu/news/global-approaches-to-artificial-intelligence-regulation/

24) "South Korea's New AI Framework Act: A Balancing Act Between Innovation and Regulation", Future of Privacy Forum, Apr. 18, 2025.
https://fpf.org/blog/south-koreas-new-ai-framework-act-a-balancing-act-between-innovation-and-regulation/

25) 세계법제정보센터: 개인정보보호규정(Regulation (EU) 2016/679 on the protection of natural persons with regard to the processing of personal data and on the free movement of such data)
https://world.moleg.go.kr/web/wli/lgslInfoReadPage.do?CTS_SEQ=40684&AST_SEQ=93

26) "General Data Protection Regulation", Wikipedia.
   https://en.wikipedia.org/wiki/General_Data_Protection_Regulation
27) "What is GDPR, the EU's New Data Protection Law?", GDPR.EU, European Union.
   https://gdpr.eu/what-is-gdpr/
28) Z. Delev, "EU AI Act Summary: Europe's AI Regulation", GDPR-Local. Nov. 19, 2025.
   https://gdprlocal.com/eu-ai-act-summary/
29) "Tools for Navigating the EU AI Act: (2) Visualisation Pyramid", AI-REGULATION.COM, Mar. 7, 2024.
   https://ai-regulation.com/visualisation-pyramid/
30) "Executive Order on the Safe, Secure, and Trustworthy Development and Use of Artificial Intelligence", The
   White House, Presidential Actions, Oct. 30, 2023.
   https://bidenwhitehouse.archives.gov/briefing-room/presidential-actions/2023/10/30/executive-order-on-
   the-safe-secure-and-trustworthy-development-and-use-of-artificial-intelligence/
31) 42) 50) "Advancing Governance, Innovation, and Risk Management for Agency Use of Artificial Intelligence",
   Executive Office of the President, Office of Management and Budget (OMB), M-24-10, March 28, 2024.
   https://www.whitehouse.gov/wp-content/uploads/2024/03/M-24-10-Advancing-Governance-Innovation-and-
   Risk-Management-for-Agency-Use-of-Artificial-Intelligence.pdf
32) "역동적 AI 거버넌스: 신뢰할 수 있는 AI 구축을 위한 혁신적 설계", Deloitte, 2024년 10월 18일.
   https://www.deloitte.com/kr/ko/Industries/government-public/perspectives/20241004.html
33) E. Tabassi, "Artificial Intelligence Risk Management Framework (AI RMF 1.0)", NIST, Report No.: NIST AI 100-1,
   Jan. 26, 2023. DOI: 10.6028/NIST.AI.100-1
   https://www.nist.gov/publications/artificial-intelligence-risk-management-framework-ai-rmf-10
34) "NIST Artificial Intelligence Risk Management Framework", AI Alliance, AI Trust and Safety User Guide.
   https://the-ai-alliance.github.io/trust-safety-user-guide/exploring/nist-risk-framework/
35) "Removing Barriers to American Leadership in Artificial Intelligence", The White House, Presidential Actions,
   Jan. 23, 2025.
   https://www.whitehouse.gov/presidential-actions/2025/01/removing-barriers-to-american-leadership-in-
   artificial-intelligence/
36) "Accelerating Federal Use of AI through Innovation, Governance, and Public Trust", Executive Office of the
   President, Office of Management and Budget (OMB), M-25-21, Apr. 3, 2025.
   https://www.whitehouse.gov/wp-content/uploads/2025/02/M-25-21-Accelerating-Federal-Use-of-AI-through-
   Innovation-Governance-and-Public-Trust.pdf
37) T. Terakawa and J. Sanz, "Global AI Governance Law and Policy: Japan", iapp, Nov. 25, 2025.
   https://iapp.org/resources/article/global-ai-governance-japan/
38) "Interim Measures for the Management of Generative Artificial Intelligence Services", China Law Translate, Jul.
   13, 2023.
   https://www.chinalawtranslate.com/en/generative-ai-interim/
39) "China's Interim Measures for the Management of Generative AI Services: A Comparison Between the Final
   and Draft Versions of the Text", Future of Privacy Forum, Apr. 22, 2024.
   https://fpf.org/blog/chinas-interim-measures-for-the-management-of-generative-ai-services-a-comparison-
   between-the-final-and-draft-versions-of-the-text/
40) The EU Artificial Intelligence Act. https://artificialintelligenceact.eu/
41) H. Graux et al., "Interplay Between the AI Act and the EU Digital Legislative Framework", European
   Parliament's Committee on Industry, Research and Energy (ITRE), Oct. 2025.
   https://www.europarl.europa.eu/RegData/etudes/STUD/2025/778575/ECTI_STU%282025%29778575_EN.pdf
43) "Measures for the Security Assessment of Data Exports", China Law Translate, Jul. 7, 2022.
   https://www.chinalawtranslate.com/en/exdata-export-security/

44) "China's Standard Contract for the Outbound Cross-border Transfer of Personal Information is in Effect", White&Case, Jul. 5, 2023.
https://www.whitecase.com/insight-alert/chinas-standard-contract-outbound-cross-border-transfer-personal-information-effect

45) "Provisions on the Administration of Deep Synthesis Internet Information Services", China Law Translate, Dec. 11, 2022.
https://www.chinalawtranslate.com/en/deep-synthesis/

46) "China Issues Guidance on the Security Assessment of Outbound Data Transfers", White&Case, Oct. 10, 2022.
https://www.whitecase.com/insight-alert/china-issues-guidance-security-assessment-outbound-data-transfers

47) "Data Protection Laws of the World", DLA PIPER.
https://www.dlapiperdataprotection.com/

48) Regulation (EU) 2023/2854 of the European Parliament and of the Council of 13 December 2023 on harmonised rules on fair access to and use of data and amending Regulation (EU) 2017/2394 and Directive (EU) 2020/1828 (Data Act).
https://eur-lex.europa.eu/eli/reg/2023/2854/oj/eng

49) "Data Act Deep Dive: Part 3 (Switching & Interoperability)", William Fry, 2025.
https://www.williamfry.com/knowledge/data-act-deep-dive-part-3-switching-interoperability/

51) 57) "Information technology — Artificial intelligence — Management system", ISO/IEC 42001:2023, ISO, 2023.
https://www.iso.org/standard/42001

52) "Cloud switching under the EU Data Act", Deloitte, Sep. 12, 2025.
https://www.deloittelegal.de/dl/en/services/legal/perspectives/cloud-switching-eu-data-act.html

53) Y. Smirnova and V. Travieso-Morales, "Tech startups and general data protection regulation: an empirical exploration of compliance challenges", Journal of Small Business and Enterprise Development, Vol. 32, No. 8, pp. 54-82, Apr. 28, 2025. DOI: 10.1108/JSBED-09-2024-0495
https://www.emerald.com/jsbed/article/32/8/54/1267473/Tech-startups-and-general-data-protection

54) J. Jia et al., "The Short-run Effects of GDPR on Technology Venture Investment", NBER Working Paper Series, 25248, Nov. 2018.
https://www.nber.org/system/files/working_papers/w25248/w25248.pdf

55) M. S. Gal and O. Aviv, "The Competitive Effects of the GDPR", Journal of Competition Law & Economics, Vol. 16, No. 3, pp. 349-391, Sep. 2020. DOI: 10.1093/joclec/nhaa012
https://academic.oup.com/jcle/article-abstract/16/3/349/5837809

56) R. Ibarcq and J. Beswick, "EU AI Act High-Risk Requirements: What Companies Need to Know", Dataiku, Aug. 26, 2025.
https://www.dataiku.com/stories/blog/eu-ai-act-high-risk-requirements

58) "Small Businesses' Guide to the AI Act", EU Artificial Intelligence Act, Feb. 19, 2025.
https://artificialintelligenceact.eu/small-businesses-guide-to-the-ai-act/

59) "Regulation (EU) 2024/1689 of the European Parliament and of the Council laying down harmonised rules on artificial intelligence (Artificial Intelligence Act)", Enterprise Ireland, SME Test, Feb. 2025.
https://enterprise.gov.ie/en/publications/publication-files/sme-test-ai-act.pdf

60) "Council of Europe Framework Convention on Artificial Intelligence and Human Rights, Democracy and the Rule of Law", Council of Europe, Council of Europe Treaty Series - No. 225, 2024.
https://rm.coe.int/1680afae3c

61) "Understanding the Scope of the Council of Europe Framework Convention on AI", OpinioJuris, Nov. 5, 2024.
https://opiniojuris.org/2024/11/05/understanding-the-scope-of-the-council-of-europe-framework-convention-on-ai/

62) A. Bradford, "The Brussels Effect: How the European Union Rules the World", Columbia Law School, March 2020.
https://scholarship.law.columbia.edu/books/232/

63) C. Siegmann and M. Anderljung, "The Brussels Effect and Artificial Intelligence: How EU Regulation Will Impact the Global AI Market", Centre for the Governance of AI, Aug. 2022.
https://cdn.governance.ai/Brussels_Effect_GovAI.pdf

64) 세계법제정보센터: 생성형 인공지능서비스 잠정관리 방법(生成式人工智能服务管理暂行办法).
https://world.moleg.go.kr/web/wli/lgslInfoReadPage.do?CTS_SEQ=2642&AST_SEQ=53&nationReadYn=Y&ETC=1&searchNtnl=CN

65) 이중희, "중국의 〈생성형 인공지능 서비스 관리 잠정 방법〉에 대한 분석: 배경과 쟁점", 중국전문가포럼(CSF), 전문가오피니언, 2023년 9월 20일.
https://csf.kiep.go.kr/issueInfoView.es?article_id=51627&mid=a20200000000&board_id=4

66) "Cultural Bias and Cultural Alignment of Large Language Models", PNAS Nexus, Vol. 3, No. 9, Sep. 2024. DOI: 10.1093/pnasnexus/pgae346
https://academic.oup.com/pnasnexus/article/3/9/pgae346/7756548

67) "Seoul Declaration for Safe, Innovative and Inclusive AI by Participants Attending the Leaders' Session of the AI SEOUL SUMMIT, 21st MAY 2024", Ministry of Foreign Affairs, May 23, 2024.
https://www.mofa.go.kr/eng/brd/m_5674/view.do?page=1&seq=321007

68) G. Presidente and C. B. Frey, "The GDPR Effect: How Data Privacy Regulation Shaped Firm Performance Globally", VoxEU, Mar. 10, 2022.
https://cepr.org/voxeu/columns/gdpr-effect-how-data-privacy-regulation-shaped-firm-performance-globally

69) "OMB Releases Final Guidance Memo on the Government's Use of AI", Crowell, Sep. 4, 2024.
https://www.crowell.com/en/insights/client-alerts/omb-releases-final-guidance-memo-on-the-governments-use-of-ai

70) "Standing General Order on Crash Reporting For incidents involving ADS and Level 2 ADAS", NHTSA.
https://www.nhtsa.gov/laws-regulations/standing-general-order-crash-reporting

71) "Summary Report: June 2022 Standing General Order on Crash Reporting for Level 2 Advanced Driver Assistance Systems", NHTSA, June 2022.
https://www.nhtsa.gov/sites/nhtsa.gov/files/2022-06/ADAS-L2-SGO-Report-June-2022.pdf

72) "Automated Vehicles Act 2024", UK Public General Acts, May 20, 2024.
https://www.legislation.gov.uk/ukpga/2024/10

73) V. Singh et al., "United States Food and Drug Administration Regulation of Clinical Software in the Era of Artificial Intelligence and Machine Learning", Mayo Clinic Proceedings: Digital Health, Vol. 3, No. 3, Sep. 2025. DOI: 10.1016/j.mcpdig.2025.100231
https://www.sciencedirect.com/science/article/pii/S2949761225000380

74) J. A. DuPreez and O. McDermott, "The use of predetermined change control plans to enable the release of new versions of software as a medical device", Expert Review of Medical Devices, Vol. 22, No. 3, 2025. DOI: 10.1080/17434440.2025.2468787
https://www.tandfonline.com/doi/full/10.1080/17434440.2025.2468787

75) M. Privette, "The AI Security Shared Responsibility Model", Return on Security, Aug. 3, 2024.
https://www.returnonsecurity.com/p/ai-security-shared-responsibility-model-navigating-risks-ai-deployment

76) B. Custers, H. Lahmann, and B. I. Scott, "From liability gaps to liability overlaps: shared responsibilities and fiduciary duties in AI and other complex technologies", AI Soc., Vol. 40, No. 5, pp. 4035–4050, Jan. 11, 2025. DOI: 10.1007/s00146-024-02137-1
https://pmc.ncbi.nlm.nih.gov/articles/PMC12152026/

77) S. Pa, "The Shared Responsibility Model for Responsible AI", ISACA, Sep. 23, 2025.
https://www.isaca.org/resources/news-and-trends/isaca-now-blog/2025/the-shared-responsibility-model-for-responsible-ai

78) "Article 12: Record-Keeping", EU Artificial Intelligence Act.
https://artificialintelligenceact.eu/article/12/

79) T. Prinz, "EU AI Act: New rules for AI systems", VDE Artificial Intelligence, Jul. 14, 2025.
https://www.vde.com/topics-en/artificial-intelligence/blog/ki-systeme-eu-artificial-intelligence-act

80) "Spotlight on: AS ISO/IEC 42001:2023, Artificial intelligence — Management system", Standards Australia, Sep. 5, 2025.
https://www.standards.org.au/blog/spotlight-on-as-iso-iec-42001-2023

81) "Rights of the Data Subject", Algolia.
https://gdpr.algolia.com/gdpr-article-15

82) G. Lazcoz and P. d. Hert, "Humans in the GDPR and AIA governance of automated and algorithmic systems. Essential pre-requisites against abdicating responsibilities", Computer Law & Security Review, Vol. 50, 105833, Sep. 2023. DOI: 10.1016/j.clsr.2023.105833
https://www.sciencedirect.com/science/article/pii/S0267364923000432

11. 양자 혁명:
미래를 새로 쓰는 기술

1) McKinsey & Company. (2025, August 24). The rise of quantum computing. McKinsey & Company.
https://www.mckinsey.com/featured-insights/the-rise-of-quantum-computing

2) https://en.wikipedia.org/wiki/Double-slit_experiment

3) https://postquantum.com/industry-news/google-sycamore/

4) NIST. (2024, August 12). Post-Quantum Cryptography FIPS Approved.

5) IBM. (2022, May 9). IBM unveils new roadmap to practical quantum computing era. IBM Newsroom.
https://newsroom.ibm.com/2022-05-10-IBM-Unveils-New-Roadmap-to-Practical-Quantum-Computing-Era-Plans-to-Deliver-4,000-Qubit-System

6) Google Quantum AI. (2025, October 23). Roadmap to practical quantum computing. Google Quantum AI.
https://quantumai.google/roadmap

7) PostQuantum. (2022, November). IBM Osprey: A 433-Qubit Quantum Leap. PostQuantum Industry News.
https://postquantum.com/industry-news/ibm-osprey/

8) https://m.dongascience.com/news.php?idx=72443

9) Wang, P., Yang, C., Zhang, J. et al. (2021). Single ion qubit with estimated coherence time exceeding one hour. Nature Communications, 12, 2334.
https://doi.org/10.1038/s41467-020-20330-w

10) Quantinuum. (2025, October 22). Trapped-ion Technology.
https://www.quantinuum.com/glossary-item/trapped-ion-technology

11) Madsen, L. S., et al. (2022). Quantum computational advantage with a programmable photonic processor. Nature, 606, 75-81.
https://doi.org/10.1038/s41586-022-04725-x

12) Intel Corporation. (2024, December 1). Intel's new chip to advance silicon spin qubit research. Intel Newsroom.
https://newsroom.intel.com/new-technologies/quantum-computing-chip-to-advance-research

13) https://www.biospectator.com/news/view/12278

14) McKinsey & Company. (2023. 04). Quantum technology monitor: Record investments, progress on talent gap. McKinsey & Company.

15) https://www.donga.com/news/Economy/article/all/20230626/119951995/1

16) 서민경(2024). 주요국의 양자과학기술 정책 및 미국의 정책·R&D 추진 동향. ICT SPOT ISSUE(2024-04호) IITP 저널

17) IBM Research & JP Morgan (2019), Quantum algorithms for financial modeling

18) http://www.iconsumer.or.kr/news/articleView.html?idxno=10832

19) NSA (2022), Quantum Computing and Post-Quantum Cryptography

20) https://www.cryptomathic.com/blog/the-nist-announcement-on-quantum-resistant-cryptography-standards-is-out-act-now

21) CAS & Nature (2017–2020), Micius Quantum Satellite Experiments

22) https://news.sktelecom.com/en/1291?utm_source=chatgpt.com

23) https://www.techuk.org/resource/uk-quantum-computing-leading-the-revolution.html?utm_source=chatgpt.com

12. 우리의 준비 방향: 우리는 무엇을 준비해야 하는가?

1) https://en.wikipedia.org/wiki/Ancient_Rome

2) https://www.britannica.com/place/China

3) https://education.nationalgeographic.org/resource/history-cities/?utm_source=chatgpt.com

4) Lupala, J. M. (2002). Urban Types in Rapidly Urbanising Cities: The Case of Dar es Salaam. Stockholm: Royal Institute of Technology.

5) Fleischmann, M., Feliciotti, A., Romice, O., & Porta, S. (2021). Methodological Foundation of a Numerical Taxonomy of Urban Form. arXiv:2104.14956.

6) UN-Habitat. (2022). World Cities Report 2022: Envisaging the Future of Cities. Nairobi: United Nations.

7) Weizi Li(2022), "Urban Socio-Technical Systems: An Autonomy and Mobility Perspective", University of Memphis

8) https://www.ipcc.ch/assessment-report/ar

9) https://www.iea.org/reports/the-role-of-critical-minerals-in-clean-energy-transitions/executive-summary?utm

10) cybersecuritydive.com/news/ransomware-attack-exposes-california-transit-giants-sensitive-data/640121

11) https://media.defense.gov/2023/Sep/14/2003301146/-1/-1/0/COMPREHENSIVE-REPORT-FOR-RELEASE.PDF "Space Policy Review and Strategy on Protection of Satellite"

12) https://www.nato.int/cps/en/natohq/topics_78170.htm "Secretary Genera's Annual Report"

13) https://blog.naver.com/kimst3460/223260907750

14) https://www.nasa.gov/feature/artemis/; https://www.spacex.com/mars

15) https://www.weforum.org/stories/2022/05/how-metaverse-can-be-a-force-for-good-in-an-uncertain-world/

16) https://www.ark-invest.com/articles/analyst-research/stablecoins-as-a-us-financial-ally?

집필진 소개

공동필진

윤영상 Yoon Young Sang

현) KAIST문술미래전략대학원 연구조교수
현) 시민단체 평화네트워크, 포럼 평화공감 운영위원
현) 통일부 남북관계발전위원회 민간위원
전) 서울연구원 초빙연구원

신치범 Shin Chi Bum

현) 건양대학교 군사학과 교수 (군사학 박사)
현) (사) 미래학회 기획이사
현) (사) 미래군사학회 사이버/네트워크 상임이사
전) 서울사이버대학교 대우교수

이창인 Lee Chang In

현) 육군미래혁신연구센터 미래작전환경분석담당
현) Small Warfare Society 소부대전법 센터장
현) 예비역 육군 소령(육사#56, 군사학 박사)
전) 기갑 및 기계화부대 참모, 중대장

윤기영 Yoon Kee Young

현) 한국외국어대학교 겸임교수
현) 에프엔에스컨설팅 미래전략연구소장
전) 국가공무원인재개발원 객원교수
전) (사) 미래학회 연구이사

민재명 Min Jae Myeong

현) 대전광역시 청년정책과 지방행정주사
현) OCU SMART AI 경영학과 객원교수
전) KAIST 문술미래전략대학원 선임연구원
전) ADRING 창업자(SK텔레콤 기술사업화)

부경호 Buh Gyoung Ho

현) 한국에너지공과대학교 교수, 변리사
전) 삼성전자 반도체연구소 책임연구원
전) 美국립표준기술원(NIST) Post-Doc
전) 특허청 심사관(반도체 · 디스플레이 · 2차전지)

이명호 Lee Myung Ho

현) (사) KCERN 이사장
전) 태재연구재단 자문위원, 여시재 연구위원
전) (재)농림수산정보센터 사장
전) 삼성SDS 아메리카 컨설턴트

조상근 Cho Sang Keun

현) KAIST 국가미래전략기술 정책연구소 연구부교수
현) (사)창끝전투 학회장
현) 대드론체계 발전협의회 전문위원장

조용호 Cho Yong-Ho

현) 인천광역시 지방행정사무관
전) (사)한국강사협회 부회장
전) 경인미래교육신문 발행 편집인

방준성 Bang Jun Seong

현) 주식회사 와이매틱스 CEO/대표이사
현) 과학기술연합대학원대학교 교수
현) 대전과총 부회장
현) 미래학회 부회장

김세미 Kim Se Mi

현) KAIST 국가미래전략기술 정책연구소 연구교수
전) 이화여자대학교 초빙교수

강경일 Kang Kyung il

현) 합참 전작권전환추진단 연합검증평가TF장(도시계획학 박사)
전) 국방부 군구조혁신담당관
전) 육군 교육사 군구조발전과장
전) 아산정책연구원 객원연구위원

시그널 코리아

SIGNAL KOREA 2026

초판 1쇄 인쇄   2025년   12월   22일
초판 1쇄 발행   2025년   12월   25일

저자   사단법인 미래학회
            윤영상, 신치범, 이창인, 윤기영, 민재명, 부경호,
            이명호, 조상근, 조용호, 방준성, 김세영, 강경일
펴낸이   박정태
편집이사   이명수   감수교정   정하경
편집부   김동서, 이윤교
마케팅   박명준, 박두리   온라인마케팅   박용대
경영지원   최윤숙

펴낸곳   (주) 광문각출판미디어
출판등록   2022. 9. 2 제2022-000102호
주소   파주시 파주출판문화도시 광인사길 161 광문각 B/D 3층
전화   031-955-8787   팩스   031-955-3730
E-mail   kwangmk7@hanmail.net
홈페이지   www.kwangmoonkag.co.kr

ISBN   979-11-93205-80-8   13320
가격   20,000원